KB168515

프레카리아트를 위한 랩소디

Precarious Rhapsody
Semiocapitalism and the Pathologies of the Post-Alpha Generation

ⓒ Franco Berardi 'Bifo' 2009, 2013
Korean translation copyright ⓒ Nanjang Publishing House 2013
All Rights Reserved

This Korean translation are published by arrangement with
Franco Berardi 'Bifo' (Bologna) through Federico Campagna (London)

이 책의 한국어판 저작권은 페데리코 캄파냐(대행인)를 통한 저작권자와의
독점계약으로 도서출판 난장에 있습니다.
저작권법에 의해 한국 내에서 보호를 받는 저작물이므로
무단전재와 무단복제를 금합니다.

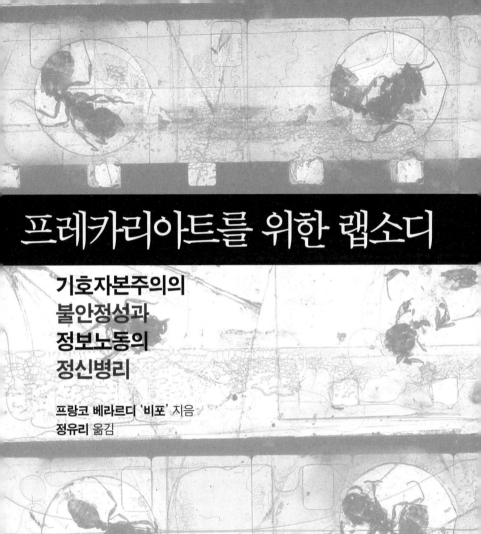

프레카리아트를 위한 랩소디

기호자본주의의
불안정성과
정보노동의
정신병리

프랑코 베라르디 '비포' 지음
정유리 옮김

나장
nanjang

일러두기

1. 이 책은 Franco Berardi 'Bifo'가 쓴 다음의 책을 완역한 뒤 일부 내용을 새로운 글로 대체해 증보한 것이다. *Precarious Rhapsody: Semiocapitalism and the Pathologies of the Post-Alpha Generation* (London: Minor Compositions, 2009).

2. 인명, 지명, 작품명, 단체명은 국립국어원이 2002년 발간한 『외래어 표기 용례집』을 따랐다. 단, 이미 관례적으로 쓰이는 표기는 그대로 따랐다.

3. 각주는 모두 '옮긴이 주'이며 후주로 처리했다. 옮긴이 주에는 본문의 내용을 이해하는 데 필요한 배경지식이나 자세한 서지사항 등을 소개해놓았다.

4. 본문에 들어 있는 '[ ]' 안의 내용은 옮긴이가 읽는이들의 이해를 돕기 위해 원문에 없었던 내용이나 표현을 덧붙인 것이다. 단, 지은이가 덧붙였을 경우에는 '[ ]' 안의 내용 뒤에 '— 지은이'라고 명기했다.

5. 본문에 인용된 책이나 글의 내용 중, 해당 한국어판이 있는 경우에는 '[ ]' 안에 그 자세한 서지사항과 해당 쪽수를 병기했다. 단, 인용된 구절은 한국어판을 참조하되 꼭 그대로 따르지는 않았고, 필요할 경우에는 부분적으로 수정했다.

6. 단행본·전집·정기간행물·팸플릿·영상물·음반물·공연물에는 겹낫표(『 』)를, 그리고 논문·논설·기고문·단편·미술 등에는 홑낫표(「 」)를 사용했다.

한국의 독자들에게

'랩소디'Rhapsody라는 말은 '꿰메다'[깁다]라는 뜻의 그리스어 '라프테인'rhaptein과 '노래'[시]라는 뜻의 '오이디아'oidia에서 유래됐다. 그러므로 랩소디는 상이한 여러 부분들을 모아 하나의 완전한 것으로 연결하고 통합하는 구성물을 의미하는 것이다.

우리 시대의 모든 것에는 랩소디적 특징이 있다. 가령 우리의 삶은 파편들로 짜여 있고, 노동과정은 의미 없는 산발적 행동의 재조합이다. 전지구적 상상의 지형은 전 세계의 무수한 언표행위 수행자들이 서로 떨어진 상이한 곳에서 말하고 내보내는 모든 단어, 소리, 이미지를 포괄하며 끊임없이 팽창하는 언어적 랩소디이다.

오늘날과 같은 기호자본주의 시대의 삶, 행위, 소통이 지닌 랩소디적 특징의 사회적 표현이 바로 불안정성이다. 자본주의 경제가 기호적 과정(기호의 언표행위·전송·수신 과정)과 교차하고, 기호자극의 분열생성적 흐름이 사회의 정신을 가로지르게 될수록, 경제에 대한 비판과 정신병리학은 동전의 양면이 되어갔다.

새천년의 처음 십 년 동안 나는 주로 두 가지 주제에 이론적 관심을 집중시켜왔다. 하나는 노동의 불안정화 과정이고, 다른 하나는 그런 불안정성에 의해, 그리고 인지노동자의 신경 에너지에 대한 포획과 착취에 의해 야기된 고통스런 심리적 영향이다.

불안정성과 인지노동자의 정신병리는 우리 시대의 사회 현실과 연결되어 있다. 그래서 나는 그동안 내가 '코그니타리아트'(인지적 프롤레타리아트)라 부르는 것, 즉 새롭게 등장한 이 불안정한 사회적 구성물의 문화적·정치적 함의를 보여주려고 노력해왔다.

이 책 역시 이런 노력의 랩소디로서, 파편적으로 구성되어 있다. 원래 이 책은 2007년 아르헨티나의 부에노스아이레스에 있는 틴타리몬 출판사에서 『포스트-알파벳 세대』라는 제목으로 처음 출판됐고, 영어로 번역되면서 제목이 『불안정한 랩소디』로 바뀌었다.* 실제로 불안정성에 시달리는 인지 세대는 알파벳[문자] 환경 이후의 전자·디지털 환경에서 성장한 최초의 세대이다.

이 책은 새로운 테크놀로지가 경제와 정서의 영역에서 장기간에 걸쳐 일으킨 변이를 이해하려는 시도이다.

정보의 가속화가 인간의 감정에 끼치는 영향은 무엇일까? 가상적 소통이 신체적 지각에 끼치는 영향은 무엇일까? 인간들 사이의 교류가 점점 더 전자기기를 매개체로 삼아 이뤄질 때 무의식의 영역에서는 어떤 일이 일어날까?

인간 존재는 수신기로, 내가 정보영역이라고 부르는 네트워크화된 전지구적 기계의 단자端子로 변형됐다.

---

* Franco Berardi 'Bifo,' *Generación post-alfa: Patologías e imaginarios en el semio-capitalismo* (Buenos Aires: Tinta Limón, 2007). 우리가 번역 대본으로 삼은 영어판의 제목은 "불안정한 랩소디"였지만, 우리는 비포와 상의해 이 영어판을 대폭 증보하면서 제목을 지금처럼("프레카리아트를 위한 랩소디") 바꿨다.

이 수신기의 세계, 즉 연약하고 감각을 느끼며 살로 된 기관들로 만들어진 인간의 세계는 디지털 송신기(정보영역)의 기준에 맞춰 구성되지 않는다. 이 송신기의 구성방식은 수신기의 구성방식과 일치하지 않는다. 이런 상황에서 무슨 일이 일어나고 있을까? 송신기의 전자적 세계가 수신기의 유기적 세계와 접속되면서 정신병리적 효과가 양산되고 있다. 공황, 지나친 흥분, 과잉운동성, 주의력 결핍 장애, 난독증, 정보 과부하, 그리고 신경 회로의 포화 등.

송신기의 세계는 끊임없이 가속화되어가고 있으며 수신기의 세계는 필사적으로 그 속도를 따라 잡으려 하고 있다. 자신의 인지반응을 가속화하고 표준화하면서 말이다.

인간의 정신은 기계의 진화 리듬과는 완전히 다른 리듬으로 진화하고 있다. 사이버공간의 확장이 사이버시간의 격화와 가속화를 함축하는 이유가 바로 여기에 있다. 이런 격화와 가속화는 살아 있는 단자, 자신에게 닥쳐오는 자극을 일정한 물리적·감정적·문화적 리듬에 따라 처리하는 인간 정신에 정신병리적 영향을 끼친다.

산업화 시대에 자본주의는 임금 생활자의 신체에서 뽑아낼 수 있는 물리적 에너지를 찾아왔다. 그래서 정신병리를 도시의 주변부에 격리시켜 놓을 수 있었다. 이와 반대로 기호자본주의에게는 본질적으로 정신노동을 할 수 있는 에너지가 필요하다. 오늘날 사회 기계의 핵심부에서 정신병리가 폭발하고 있는 이유가 바로 여기에 있는데, 이처럼 확산일로에 있는 정신병리는 금융경제에 영향을 끼치고 있다. 변덕스런 감정 기복, 공황, 우울증 등은 더 이상 정신분석의 어휘에서 가져온 은유가 아니다. 이 단어들은 경제 행위와 정신적 병리 현상이 갈수록 서로에게 의존하고 있음을 보여주는 단서이다. 따라서 이제 경제의 순환을 이해한다는 것은 정신적 피로, 점점 더 널리 퍼져가는 절망을 이해한다는 것을 뜻하게 됐다.

이처럼 기호자본주의는 정신적 에너지의 끊임없는 착취에 의존하며 경쟁은 불안정 노동의 영역에 존재하는 일반적 [사회]관계 형태이기 때문에, 극심한 이행기였던 지난 30년 동안 정신적 고통은 사회의 유행병이 되어버렸다.

접속의 세계에서 경쟁이란 [외부로부터 들어오는 정보자극이나 신경자극에] 끊임없이 관심을 기울여야 하는 데서 오는 스트레스, 애정에 쏟아부을 수 있는 시간의 축소, 외로움, 실존적 고통, 그에 따른 분노, 공황, 우울증을 의미한다. 이것들은 앞서 말한 유행병의 개인별 증상이다. 만약 희미하게만 보이는 사회적 착취와 정신적 고통의 이런 연관성을 이해하지 못한다면, 우리는 사회적·정치적 연대를 시작조차 해볼 수 없을 것이다.

바로 이것이 지난 수십 년 사이에 사이버문화, 신자유주의에 대한 지지, 시장 이데올로기의 전지구적 헤게모니 등과 긴밀히 연결되어 등장한 네트 경제의 어두운 이면이다.

1990년대에 급부상하기 시작한 사이버문화는 새로운 디지털·비물질적 생산 형태의 창조성과 자유의 가치를 강조했다.

1996년 2월 8일, 정보 테크놀로지 관련 기자이자 전문가이며, 샌프란시스코 LSD계의 하우스밴드 그레이트풀데드의 작사가이기도 했던 존 페리 발로우는 「사이버스페이스 독립 선언문」을 작성했다. 과거 산업 경제의 정부들과 강력한 기업들에게 보내는 이 선언문에서 발로우는 이렇게 말했다. "너희가 생각하는 재산, 표현, 정체성, 운동, 맥락에 관한 법적 개념들은 우리에게 적용되지 않는다. 그것들은 물질에 기반하는 데 사이버스페이스에는 아무런 물질이 없다. 너희와 달리 우리의 정체성에는 신체가 없으며, 우리는 이곳에서 물리적 강제력으로 질서를 만들 수 없다."* 발로우는 이렇게 말하며 "우리의 정체성에는 신체가 없다"는 점을 단언하는 동시에 비물질 생산의 근본적인 새로움을 재차 주장했던 것이다.

그러나 디지털 테크놀로지가 신체의 존재 없이 가상의 정체성을 만들어낼 수 있다는 생각은 가상 세계를 찬양하는 [자유주의적] 이데올로기의 본질적인 착각이자, 네트워크에 대한 신자유주의적 이해의 본질적인 착각이다.

기호자본은 가치와 생산품의 비물질적 생산과 교환에 근거한다. 그렇지만 이 과정이 비물질적이라고 해서 그 일을 하는 노동자들까지 비물질적이라는 뜻은 아니다. 디지털 가치의 기호적 생산 과정에 관여하는 인간들에게는 신체가, 고통과 즐거움을 느낄 수 있는 물리적 신체가 있는 것이다.

네트워크를 통해 정보를 교환하는 과정에서 이 신체를 부인하고, 은폐하고, 잊어버릴 수는 있겠지만 그 신체는 네트워크의 장막 뒤에서 늘 팔딱팔딱 뛰고 있다. 언어의 가상화가 네트워크 사용자의 신체적 실존을 없애버리는 것은 결코 아니다. 언어의 가상화는 그저 그들의 삶과 소통의 신체적 조건을 변형시킬 뿐이다.

---

* John Perry Barlow, "A Declaration of the Independence of Cyberspace," February 8, 1996. 이 선언문은 미국의 빌 클린턴 대통령이 인터넷의 등장에 발맞춰 기존의 통신법을 개정한 전자통신법에 서명한 직후 스위스의 다보스에서 곧장 온라인으로 발표됐다. 특히 전자통신법은 (인터넷을 포함한) 미디어의 복합 소유를 법적으로 인정하는 조항을 담고 있어 논란을 일으켰다.

가상화가 인간의 신체와 정신에 끼치는 영향을 부인하는 것이야 말로 1990년대에 창궐한 사이버-이데올로기의 근본적인 오류인데, 이 오류는 신자유주의적 정치가 등장하던 바로 그때 '창조경제'라는 달콤하기 그지없는 사이버-유토피아를 만들어냈다.

최근 한국에서도 이런 사이버-이데올로기가 퍼지고 있는 중이다. 새로운 테크놀로지의 주요 생산기지 중 하나인 한국은 지난 1998년 부터 2002년 사이에 인터넷 사용자 수가 폭발적으로 증가했고, 그에 따라 정보산업 관련 분야의 총 생산액이 같은 기간에 GDP의 14.9% 까지 올라간 바 있다.

그래서인지 박근혜 신임 대통령은 과학과 정보통신 테크놀로지 에 대한 투자를 늘리고, 대기업과 겨룰 수 있도록 관련 중소기업들에 게 힘을 실어줌으로써 창조경제를 육성한다는 공약을 통해 한국인 들에게 두 번째의 기적을 약속하고 있는 중이다.

그런데 이 약속은 1990년대에 신자유주의적 자본주의가 인지노 동자들의 기대감을 마음대로 쥐고 흔들 수 있게 도와준 사이버문화 의 유토피아를 놀랍도록 되풀이하고 있다. 흔히 창조경제 이데올로 기는 사회의 불안정화와 정신건강의 병리적 변이 등 창조경제가 주 체성의 영역에 끼치게 될 영향과 그 사회적 함의를 은폐한다.

지난 10년 동안, 한국에서뿐만 아니라 전 세계 곳곳에서 확산된 여러 사회 운동들은 자본주의적 세계화의 사회적 조건에 의문을 제 기해왔다. 무릇 사회 운동들은 정신적 삶, 감응성의 영역과 관련된 위기를 잘 감지해야만 한다.

한국의 예술가들, 특히 생각컨대 김기덕과 박찬욱 감독의 영화들 은 불안정한 실존과 노동 탓에 주체가 겪게 될 고통을 진작부터 내다보고 예측해왔다. 그러므로 나는 이 책이 한국의 독자들에게 읽힐 수 있게 되어서 매우 기쁘다. 정신분석적, 사회적, 미학적 고찰을 결합시킨 이 책이 불안정한 세대 사이에서 자본주의의 착취와 금융의 폭력으로부터 공통의 자율을 추구하려고 애쓰는 새로운 의식이 창출될 수 있도록 하는 데 유용하게 쓰일 수 있기를 바란다.

2013년 4월

분기, 근대 정치의 종말

무한히 연속되는 분기. 바로 이것이 우리의 삶, 사랑의 이야기뿐만 아니라 반란, 패배, 질서 복구의 역사에 대해서 말할 수 있는 방법이다. 어떤 주어진 순간, 우리 앞에는 여러 개의 길이 펼쳐지고, 여기로 갈지 저기로 갈지의 양자택일이 계속 주어진다. 결정을 내리는 순간, 우리는 일련의 무한한 가능성에서 떨어져 나오게 되고 단 하나의 길만을 선택하게 된다. 그러나 우리는 정말로 선택하는 것일까? 우리가 저기가 아닌 여기로 갈 때 그것은 진정 선택의 문제일까? 군중이 쇼핑센터에 갈 때, 혁명이 대량학살로 바뀔 때, 국가들이 전쟁을 시작할 때 그것은 정말 선택일까? 결정하는 것은 우리가 아니다. 어떤 연쇄 —— 즉 욕망들의 해방을 위한 기계, 상상을 통제하는 기계가 결정한다. 바로 이것이 근본적인 분기이다. 욕망들의 해방을 위한 기계냐 상상을 통제하는 기계냐. 디지털이 격변을 가져온 이 시대에는 기술적 자동화가 사회의 정신을 지배하고 있는 중이다.

　마치 병원균처럼 범람하는 [상상을 통제하는 기계에 대한] 의존은 욕망하는 신체를 강제로 굴복시키며 집합적 상상을 무기력하게 만들어버렸다. 세계화, 네트워크 테크놀로지, 사회적·영토적 이동성 덕분에 가능성의 연결망이 더 두터워질수록, 우리는 더욱더 개인의 선택을 지배하는 기계화의 덫에 잡힌 자신을 발견하게 된다. 요컨대 기술적·금융적·정신적 자동화는 다중을 떼로 전락시킨다.

우리는 20세기의 역사를 분기의 관점에서 다시 써볼 수도 있다. 예술적 아방가르드와 혁명적 운동의 역사에서는 유토피아적인 상상과 디스토피아적 현실 사이에서의 분기가 끊임없이 일어났다. 이탈리아 미래주의의 파괴적 열정은 집합적 상상의 통제 기제인 선전(광고)에, 러시아 미래주의의 창조적 발랄함은 볼셰비키의 테러에 봉사하게 됐다. 초현실주의는 상상력의 공학 기술을 먹여 살리게 됐고, 평등을 부르짖던 반란은 국가 독재로 변모했으며, 창의적 운동들은 기호자본주의에 노동력을 공급했다.

지난 몇 년간 나는 창조성이 폭발했던 1968년부터 20세기의 모든 유토피아가 정반대로 변질됐던 1977년까지, 그 주요 순간들에 뒤이어 발생한 수많은 유토피아적 분기의 미로를 복원하려고 노력해왔다. 그리고 이와 동시에 이 미로를 복원하는 것에서부터 시작해 현재의 분기들, 즉 가능성의 증식 속에서 끊임없이 일어나는 분기들에 대해 질문하려고 노력해왔다. 이 책은 그 작업의 흔적들을 모아놓은 것이다. 그 흔적들 자체가 그렇듯이 이 작업은 아직 혼란스럽다. 인지노동자들이 역사상 처음으로 의식적이고도 자발적으로 대거 조직된 [1991년의] 시애틀 투쟁 이후 수년 간에 걸쳐 쓰인 이 책은 사회문화적 분석에서부터 정신병리학, 소통의 사회학, 정치이론 등에 이르기까지 다양한 학문 분야를 가로지르고 있다.

1장은 전조의 해였던 1977년에 관한 내용이다. 이탈리아의 자율운동과 자유라디오의 해이자 시드 비셔스가 "미래는 없다"라고 외친 해이며, 한스-마르틴 슐라이어가 살해되고 슈탐하임 감옥의 비극이 일어났던 바로 그해 말이다. 나는 여기서 십만 명의 사람들이 볼로냐에 모여 미래에 대해 질문했으나 그 어떤 대답도 얻어내지 못했던 그해 9월 당시의 운동들 앞에 나타난 분기들을 재현해봤다. 그 운동들은 이후의 궤적을 스스로 선택한 것이 아니라 각자의 뉴런에 새겨진 이데올로기적 전망이 현실 위에 겹쳐 놓은 흔적, 즉 무장폭력, 헤로인, 대중의 회개 등을 따라갔을 뿐이다.

2~3장은 조립라인에 대한 노동자들의 반란에서부터 탈산업적 기술 재구성, 코그니타리아트(조직될 수 없는 가상적 정신노동계급)의 출현에 이르기까지 지난 30여 년간 사회와 생산에서 일어난 변화를 다룬다. 여기서 현자, 상인, 전사는 20세기 말의 역사를 무대 삼아 서로 격돌하고 과학적·예술적 창의력은 시장과 전쟁에 포획되어왔는데, 이런 사태는 기호자본의 조건들 속에서 어떻게 자율성을 재건할 수 있을까 하는 질문을 불러온다.

4장은 디지털 미디어 기술의 확산에 따른 변이, 기술영역에서 만들어진 집합적 정신의 확산 시스템 구축, 미디어 행동주의를 낳은 대중미디어 역량의 출현 등 지금까지 네트워크화된 정보영역이 형성되어온 과정을 분석한다.

5장은 심리영역, 그리고 최초의 미디어 세대들의 감수성을 중심으로 논의가 이뤄진다. 컬러 텔레비전의 도래 이후, 즉 1970년대 말~1980년대 초에 태어난 비디오-전자 세대, 그리고 특히 1990년대에 태어나 가상적 신경분포 네트워크(상상적, 정신적, 생체공학적 인공기관)와 공생하며 자라온 접속 세대가 바로 그들이다. 1977년 사회학자 로즈 골드센은 어머니보다 기계로부터 더 많은 말을 배운 세대들에 대해 언급한 바 있는데,* 이 부분은 바로 이 세대에게 만연한 정신병리의 핵심을 다루고 있다. 이 문제는 어머니의 사라짐, 그에 따른 언어학습과 정서적 감응 사이의 단절과 관련되어 있다.

마지막 분기(6장)는 '떼'와 '붕괴'를 다룬다. 근대의 역사에서 흔히 사회의 붕괴는 혁명의 과정이 폭발할 수 있게 해주는 최상의 조건이었다. 그러나 오늘날 사회의 붕괴는 대체로 현존하는 권력 구조를 공고하게 만들어주는 쪽으로 흘러간다. 왜 그렇게 될까? 붕괴로 인해 통치 과정이 자동화되어 협치가 되고, 주체들간의 상호연결이 자동화되어 [주체들이] 떼의 형태가 되기 때문이다.

각 장들은 근대 휴머니즘의 파국적 성격을 드러내 보여주고 있다. 그러나 파국의 모든 상황은 분기의 지점을 열어주기 마련이다. 만일 지배적인 경제적 도그마에 사로잡힌 채 잘못된 방향으로 힘이 계속 증가된다면, 그 분기는 나락의 소용돌이에 빠질 수 있다. 그게 아니라면 인식론적 단절이 확실해져 탈경제적 패러다임이 출현하고, 인간들의 관계에 대해 완전히 새로운 전망이 나타날 수도 있다. 이런 단절의 주체가 될 수 있는 것은 오직 인지노동뿐이다. 경제의 지배에서 벗어난 정신노동의 자율성만이 전쟁이라는 자살 메커니즘, 지구를 황폐화시키는 발전에 대한 강박을 멈추게 할 수 있다. 계속적인 변이 속에서 인지적이고 네트워크화된 이 불안정한 노동은 [자본처럼] 축적하지 않고, 경쟁하지 않으며, 비공격적인 원칙에 의거해 사회적 요소들을 재조합할 수 있는 횡단적 기능을 할 수도 있다.

---

* Rose Kohn Goldsen, *The Show and Tell Machine: How Television Works and Works You Over* (New York: Dial Press, 1977), p.ix.

그러나 이처럼 횡단적인 인지 기능의 자율성이 증가한다고 해도 그와 관련된 트라우마가 그 효과를 모조리 다 배출해내기 전에는 사회적 요소들을 결코 재조합할 수 없다. 게다가 그 트라우마가 끼칠 효과가 결코 되돌릴 수 없는 성질의 것일 수도 있다.

20세기 내내 좌파 정당들은 자신의 존재 자체가 사라지는 것을 막기 위해서 노동계급의 이상과 기대를 배신해왔고 산산조각 내버렸다. 오늘날 이 정당들은 새로운 세대와 함께 새출발하기 위해서 필사적으로 노력하고 있다. 그러나 레닌주의와 사회민주주의의 후계자들에게는 더 이상 새로운 사회적 현실의 기호를 해석할 만한 능력이 없다. 이들은 단지 자유주의적 초자본주의에 복종하는 '개량주의자'의 위치와 방어적이고 잉여적인 형태로 낡은 이데올로기를 다시 제안하는 '저항자'의 위치 사이를 왔다 갔다 할 뿐이다.

정치적 삶에 대한 참여는 갈수록 줄어들고 있는데 이런 민심 이반에 대한 해결책은 없어 보인다. 서구 국가들의 사람들이 선거에서의 투표권을 포기하고 있지는 않다. 하지만 투표야말로 진정한 정치적 참여가 감소하고 있다는 명백한 신호이다. 왜냐하면 모두가 알고 있듯이 우리는 투표를 통해 진정한 대안들 중 하나를 결정할 수 있기보다는, 사전에 잘 포장된 피할 수 없는 결정을 우리에게 부과할 사람들의 얼굴과 이름을 고를 수밖에 없기 때문이다.

1981년 프랑스 공화국의 대통령으로 선출된 프랑수아 미테랑은 자신이 유권자들에게 제시한 사회주의 프로그램을 취임 6개월 만에 폐기해버렸다. 미테랑은 거대한 경제적 힘이 부과하는 규칙을 따르지 않고서는 통치가 불가능하다는 것을 분명하게 깨달은 것이다. 그 때 이후로 프랑스에서 우파와 좌파라는 두 단어는 그 실질적인 의미를 명백히 잃어버렸다. 만약 정치적 담론에 뭔가 의미가 있다면, 그것은 연합된 인간 존재들이 대안들 중에서 뭔가를 선택할 수 있는 능력을 지칭할 것이다. 자동화의 지배로 인해 이런 대안 같은 것은 더 이상 존재하지 않기 때문에, 현 시점에서 정치는 더 이상 존재하지 않고 정치적 참여라는 것도 국민들이 순응을 통해서만 참여하는 의미 없는 의식으로 전락해버렸다.

근대 정치는 휴머니즘에 의해, 그리고 자유의지라는 차원이 발견됨으로써 시작된 문화적 관점에 기원을 둔다. 15세기의 마지막 10년에 쓴 『인간 존엄성에 대한 연설』에서 조반니 피코 델라 미란돌라는 인간의 잠재성은 어떤 원형, 규범, 혹은 필연에 의해 한계지워지지 않는다고 단언했다. 왜냐하면 창조주는 인간의 역량이 따라야만 하는 길을 어떤 방식으로도 정해 놓지 않았기 때문이라는 것이다.

"오 아담이여, 나는 너에게 일정한 자리도, 고유한 면모도, 특정한 임무도 부여하지 않았노라! 어느 자리를 차지하고 어느 면모를 취하고 어느 임무를 맡을지는 너의 희망대로, 너의 의사대로 취하고 소유하라! 여타의 피조물들에게 있는 본성은 우리가 설정한 법칙의 테두리 안에 규제되어 있다. 너는 그 어떤 장벽으로도 규제받지 않는 만큼 너의 자유의지에 따라서 (네 자유의지의 수중에 나는 너를 맡겼노라!) 네 본성을 테두리 짓도록 하여라. 나는 너를 세상 중간존재로 자리 잡게 하여 세상에 있는 것들 가운데서 무엇이든 편한 대로 살펴보게 했노라. 나는 너를 천상의 존재로도 지상의 존재로도 만들지 않았고, 사멸할 자로도 불멸할 자로도 만들지 않았으니, 이는 자의적으로 또 명예롭게 네가 너 자신의 조형자요, 조각가로서 네가 원하는 대로 형

상을 빚어내게 하기 위함이다. 너는 네 자신을 짐승 같은 하위의 존재
로 퇴화시킬 수도 있으리라. 그리고 네 정신의 의사에 따라서는 [네
자신을] '신적'이라 할 상위 존재로 재생시킬 수도 있으리라." ········
[이렇게] 하느님 아버지께서는 인간이 태어날 때 갖은 모양의 씨앗과
온갖 종류의 종자를 그 안에 넣어주셨습니다.*

미란돌라에 의하면, 신은 인간을 창조한 날에 이미 자기 마음대로
온갖 원형을 만들어 놓았다. 그러나 자신이 가장 아끼고 가장 마지막
에 창조한, 가장 복잡한 창조물은 어떤 원형이나 본질에 의해서도 정
의될 수 없는 것이었다. 그러므로 신은 인간에게 스스로를 정의할 수
있는 자유, 행동의 한계와 운명의 방향을 자유롭게 규정할 수 있는
자유를 일임해야만 했다. 인간이 된다는 것은 신의 의지에 따라 경계
가 정해지거나 완성되는 일이 아니라 인간 각자의 자유의지에 맡겨
진 일이다. 인간은 신의 의지나 존재의 주름 속에 내재된 설계 도안이
발전하고 실현된 산물이 아니라 하나의 기투라는 것, 바로 이런 인식
의 신호로부터 근대가 시작된 것이다. 근대의 이야기는 이처럼 존재
의 빈 공간 안에서 펼쳐졌다. 마르틴 하이데거는 이렇게 말한다.

탈-존脫-存/Ek-sistenz하는 자로서의 인간은 존재의 밝음인 현現/Da을
심려Sorge함으로써 현-존재를 견뎌낸다. 그러나 현-존재 자신은 던

---

* Giovanni Pico della Mirandola, [Oratio] De hominis dignitate/Über die Würde
des Menschen(1486), Übers. Norbert Baumgarten, Lateinisch-deutsche edition
(Hamburg: Felix Meiner Verlag, 1990), pp.4~6. [성염 옮김, 『인간 존엄성에 관한
연설』, 경세원, 2009, 17~18쪽.]

져져 있는 자로서 현성現成/wesen한다. 현존재는, 자신을 인간에게 보내는 역운歷運/das Geschick적인 것으로서의 존재가 [인간을 자신의 진리 안으로] 던지는 가운데 현성한다.*

존재자들은 거기-있음Da-sein, 즉 어떤 상황 속에 있다는 과잉성과 단독성을 가진다는 점에서 존재와 다르다. 그러나 인간의 지능이 기술적으로 발전하면서 [운명/미래의] 불확정성에 근거해 세워졌던 인간의 자유는 종말을 준비하게 됐다. 근대가 진행되는 동안, 인간의 자유는 스스로 테크놀로지 안에서 대상화되는 운명을 밟아왔다. 테크놀로지가 언어에 침투해 그 자동화 체제로 언어 자체를 휘감게 될 만큼 말이다. 힘에의 의지는 기술로 인해 자신에게 종말을 가져올 수단을 생산해왔다. 테크놀로지가 무화하는 자유가 곧 인간이라는 점에서 이것은 인간의 자유, 인간 자체의 종말이기도 하다.

그러나 근대의 정치적 메시지가 가장 최근의 세대들, 즉 1970년대의 끝자락에 태어난 비디오-전자 세대와 1990년대의 처음 몇 년 사이에 태어난 접속 세대의 언어로 옮겨질 수 없는 데는 더 근본적이고 극복 불가능한 이유가 있다. 내용뿐만 아니라 인지적 형식 상의 문제 탓에 세대 간의 전달이 불가능해진 것이다. 비디오-전자라는 기술적 조건, 그 뒤로는 네트워크라는 접속적 조건 속에서 형성된 이 세대의 정신은 문자적·비판적·역사적 정신, 즉 근대적 인간성의 정

---

* Martin Heidegger, "Brief über den 》Humanismus《"(1946), *Gesamtausgabe*, Bd.9. Wegmarken, Hrsg. Friedrich-Wilhelm von Herrmann (Frankfurt am Main: Vittorio Klostermann, 1976), p.327. [이선일 옮김, 「휴머니즘 서간」, 『이정표』(제2권), 한길사, 2005, 139쪽.]

신, 여러 대안들 가운데에서의 선택이라는 정치적 가능성을 믿었던 정신과는 점점 더 양립할 수 없는 방식으로 기능한다.

나는 늘 세대 개념이 수상하다고 생각해왔다. 지난 산업 시대에는 사회계급이라는 개념이 동일화와 갈등의 과정을 훨씬 더 잘 정의해 줬다. 사회계급은 세대와 완전히 일치하지 않는다. 왜냐하면 사회계급의 의식은 세대적 소속감보다는 생산 과정과 소득 분배를 거쳐 형성되기 때문이다. 산업 시대에는 세대의 연속이 거의 중요하지도 않았고 [인민들 사이에서] 근본적 분화의 효과를 규정할 수도, 정치적으로 중대한 의식이나 동일화 형태에 영향을 미칠 수도 없었다. 이처럼 정치적 주체성이 노동의 사회적 분할에 의해 내적으로 형성되는 한, 세대적 주체성은 주체적 의식의 역사적 특징을 정의하는 데 적합하지 않은 단순한 사회적·생물학적 개념일 뿐이었다.

그러나 탈산업적 변화는 문제의 조건을 혼란스럽게 만들었다. 객관적 수준에서 사회적·경제적 계층은 결코 줄어들지 않았다. 그러나 이 사실이 의식의 수준에서 동일화의 결정적 효과를 만들어낼 수는 없는 듯하다. 생산과정의 파편화와 점증하는 불안정성으로 사회적 정체성은 매우 취약해졌다. 또한 정체성은 유례없이 상상적인 것이 되어버렸고 의식은 벡터 같은 것이 되어버렸다. 탈근대적 동일화 과정에서는 "우리는 누구인가?"보다 "우리는 무엇이 될 수 있는가?"가 더 중요하다. 오늘날 주체성은 세대별 유형에 달리 부여되는 명칭을 통해 형성되는데, 이것이 옛날보다 훨씬 더 중요해졌다.

흔히 세대 개념은 일시적으로 확정된 기술적·인지적·상상적 형성 환경을 공유하는 인간들의 공존을 지칭하는 데 쓰인다. 지난 근대의 경우 이런 형성 환경은 오랜 시간에 걸쳐 천천히 바뀐 반면 생산·

경제관계, 사회계급 간의 관계는 훨씬 더 현저하게 뒤바뀌었다. 그러나 디지털화가 문자적 테크놀로지를 대체하자마자 이 변화는 학습, 암기, 언어교환의 양태를 근본적으로 뒤바꿔버렸고, 세대적 일체감을 밀도 있게 형성하는 것이 결정적인 일이 됐다.

이제 우리는 세대 개념을 단순한 생물학적 현상이 아니라 기술적·인지적 현상으로, 즉 의식적·경험적 가능성이라는 공통 지평의 초주체적 자기구성으로 파악할 것이다. 오늘날 개체화의 가능성과 한계를 재규정하는 것은 이런 기술적·인지적 환경의 변화이다.

따라서 나는 세대적 소속감에서 출발해 사회적 의식의 새로운 형태를 파악할 필요가 있다고 믿는다. 이런 이유로 나는 근대 정치가 기초해 있던 휴머니즘적 범주와 관점을 고갈시킨 변이에서 결정적 역할을 수행한 두 개의 연속된 방향 이동에 대해 이야기할 것이다. 이 두 개의 경로는 미디어영역이 두 번에 걸쳐 잇따라 기술적으로 재설정되는 와중에 인간의 정신이 포섭되며 생겨났다. 첫 번째는 내가 비디오-전자적 재설정이라고 부르는 것으로, 원격시각형 커뮤니케이션 테크놀로지를 의미한다. 1964년 마셜 맥루언이 자신의 주요 저작인 『미디어의 이해』에서 말한 것이 바로 이 경로이다.

맥루언은 문자적 영역에서 비디오-전자적 영역으로의 이행을 살펴보며 이렇게 결론짓는다. 동시적인 것이 순차적인 것을 뒤잇게 될 때, 신화적 정교화의 능력이 비판적 정교화의 능력을 뒤잇게 될 것이라고 말이다.* 비판 능력은 메시지의 특정한 구조를 가정한다. 이를테면 쓰기의 순차성, 읽기의 느림, 언설의 진실 여부를 순서대로 판단할 수 있는 가능성 등이 그것이다. 근대성의 문화적 형태를 특징지어온 비판적 식별은 바로 이런 조건 아래에서 가능해진다. 그러나 비디오-전자적 커뮤니케이션의 영역 안에서는 신화적 사유 형태가 비판을 점차 대체하게 된다. 신화적 사유 안에서는 언술의 참과 거짓을 구분하는 능력이 부차적인 것이 될 뿐만 아니라 아예 그런 구분 자체가 불가능해진다. 이 경로는 1960~70년대의 기술영역과 비디오영역에서 등장했다. 1970년대 말에 태어난 세대는 20세기의 이전 세대들에게 근본적이었던 정치와 비판의 가치가 자신들에게는 통하지 않는다는 첫 번째 징후를 드러내 보이기 시작했다.

이보다 더 급격한 변이는 1990년대에 디지털 테크놀로지가 보급되고 전지구적 인터넷이 형성되면서 일어났다. 여기서 인간의 정신이 기능하는 양태는 완전히 바뀌었다. 왜냐하면 커뮤니케이션의 조건들이 무한히 더 복잡해지고 포화되며 가속화됐을 뿐만 아니라 유아적 정신이 근대의 인간성이 속해 있던 환경과는 전혀 다른 미디어 환경 속에서 스스로 모양을 갖춰가기 시작했기 때문이다.

심리영역을 다룬 부분에서 내가 제시한 연구들은 모두 이 접속 세대에 대한 것이다.

---

* Marshall McLuhan, *Understanding Media: The Extensions of Man* (New York: McGraw-Hill, 1964), pp.4, 25. [김성기·이한우 옮김, 『미디어의 이해: 인간의 확장』, 민음사, 2002, 31, 60쪽. 맥루언은 '신화'를 이렇게 정의한다. "신화란 바로 오랜 기간에 걸쳐 이어지는 복잡한 과정을 순간적으로 포착하는 방식 …… 어떤 과정의 압축이나 내파(이다)." 한편 '정교화'(elaboration)란 주어진 자료들에 대한 기억, 추론, 연산 등을 쉽게 하기 위해 특정한 방식으로 구조화하는 것을 말한다.]

THIS IS FU...

THIS IS F...

WHEN
THE FUTURE ENDED

THIS IS FOR EVERYONE

1장
미래가 끝났을 때

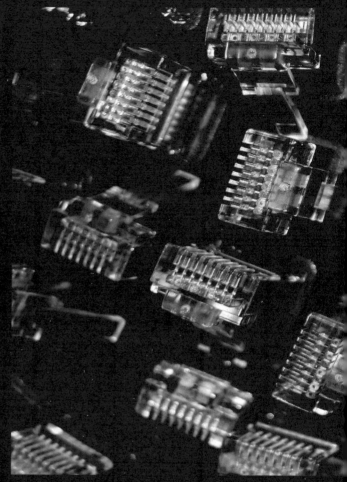

77, The Year of Premonition

(26~27쪽) **This Is For Everyone** A Tribute to Sir Tim Berners-Lee, Inventor of the World Wide Web, London, July 27, 2012
(28~29쪽) **Internet Network Cable**

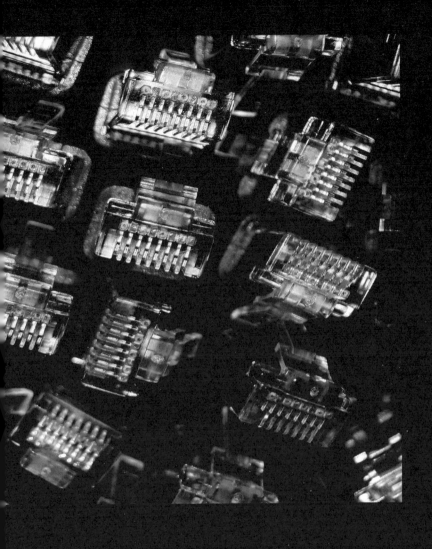

1997년, 전조의 해

1977년 1월 3일 미국 캘리포니아, 스티븐 워즈니악과 스티브 잡스가 애플(Apple Inc.)을 설립하다

1977년은 흔히 폭력의 해로 기록된다. 그러나 1977년이 불안과 봉기의 시절인 것만은 아니었다. 이 해는 문화, 기술, 철학적 사유의 역사에서 주된 전환점이기도 했다. 특히 기술 분야를 예로 들면, 스티브 워즈니악과 스티브 잡스는 '애플'이라는 트레이드마크뿐만 아니라 정보 기술을 확산시킬 도구들을 만들어냈다.

알랭 맹크와 시몽 노라가 『사회의 정보화: 공화국 대통령에게 보내는 보고서』에서 곧 도래할 정보통신 기술의 정치적 효과로 국민국가가 해체될 것이라는 주장을 이론화한 해도 1977년이며, 구소련의 KGB 의장 유리 안드로포프가 레오니드 브레즈네프에게 편지를 보내 정보과학 부문에서 미국과의 격차를 좁히지 못하면 소련은 사라질 위기에 처해 있다고 주장한 해도 1977년이다.

1977년 3월 11일 이탈리아 볼로냐, 77년 운동(movimento del '77)이 본격화되다

이 해에 로마와 볼로냐 등에서 동시에 일어난 폭동은 평화로운 집회나 화기애애한 행진이 아니었다. 그러나 운동이 처음 시작됐을 때 폭력은 문제가 되지 않았다. 폭력이 문제로 불거지게 된 것은 경찰이 시위에 폭력적으로 대응하고 정부의 진압 명령으로 경찰이 학생들에게 총격을 가하면서부터였다.

1977년 5월 27일 영국 런던, 펑크록 밴드 섹스피스톨즈가 "미래
는 없다"(There is no future)라고 노래하다

1977년은 근대성 너머로의 이행이 이뤄지고 있던 해였다.
프랑스에서는 장 보드리야르, 폴 비릴리오, 펠릭스 가타리,
질 들뢰즈 같은 사상가들의 철학이, 이탈리아에서는 자율
운동 같은 창의적 대중 운동의 정치적 의식이 이런 이행
의 조짐을 알려줬다. 북아메리카의 경우 이런 이행의 조짐
은 문화적 폭발, 도시변혁 운동 등의 형태를 취했는데, 이
는 예술과 음악에서의 '노 웨이브'로 표현됐다.

특히 펑크 운동이 폭발한 영국에서는 섹스피스톨즈가 "미
래는 없다"라고 처음 외쳤다. "미래는 없다"는 이들의 외
침은 일종의 스스로 실현되는 예언이 되어 서서히 전 세계
를 뒤덮었다. 그 외침은 아주 중요한 무엇, 즉 미래에 대한
인식이 변해가고 있음을 알리는 고지였다. 실제로 1977년
이후 서구의 정신은 일련의 삽화적 사건들이 그려낸 궤적
을 따라 살그머니 지하에서 붕괴되어갔다.

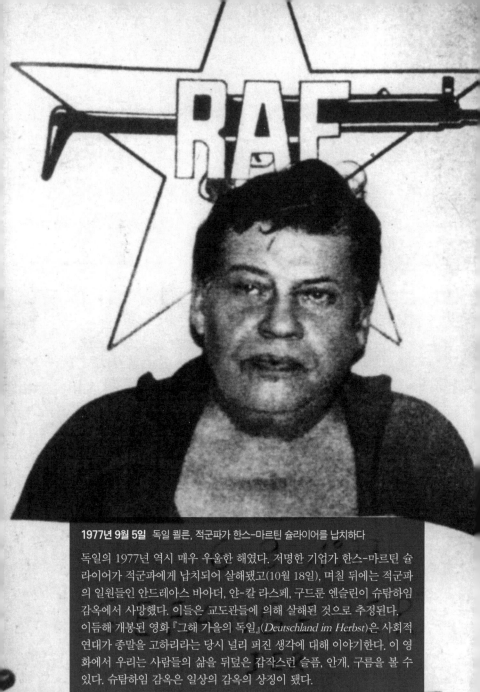

1977년 9월 5일 독일 쾰른, 적군파가 한스-마르틴 슐라이어를 납치하다

독일의 1977년 역시 매우 우울한 해였다. 저명한 기업가 한스-마르틴 슐라이어가 적군파에게 납치되어 살해됐고(10월 18일), 며칠 뒤에는 적군파의 일원들인 안드레아스 바아더, 얀-칼 라스페, 구드룬 엔슬린이 슈탐하임 감옥에서 사망했다. 이들은 교도관들에 의해 살해된 것으로 추정된다. 이듬해 개봉된 영화『그해 가을의 독일』(Deutschland im Herbst)은 사회적 연대가 종말을 고하리라는 당시 널리 퍼진 생각에 대해 이야기한다. 이 영화에서 우리는 사람들의 삶을 뒤덮은 갑작스런 슬픔, 안개, 구름을 볼 수 있다. 슈탐하임 감옥은 일상의 감옥의 상징이 됐다.

1977년 12월 14일 미국 할리우드, 『토요일 밤의 열기』(Saturday Night Fever) 개봉

1977년 연말에 개봉한 영화 『토요일 밤의 열기』에서 존 트라볼타는 주말에 디스코를 추며 즐기기 위해 주중 내내 행복한 마음으로 착취당하는 새로운 노동계급의 모습을 보여줬다.

1977년 12월 25일 스위스 브베, 찰리 채플린 사망하다

1977년 12월 25일에는 산업화 과정의 비인간화를 이야기
했고, 가난하지만 인간적일 수 있었던 사람들의 따뜻함을
보여줬던 중절모와 지팡이의 남자, 찰리 채플린이 우리의
곁을 영원히 떠났다. 이제 이 세계에는 따뜻함을 위한 자
리가 더 이상 남아 있지 않게 됐다.

1977년 이탈리아에서 일어난 일은 근대적 정치 개념의 틀로는 이해하기 어렵다. 당시 이탈리아는 심각한 갈등의 시기, 학생들과 젊은 프롤레타리아트가 경제와 국가의 권력에 대항해 강력한 운동을 일으킨 시기에 접어들었다. 그러나 이탈리아의 상황에서 특별한 것은 폭동과 화염병의 연기가 아니었다.

따라서 나는 1977년의 폭력적인 면에 초점을 맞추지 않을 것이다. 그보다는 전 세계의 베이비 붐 세대가 근대의 지평선이 사라져가고 있음을 알리는 전조들에 맞닥뜨리기 시작했던 바로 그때 당시에 발생한 문화적 과정의 이질적 면모들에 집중하고 싶다.

나는 1970년대의 일반적인 상황에 대해 말하면서 그 안에 이탈리아의 봉기를 위치시키고 싶다. 그래야만 우리는 당시의 경험 속에서 등장한 시대적 변화의 두 가지 얼굴을 모두 볼 수 있다. '창조성'이라는 행복한 유토피아적 측면이 그 하나이고, 절망과 자포자기와 공포의 측면이 나머지 하나이다.

1977년은 자본주의의 지배와 부르주아 국가에 대항해 공산주의적 프롤레타리아트가 20세기의 마지막 반란을 일으킨 해이다. 그러나 이와 동시에 이 해는 코그니타리아트(즉, 지식노동자)와 기술과학 지식의 담지자들이 처음으로 봉기한 해이기도 하다.

이 해에 생산된 문화 속에서 우리는 새로운 문화의 과정과 새로운 사회적 환경의 전조를 볼 수 있다. 수사적으로 표현하면, 당시의 봉기는 현재 우리가 살아가고 있는 새로운 시대의 최초의 반란이다. 그러나 이 점을 확언할 수는 없다. 지금 우리가 살아가고 있는 이 시기가 다시 한 번 봉기의 시간이 될 것인지는 알 수 없기 때문이다. 그럴 수도 있고, 어쩌면 아닐 수도 있다.

어떻게 보면 우리는 지금 악몽, 1977년의 폭발적 운동에 내재된 디스토피아적 상상이 실현되고 있음을 목격 중이라고 할 수도 있다. 전해지는 바에 따르면, 당시의 운동은 창조성이 자유롭게 표출된 행복한 사건인 것만은 아니었다. 그 안에는 사회를 극도로 탈영토화시키고, 도시들의 인간적 면모를 파괴하며, 시간의 모든 파편을 종속시킬 수밖에 없는 경제적 변화에 대한 지각 또한 담겨 있었다.

우리가 이 해에 볼 수 있는 행복의 시기는 차라리 1976년에 시작된 것이었다. 그러나 1977년 3월 로마와 볼로냐에서 격렬한 봉기가 일어난 지 몇 달 뒤부터는 변화된 인식, 공포의 느낌이 엿보인다. 이런 전환에는 정치의 틀에서 전적으로 벗어난 무언가가 있다.

1977년의 봄, 다수의 투사들과 지식인들이 체포됐고 이 운동에 가담한 라디오 방송국들은 강제로 폐쇄됐다. 운동 세력은 이런 탄압에 대항하기 위해 9월 볼로냐에서 국제 회합을 조직했다. 십만 명의 사람들이 해방이라는 마법의 단어를 들을 수 있기를 고대하며 볼로냐에 집결했으나 그런 단어는 어디에서도 찾을 수 없었다.

9월의 회합 이후 우리는 운동의 패배, 폭력의 확산, 그리고 패배 이후 이 운동에서 빠져나간 에너지와 투사들을 얻게 된 붉은여단이 자신들의 세력을 확장해가는 상황을 볼 수 있었다.

만약 그때의 시간들 속에서 오늘날 일어나고 있는 일들의 전조, 우리가 머물고 있는 이 새로운 세기 속에서 펼쳐지는 인류학적 변이의 전조를 찾을 수만 있다면, 당시의 운동을 재고하고 재평가하는 것도 흥미로운 일이 될 것이다. 더욱이 당시의 운동이 오늘날 우리가 당면한 문제들에 대한 해결책, 그리고 또 다른 방향을 볼 수 있는 가능성 역시 창출해냈다는 점에서 더욱 그렇다.

나는 역사학자가 아니기 때문에 역사적 순서를 정확하게 복원할 수는 없다. 하지만 어쨌든 최선을 다해보겠다.

1975~76년 당시 이탈리아의 사회적 상황을 살펴보면 실업률이 15%로 실업자의 대부분이 청년들이었다. 1969년 이래로 북부에 위치한 도시들의 공장에서는 활기가 넘쳐났다. 노동계급의 핵심 거점인 피아트 자동차의 미라피오리 공장, 알파 로메오 자동차, 페트롤치미코[베네치아에 위치한 중화학 공업사]에서 젊은 투사들은 노동조합주의자들의 주장과 이탈리아공산당의 정치적 의제를 비판하며 급진적인 자율 투쟁을 조직했다. 1973년 3월에 일어난 미라피오니 공장 점거는 그 시기에 일어난 반자본주의 행동 중 가장 큰 영향을 남겼을 것이다. 이탈리아에서 가장 큰 이 공장의 노동자들 대다수는 장기간에 걸쳐 공장주와 대치하는 와중에 공장 자체를 점거하기로 결정했다. 피아트가 경제력의 중심이었던 만큼 그곳에서의 투쟁은 자본주의의 지배에 대항하는 대중적 저항의 상징이 됐다.

피아트가 고용해왔던 청년들은 대부분 칼라브리아, 시칠리아, 나폴리 등 남부 출신의 이주자로서, 이들은 투쟁의 시기 이전에 고용됐다. 이 청년들로서는 햇살 가득한 이탈리아 남쪽 해변, 게으름, 지중해 부근 마을의 관능적 삶을 매연과 안개로 뒤덮인 산업도시의 스트레스 가득한 삶과 맞바꾸기가 결코 쉽지 않은 일이었다.

점거는 성공했다. 노동조합과 관리자들은 점거자들의 요구조건을 놓고 협상해야만 했다. 자율적으로 조직된 노동자들이 공장 점거를 결정한 1973년의 이 투쟁 이후, 피아트의 중역들은 신규 채용을 하지 않는 것으로 맞섰다. 더 이상의 고용은 없었다.

바로 그해의 유대교 속죄일[1973년 10월 6일]에 시리아와 이집트는 이스라엘을 공격했다. 이에 뒤따른 제4차 중동전쟁은 전 세계에 영향을 미쳤다. 유가가 치솟고, 서구의 경제는 심각한 타격을 받아 침체에 빠졌으며, 전 세계 곳곳에서 실업이 증가하는 위기가 찾아왔다. 이탈리아 정부는 긴축재정의 기간이 필요하며 경제를 위해 국민들이 희생을 감수해야 한다고 선언했다. 임금은 동결되어야 하며, 노동자들은 더욱 열심히 일해야 한다는 것이었다.

이런 조치 이후, 볼로냐 거리에서 일어난 시위에 참석한 일부 사람들은 다음과 같은 구호들을 외치기 시작했다.

"그들이 말하는 '긴축재정'에 대한 우리의 대답. 방탕, 자유, 축제"
"가벼움과 무책임의 물결"
"우리는 경제라는 신에게 희생제물을 바치고 싶지 않다. 우리는 생산성의 교의를 믿지 않는다. 우리는 국민총생산을 위해 우리의 삶을 포기하지 않을 것이다."
"경제가 위태롭다면 붕괴하도록 내버려둬라."

1973년에 나는 마침 토리노에 있었다. 그해 유럽 전역의 자동차 공장들은 사회적 대립의 물결에 휩쓸렸다. 토리노의 피아트, 뤼셀스하임의 오펠, 볼프스부르크의 폴크스바겐, 비앙쿠르의 르노 등에서 발생한 젊은 자동차 제조노동자들의 대규모 봉기는 조립라인을 멈추고, 근대 산업자본주의를 끝까지 밀어붙였다. 나는 점거 기간 동안 미라피오리 공장에서 사람들이 '대도시 인디언들'로 변장하는 모습을 처음으로 봤다. 장발의 젊은 노동자들이 목에 붉은 스카프를 두른 채 작업장에서 드럼을 치는 모습을 말이다. 테스트를 받기 위해 놓인 수천 대의 자동차로 가득 찬 공장 앞마당, 수백 개의 경적 소리, 철제 드럼을 치며 공장 밖으로 걸어나온 수많은 젊은 노동자들. 공장의 슬픔에 대한 이런 거부 행위야말로 1977년 폭발의 전제였다.

이 새로운 노동자 세대는 노동을 중시한다는 낡은 정당들의 전통과는 아무런 관련이 없었다. 국가 소유 체제라는 사회주의 이데올로기와도 별 관련이 없었다. 이 젊은 노동자들의 항의를 불러온 것은 노동의 슬픔에 대한 대규모 거부였다. 이들은 오히려 [미국의] 히피 운동, 아방가르드의 역사와 더 많은 관련이 있었다.

미래주의, 초현실주의, 다다는 정치의 조직화 과정을 재발명하려고 했다. 움베르토 에코는 「또 다른 언어가 있다: 이탈리아-인디언어」[1]라는 제목의 글에서 이 새로운 반란의 언어적 측면을 강조했다. **에코는 이렇게 말했다.** 이 새로운 운동의 주인공들은 미래주의자들의 시를 읽고 전자 미디어를 최초로 사용하는 아이들로서 일종의 대중적 아방가르드를 창조해내고 있다고, 매스미디어 기술 덕택에 언어가 사회적 대치의 주요 현장이 되고 있으며, 시(공유된 세상을 창조하는 언어)가 사회적 변화의 영역 속으로 들어갔다고 말이다.

바로 이것이 기호자본주의, 즉 미디어와 자본의 융합으로 특징지어지는 새로운 체제가 창조되는 시작점이었다. 이 영역에서 시는 광고와 만나고, 과학적 사고방식은 사업과 만나게 된다.

이처럼 이탈리아 사회가 갈등과 혁신의 혼란 속에 휩싸인 동안 정치의 틀을 봉쇄됐다. 공산주의자들과 기독교민주당원들, 이 슬픔의 두 교단이 각지에서 폭발하고 있던 사회 운동을 봉쇄하고 저지하려는 공통의 목표를 위해 동맹을 맺은 것이다.

색다른 공산주의를 표방한 것으로 유명했던 이탈리아공산당에 대해서도 언급하고 넘어가야겠다. 1960년대에 이탈리아공산당은 모스크바의 지배로부터 어느 정도 자율적인 것으로 널리 알려졌는데 이는 부분적으로 사실이었다. 1940년대에 팔미로 토글리아티가 재창설한 이탈리아공산당은 내부 조직과 정치권력의 문제에 관해 정통적 레닌주의 정당과 다른 입장을 취했다. 그러나 사회와 국가의 관계 문제에 대해서는 늘 스탈린주의 정당처럼 반응했다. 사회의 자율성에 관한 한 그들이 알고 있는 유일한 언어는 스탈린주의였다.

이탈리아공산당은 정치적 대의의 영역에서는 혁신적이었지만 사회와의 관계에서는 새로운 언어를 창조해내지 못했다. 그래서 노동과 국가에 대한 급진적 투쟁이 공장과 대학에서 폭발했을 때, 이탈리아공산당은 정통 스탈린주의 정당과 별반 다를 바 없이 반응했다. 즉 국가를 옹호하며 운동의 진압을 지지한 것이다.

당시의 정부는 이탈리아공산당과 기독교민주당이 동맹한 산물이었다. 이 역사적 타협물의 정책은 사회적 대치상태를 피하는 것이었다. 그러나 이 정책은 의회의 순응, 즉 의회가 일체의 운동과 일체의 사회적 갈등 행위에 반대하도록 만드는 결과를 낳았다.

결국 사회적 갈등은 정치적으로 거의 중재되지 못했다. 왜냐하면 국회의 절대 다수, 거의 100%가 사회에 대항해 단결했기 때문이다. 바로 이것이 1977년 폭발의 정치적 배경을 설명해준다.

1975년에 이 절대 다수는 법률 하나를 통과시켰다(이 법안을 발의한 의원의 이름을 따라 '레알레 법'[2]이라고 불렀다). 이 법은 위협을 가한다고 추정되는 사람들을 총으로 쏠 수 있는 권리를 경찰에게 부여했다. 그에 따라 무기를 소지하고 있다고 의심받은 수백 명의 젊은

이들이 죽임을 당했다. 실제로는 무기를 소지하고 있지 않은 경우가 자주 있었는데도 불구하고 말이다.

여기서 우리는 1977년에 발생한 폭발의 조건들을 볼 수 있다. 15%의 실업률, 실업자의 대부분을 차지했던 청년들, 도처에 만연한 사회적 갈등, 정당들이 일치단결해 억압적인 법률들을 통과시키던 의회의 지지를 받는 강력한 정부.

그러나 나는 당시의 사회적·문화적 배경에 대해서도 설명하고 싶다. 사회 변화의 일반적 틀은 공장에서의 노동을 거부하는 젊은 노동자들, 학생들, 연구자들, 지적 노동자들 사이의 관계였다. "투쟁 속에서 하나가 되는 노동자들과 학생들"Operai e studenti uniti nella lotta이 그저 공허한 구호였던 것은 아니다. 이것은 사회적 행위자로서의 대중지성의 운동이 등장한 상황을 잘 나타낸 말이었다.

독일 학생운동의 지도자 중 하나였던 한스-위르겐 크랄은 당시에 매우 중요한 텍스트인 「기술과학 지성과 프롤레타리아 계급의식의 일반적 관계에 관한 테제」[3]를 썼다. 여기서 크랄은 정치적 조직화의 문제는 더 이상 (레닌의 시대에서처럼) **사회적 기계**로부터 단절되어 있지 않고 지적 노동의 자기조직화에 뿌리를 두고 있다고 밝혔다. 인지노동이 사회의 무대 중심으로 이동 중이었던 것이다.

만일 노동거부와 기술과학 지성을 연결하는 것이 가능하면 우리는 지적 노동이 노동이 아니라 자유라는 사실을 발견할 수 있을지도 모른다. 테크놀로지가 자동화에 응용된다는 것은 노동시간이 감소될 수 있는 조건이 조성된다는 말과 같다. 그러므로 학생들과 노동자들의 관계는 이데올로기가 아니라 지식과 테크놀로지, 그리고 노동으로부터의 자유라는 공통 기반을 이해하는 데 근거한다.

| 20세기의 마지막 봉기 |

1975년의 봄, 우리는 『아/트라베르소』라는 이름의 잡지를 간행하기 시작했다. 새로운 오프셋 인쇄기는 낡은 활판술 인쇄기보다 훨씬 더 자유로운 방식으로 지면을 구성할 수 있는 가능성을 열어줬다. 우리는 다다이스트의 콜라주 기법을 이용했다. 신문에서 인물을 선택하고 사진을 오려서 그것들을 뒤섞어 종이에 붙인 뒤 사진을 찍고 인쇄하는 방식이었다. 『아/트라베르소』의 기고자들은 일군의 젊은 프롤레타리아 시인들로서, 훗날인 1976년 2월에 라디오 알리체를 시작한 사람들이 바로 이들이었다. 이들은 자율적으로 욕망하고 창의적으로 횡단하는 세대이자, 1968년과 인연이 있는 학생들의 동생뻘이었다. 이들은 앞선 형님뻘 세대가 읽었던 책보다 훨씬 덜 따분한 책들을 읽었는데, 칼 맑스나 블라디미르 일리치 레닌보다는 윌리엄 버로스와 롤랑 바르트의 책을 즐겨 읽었다. 『아/트라베르소』의 지면들에는 하나의 핵심 개념이 천 가지 방식으로 반복됐다.

집단적 행복은 전복이요, 전복은 집단적 행복이다.

1976년 2월 라디오 알리체는 첫 방송을 내보냈다. 오래된 도시 볼로냐의 아파트 옥상에 모인 아나키스트 성향의 노동자주의자, 포스트 히피, 초기 펑크족 12명은 모호한 신호를 내보냈다. 흥분은 점점 더 커지고 있었다. 당시의 정치적 맥락(공산주의자들과 가톨릭교도들 사이의 저 '역사적 타협')은 들끓어 넘치는 사회를 감당하기에는 너무나 좁았다. 전국 각지의 공장, 점거지, 각종 점유가 발생한 산발적 사건 현장 등지에서 갈등이 퍼져나가고 있었다.

A/Traverso (Settembre 1977) 볼로냐에서 발행되던 잡지 『아/트라베르소』의 1977년 9월호 뒤표지. 볼로냐의 대학가를 중심으로 활동하던 일군의 활동가들과 예술가들(이들은 스스로를 '마오-다다이스트'라고 불렀다)이 만든 이 잡지는 처음에는 1천 부만 찍었으나 1981년경에는 2만5천 부까지 찍었다. 기존의 커뮤니케이션 수단과 흐름을 비판하며 '새로운 의사소통'(nuova comunicazione)을 가능케 할 혁명적 언어를 추구한 이 잡지에서 프랑코 베라르디 '비포'는 미디어의 가능성을 처음으로 탐구했다.

코뮨주의는 자유롭고 행복하다.

10, 100, 1000개의 라디오 알리체

새로운 운동은 미래주의와 다다를 준거점으로 삼았다. 그 운동 속에서 새로운 글쓰기와 잡지『노동자들의 통신원』같은 새로운 미디어가 급증했다. 우리는 지오반나 마리니[4]와 제퍼슨에어플레인[5]의 노래를 배경음으로 삼아 근거리에서 단도직입적으로 쓰려고, [각종 현안의] 근원을 곧장 겨냥하려고 노력했다. 또한 예술과 일상의 분리를 철폐하고자, 아니 예술과 일상 자체를 철폐하고자 했다.

만약 1920년대의 아방가르드가 엘리트의 주도로 나타난 현상이었다고 말할 수 있다면, 1970년대의 아방가르드는 삶을 위한 기호적 환경을 만들어내는 대중의 실험이 되어가고 있었다고 할 수 있다. 이탈리아 각지에 퍼져 있는 라디오들과 자율적 잡지들 덕분에, 대중적 아이러니의 대규모 과정이 시작된 것이다.

여기서 아이러니란 이 세상의 기호적 무게를 일시적으로 정지시키는 것을 의미한다. 특정한 몸짓, 관계, 사물의 형상에 어떤 의미를 부여하기를 중지하는 것. 우리는 이것을 필연의 왕국을 정지시키는 것이라 여겼고, 권력은 권력을 가지지 못한 자들이 권력을 심각하게 여기는 만큼만 힘을 가지게 된다고 확신했다.

실제로 아이러니가 대중의 언어가 될 때 권력은 그 자체의 근거, 권위, 힘을 잃게 된다. 요컨대 당시는 불찬성의 시기이자, 독단에서 아이러니로 넘어가는 시기였으며, 마오다다이즘의 시기였다. 정치의 광신주의에 찬성하지 않고 노동을 거부한 시기, 그리고 경제의 광신주의에 찬성하지 않은 그런 시기였던 것이다.[6]

부유해진다는 것은 무슨 의미인가?

1976년 10월 밀라노의 자동차 공장 이노센티에서 일어난 투쟁에서 젊은 프롤레타리아트와 나이든 산업 노동자들의 모순은 더 명확해졌다. 갓 고용된 젊은이들은 착취당하기를 받아들이지 않고, 계획적 결근(노동으로부터의 집단 탈출)으로 스스로를 지켜갔다. 그 중 일부가 해고되자 이들은 파업으로 응수했다. 그러나 나이든 노동자들은 동참하지 않았다. 일하기를 좋아하지 않으니 이 젊은 태업자들에게는 직업을 가질 권리가 없다고 생각한 것이다. 이런 젊은이들의 문제는 단순한 사회적·문화적 문제이기를 그치고 노동운동의 정치적 틀 자체를 재정의하고 사회를 재구성하는 요소가 되고 있었다.

젊은이들은 제4차 중동전쟁이 야기한 오일쇼크에 이어 1973년부터 시작된 경기침체로 고통받고 있었다. 실업은 젊은이들 사이에서 가장 높았고, 불안정 노동이 처음으로 확산됐다. 당시의 운동은 완전고용이 아니라 돈을 위해 싸웠다. 합법적으로든 불법적으로든 물건들을 점유하고 공유하는 행위가 퍼지기 시작했다. 젊은이들은 집, 옷, 일상용품 등 모든 것을 공유했다. 사람들은 덜 일하고, 기쁨을 위해 더 많은 시간을 썼다. 경기침체에도 불구하고 거기에는 희생의 감정이라는 것이 전혀 없었다. 빈곤도 없고, 포기도 없다. 부유해진다는 것은 소비할 수 있는 물건들을 많이 소유하는 것이 아니라 즐길 수 있는 시간을 가지는 것이라고 사람들은 생각했다. 부유해진다는 것은 많은 돈을 소유하는 것이 아니라 과중하게 일하지 않고 살 수 있을 만큼의 돈을 가지는 것을 의미했다.

여기서 우리는 어려운 질문이 주어졌다는 것을 알 수 있다. 왜 인간 신체들이 서로를 매혹하고, 영혼들이 기쁜 마음으로 함께 눕는 시간이 있는가 하면, 타인에 대한 공감이 사라지고 인간들이 절망 속에 홀로 있는 시간이 있는 것일까? 우울이라는 무거운 구조로 귀결되는 역동적 과정은 무엇이고, 함께하는 행복한 삶이라는 가벼운 구조를 좌우하는 역동적 과정은 또 무엇일까?

자본주의 정권과 이탈리아공산당을 향한 동시적인 적대감은 이 운동으로 하여금 역사적 좌파와의 모든 관계를 단절하도록 만들었다. 이탈리아공산당에 대항한 싸움은 1977년 2월에 절정에 달했다. 당시 이탈리아공산당의 영향력 아래 있던 이탈리아노동총동맹의 지도자 루치아노 라마가 (기독교민주당과 함께 정부를 통제하고 있던) 개량의 길을 걷던 스탈린주의적 당의 정치적 의제를 선전하기 위해 경호원을 여럿 대동한 채 로마대학교에 행진해 들어왔다가 학생들이 주도한 시위대에 의해 쫓겨난 사건이 발생한 것이다.

이탈리아공산당의 의제는 비정규직이거나 실직상태이거나 불안정하거나 충분한 급여를 받지 못하는 젊은 프롤레타리아트를 정규직과 갈라 놓고 서로 대립하게 만드는 것이었다. 학생들, 대도시 인디언들, 젊은 노동자들로 이뤄진 수천 명의 시위대는 대광장에 모여 곳곳에서 분노의 소리를 질러댔다. 분위기는 달아올랐고, 보스[라마]는 떠날 수밖에 없었다. 이 운동은 정규직 노동자와 실업자의 구분을 거부했다. 그들은 이렇게 외쳤다. "우리는 모두 불안정하다." 36년이 지난 지금 우리는 그들이 얼마나 옳았는지 잘 알고 있다.

볼로냐라는 도시는 자본주의적 공산주의 권력의 상징이었다. 당시 볼로냐는 매우 활기찬 도시였다. 볼로냐대학교는 이탈리아의 남부와 외국에서 유학 오는 학생들로 넘쳐났고, 대단한 명성과 뛰어난 지혜를 지닌 교수들이 이들을 가르치고 있었다. 또한 미술과 음악을 위한 새 학과7)가 신설되어 시와 정치 행동, 사회 참여와 예술을 한데 뒤섞고 싶어 하던 학생들을 끌어들였다.

볼로냐는 매우 보수적인 도시이기도 했다. 파시즘이 발흥해 개시된 곳이 바로 이곳이었다. 제1차 세계대전이 끝난 뒤, 파시즘을 태동시킨 그 사회계급은 당시 이탈리아공산당이 체현하고 있던 저 기이하게 뒤죽박죽인 개량적 스탈린주의로 전향했다.

역사를 통틀어 볼로냐는 항상 유목민과 정주민으로 나뉜 도시였다. (이곳에 세워진 것으로 알려진) 세계 최초의 대학교는 이곳의 석학들, 시인들, 교수들로부터 가르침을 받기 위해 유럽 전역에서 건너온 일군의 유목민들과 수도사들에 의해 세워졌다. 여기저기를 떠돌아다니던 성직자들이 독일의 마을, 아라비아의 사막, 안달루시아, 시칠리, 폴란드 영토 등에서 볼로냐로 건너온 것이다.

근대 동안 볼로냐는 유목하는 노동자들과 상인들, 정주하던 농부들과 은행가들의 불안정한 균형 덕분에 번성할 수 있었다. 오늘날에는 학생들, 연구원, 이주 노동자들이 유목민이 되어 이 도시에서 단기간 혹은 장기간 살아가나 결코 내부자가 되지는 않는다. 이 유목민들은 지식, 돈, 에너지를 가져온다. 정주하는 인구들은 권력을 장악한 채 이 유목민들을 착취한다(가령 학생들은 매우 비싼 방세를 낸다). 이런 구조는 정당하지 않지만, 그럭저럭 효과적으로 작동한다.

때로는 사이가 나빠져 도시의 상황이 악화되기도 한다. 1977년 봄, 볼로냐에서는 일종의 흥분이 감지됐는데 그것은 당시 신경영역을 순환하고 있던 여러 관념들 때문이었다.

볼로냐대학교는 테로니(남부 태생인 사람들), 독일인, 코미디언, 음악가, 안드레아 파치엔자8)와 필리포 스코차리9) 같은 만화가로 가득 차 있었다. 예술가들은 도시의 중심에서 주택들을 점거했고 라디오 알리체와 트라움파브릭 같은 창조적 공간을 운영했다.

어떤 사람들은 『안티-오이디푸스』 같은 책을 읽었고, 어떤 사람들은 키스 재릿[10]과 레이먼즈[11]의 음악을 듣거나 꿈꾸게 만드는 약물을 흡입하며 블라디미르 마야코프스키와 앙토냉 아르토의 시를 암송했다. 사회는 긴장감으로 가득 찼고, 전 세계적인 경기침체는 더 심해지고 있었다. 일례로 테로니 학생들의 경우 4명이 방 하나에 같이 살아야만 했다. 이탈리아공산당은 기독교민주당과 동맹을 맺었고, 이탈리아의 정치 체제는 보수적인 방해물이 되어가고 있었으며, 우파와 좌파는 한데 연합해 사회의 봉기에 맞섰다. 이탈리아공산당의 볼로냐 지부는 선동가들을 반대하는 캠페인을 벌이며, 학생들이 외국의 비밀정보기관에서 돈을 받고 있다고 비난했다.

그러나 그해 볼로냐에서 공산당은 기울어가기 시작했다. 폴란드나 체코슬로바키아 등 스탈린주의 정당들이 폭력과 순응주의로 사람들을 억압하던 곳 어디에서나 그랬듯이 말이다.

| 아이러니한 메시지에서 과장된 메시지로 |

1977년 2월부터 3월까지 이 소규모의 기호적 태업자 집단은 사회적 갈등을 전례가 없는 사건으로 변모시킬 수 있었다. 도시의 일상생활을 무너뜨리고, 미디어의 메시지를 전용[12]함으로써 말이다. 2월 말에 『아/트라베르소』는 "혁명은 정당하고 가능하며 필요하다. 동지, 보시오. 혁명은 있음직하오"La rivoluzione è giusta, necessaria e probabile: guardare il compagno, la rivoluzione è probabile라는 길고 과장된 제목의 새로운 호를 펴냈다. 여기서 우리는 다음의 몇 가지 요구를 제시했다.

우리는 가톨릭 교회가 소유한 모든 자산의 몰수를 원한다.

노동시간은 줄이고, 일자리 수는 늘려라.

급여를 인상하라.

생산을 변혁하고, 노동자들의 통제 아래 둬라.

자본주의가 낭비하는 막대한 지능의 해방. 이제까지 통제와 착취의 수단으로 쓰였던 테크놀로지는 해방의 도구로 변하기를 원한다.

사이버네틱스와 정보과학 덕분에 일을 덜 하는 것이 가능하다.

무노동에 임금을.

모든 생산을 자동화하라.

산 노동에게 모든 권력을.

죽은 노동에게 모든 일을.

이 어마어마한 성명을 쓰면서 우리는 마치 불장난 하는 것처럼 말장난 하고 있다는 것을 알았다. 그리고 불이 붙었다.

3월 11일, 볼로냐에서 한 학생이 시위 중에 경찰에 의해 죽는 사건이 일어났다. 그날 오후, 모든 학내 곳곳에서 열린 모임에서 학생들과 노동자들은 맞서 싸우기로 결의했다. 수만 명의 사람들이 볼로냐 거리로 몰려나가 고급 부티크와 은행의 창문을 부쉈다.

3월 12일, 시위의 물결은 다른 도시의 거리로까지 쇄도했다. 볼로냐에서 학생들이 점거한 대학교 주변의 거리에 바리케이드를 치는 동안, 로마에서는 십만 명의 사람들이 시위와 투쟁을 위해 집결하고 있었다. 그러자 억압의 힘이 맞받아치기 시작했다.

3월 12일 밤, 경찰은 라디오 알리체를 폐쇄시켰다. 향후 며칠간 라디오 방송국은 수차례 다시 열리고 폐쇄되기를 반복했다. 라디오 방송국에서 발견된 사람들은 모두 체포되어 감옥에 몇 달간 송치됐다. 서점들은 수색을 받았고, 수백 명의 투사들이 투옥됐다.

그해 7월에는 펠릭스 가타리, 질 들뢰즈, 장-폴 사르트르, 줄리아 크리스테바 등을 포함한 일군의 프랑스 지식인들은 이탈리아에서 발생한 탄압에 반대하는 성명서를 발표했다.[13] 운동 세력은 이와 동일한 주제를 토론할 국제 회합을 소집하기로 결정했다. 탄압이 주요 관심사가 된 셈인데, 이것이 패배의 발단이 됐다.

『아/트라베르소』의 여름호는 도발처럼 보이는 제목을 달고 있었다. "혁명은 끝났다. 우리가 이겼다!"La rivoluzione è finita. abbiamo vinto!

이 제목은 단순한 도발이 아니었다. 이것은 자율적 행동의 의미에 대한 평가이기도 했다. 반란은 정치적 권력을 향한 수단이 아니다. 혁명은 국가의 붕괴를 위한 것이 아니다. 새로운 반란을 정의할 수 있는 가장 좋은 방법은 들뢰즈의 탈주선 개념이다. 착취의 왕국으로부터의 집단 탈출, 그리고 권력·노동·시장과는 관련 없는 사회의 새로운 영역 창조. 실제로 『아/트라베르소』의 다음 호는 이런 제목을 실었다. "권력을 잡지 마시오."Non prendere il potere

| 미래를 걱정하지 마시오, 당신에게 미래는 없으니까 |

프랑스 지식인들의 선언은 근대 사회에서 지식인이란 무엇이며, 그들의 위치는 어디인가라는 질문에 대한 논쟁에 불을 붙였다. 선언이 공표된 이후 우리는 탄압에 대한 회합을 시작했다. 1977년 9월 볼로냐에서 열린 그 회합에는 십만 명의 사람들이 모여 3일 동안 모든 것에 대해 토론했다. 혁명적 프로젝트의 과거와 현재, 억압과 욕망, 무장투쟁과 비폭력, 조직의 오래된 혹은 새로운 형태들.

볼로냐에 모여든 사람들은 다음 단계의 운동방식을 알려줄 마법의 단어를 찾고 싶어 했다. 그러나 아무도 그 마법의 단어를 말하지 않았으며, 누구도 해답을 가지고 있지 않았다. 자본주의자들의 반격이 진행 중이었고, 탄압은 점점 더 많은 젊은이들을 붉은여단과 다른 무장 단체들의 행렬로 밀어 넣었다. 게다가 문화적 반혁명이 준비되고 있었다. 이 문화적 반혁명은 향후 몇 년 동안 개개인이 후회, 헤로인, 외로움, 테러로 향하는 길을 열어줬다.

탄압이라는 주제를 토론할 회합의 개최는 좋은 생각이 아니었다. 너무나 많은 사람들이 투옥됐고, 우리는 그것이 주요 사안이라고 생각했다. 그러나 그렇지 않았다. 탄압에 대한 것이 아니라 다가오는 자본주의적 복구로부터 탈출하는 방식, 자율성을 새롭게 생각하기 시작할 수 있는 가능성에 대한 것이 주된 주제가 되어야 했다. 탄압이라는 문제에 초점을 맞춤으로써 우리는 이에 대한 군사적 대응, 증가하는 폭력과 절망에 길을 터줬다. 그러나 그해의 기억은 지워지지 않았다. 우정이 경쟁보다 우세하고, 기쁨이 압제보다 우세한 세상에 대한 희망은 지워질 수 없기 때문이다. 바로 이것이 1977년이 항상 우리에게 임박할 이유이다. 그것은 도래할 혁명인 것이다.

| 꿈의 마지막, 그리고 그 이후의 악몽 |

1977년 9월 5일, 전직 나치친위대 장교이자 독일국가사회주의노동자당의 일원이었으며 당시에는 독일경영자연맹의 회장(그러므로 당시 서독에서 가장 막강한 기업가들 중 하나였던 인물)이었던 한스-마르틴 슐라이어가 적군파의 전투원들에 의해 쾰른에서 폭력적으로 납치당하는 사건이 발생했다.

수감 중이던 적군파 활동가들, 안드레아스 바아더, 얀-칼 라스페, 구드룬 엔슬린의 합동 장례식(1977년 10월 27일, 슈투트가르트) 슈탐하임 감옥에 수담되어 있던 적군파 활동가들의 죽음은 많은 논란을 불러왔다. 모두 자살한 것이라는 당국의 발표에도 불구하고, 이들의 죽음을 둘러싸고 석연치 않은 정황이 계속 드러났던 것이다. 가령 바아더의 몸에 남은 총상을 분석한 연구에 따르면 최소 30~40cm의 거리를 두고 총알이 발사된 것으로 밝혀졌다. 약 1년 전인 1976년 5월 9일 역시 슈탐하임 감옥에서 죽은 채 발견된 울리케 마인호프(적군파의 공동 창립자)의 사인도 자살로 발표됐지만 많은 의혹을 낳았던 터라 논란은 끊이질 않았다. 1977년 10월 18일의 '죽음의 밤'(Todesnacht)에서 살아남아 석방된 묄러는 당일 밤 간수들이 자신들을 공격했다는 진술을 여전히 고수하고 있다.

이후 연방정부로 한 통의 편지가 도착했다. 편지에서 납치범들은 당시 슈탐하임 감옥에 수감되어 있던 적군파의 지도자들을 포함해 총 11명의 억류자들을 풀어줄 것을 요구했다.

사태가 한 달 이상을 질질 끄는 동안 연방범죄수사국은 사상 최대 규모의 조사에 착수했다. 1977년 10월 13일 루프트한자 181기가 납치당하는 사건이 발생하면서 사태는 더욱 악화됐다. 네 명의 아랍인들이 란츠후트라 불리던 이 여객기의 통제권을 빼앗은 것이다. 훗날 조혜르 유세프 아카이크라고 밝혀진 납치범들의 우두머리는 자신을 '캡틴 무하마드'라고 승객들에게 소개했다. 여객기가 연료 공급을 위해 로마에 착륙했을 때 아카이크는 슐라이어의 납치범들과 똑같은 요구를 했고, 이에 덧붙여 터키에 억류된 팔레스타인해방전선 소속 두 명의 석방과 미화 천오백만 달러를 요구하기도 했다.

총리실 차관 한스-위르겐 비쉬네프스키는 납치된 여객기가 착륙해 있던 소말리아의 모가디슈로 은밀히 날아가 매우 위험한 구출작전을 개시했다. 10월 18일 자정으로부터 5분이 지난 시각, 독일연방경찰 소속의 대테러 부대 GSG 9는 여객기로 들이닥쳐 7분간 습격을 감행했다. 네 명의 납치범들 모두 총에 맞아 사살됐는데, 그 중 세 명은 현장에서 즉사했다. 승객들 중 심각한 부상을 입은 사람은 없었다. 비쉬네프스키는 헬무트 슈미트 총리에게 전화를 걸었고 본에 있던 위기관리팀에게 작전의 성공을 보고할 수 있었다.

그로부터 30분 뒤 독일 라디오들은 이 구출 소식을 방송했고 슈탐하임 감옥의 수감자들도 방송을 들었다. 그날 밤 안드레아스 바아더는 머리 뒷부분에 총상을 입고 죽은 채 발견됐고, 구드룬 엔슬린은 감옥에서 목을 맨 상태로 발견됐다. 얀-칼 라스페는 머리의 총상으로 인해 다음날 병원에서 사망했다. 이름가르트 밀러는 가슴에 여러 군데 자상刺傷을 입었으나 살아남아 1994년에 석방됐다.

10월 18일, 슐라이어는 프랑스의 뮐루즈로 가는 길에서 총살당했다. 다음날 납치범들은 슐라이어의 '처형'을 밝히며 그 정확한 위치를 알려줬다. 시체는 그날 늦게 스트라스부르의 샤를르 페기 거리 근처에 주차된 녹색 아우디 100 트렁크 안에서 발견됐다.

이제 1977년의 의식이 생산적·존재적 리듬의 가속화에 내재한 위험 혹은 가능성으로 인식했던 것들은 일상의 뉴스가 됐다.

| 전조의 해 |

1977년은 자본주의의 지배에 대항해 프롤레타리아트가 마지막 운동을 일으킨 해이자 근대의 종말이 선언된 해였다. 또한 근대성의 영역에 더 이상의 미래는 없다는 사실이 급작스레 자각된 해이기도 했다. 그해의 문화는 자본주의 사회에 대한 비판뿐만 아니라 근대성에 대한 비판도 포함하고 있었다. 바로 여기에 그 문화가 가지고 있는 모호함의 근원이, 우파로 하여금 전통적인 가치를 다시 내거는 길을 열어준 낭만적 공동체주의의 양날이 있었던 것이다.

마르틴 하이데거와 프리드리히 니체, 윌리엄 버로스와 필립 K. 딕을 읽은 반란 세대의 문화 속에는 자본주의야말로 근대성을 구성한 인간학적 형태에 자연스러운 것이라는 새로운 자각이 있었다. 노동 거부 운동에 의해 기술의 문제가 대두됐고, 테크놀로지는 단순히 도구들의 체계가 아니라 무한한 가능성의 분기들을 여는 동시에 벗어날 수 없는 경제적 구속의 틀을 부과하는 일종의 총체화하는 차원으로 간주됐다. 1977년의 문화가 직관적으로 파악한 미래의 종말이란 가능성들의 지평이 닫힘을 의미했다. 바로 이것이 1977년을 둘러싼 우화가 유토피아적 반란에서 곧 다가올 디스토피아의 전개에 대한 현실적 절망으로 바뀐 이유이다.

1977년의 운동은 "민주주의가 죽어가고 있다"고 선언했고, 그런 이유로 반민주주의적이라는 비난을 받았다. 그러나 우리는 그저 시대의 추세를, 대의정치가 제대로 작동하고 있지 않다는 사실을 말했을 뿐이다. 민주주의는 점점 더 공허한 의례 절차 같은 것이 되어갔고, 진정한 대안과 선택지를 내놓을 능력도 잃어버렸다.

근대성의 영역에서 정치란 대안들 중 하나를 결정·선택하는 것이었다. 그러나 자본주의가 경제의 힘과 기술의 잠재력을 활용할 수 있게 되자, 정치적 결정의 효력은 사라질 수밖에 없었다.

그로부터 36년이 지난 바로 지금, 정치의 고갈은 명백하게 나타나고 있다. 경제와 기술의 결합은 민주주의를 죽은 단어로 만들었다. 1977년은 역사라는 것이 돌이킬 수 없는 자동화의 연쇄가 되어가고 있다는 급작스러운 자각이었다. 자본주의가 인간 존재의 신체와 두뇌에 새겨 넣은 것은 유전자 보관소의 일부가 되어갔다.

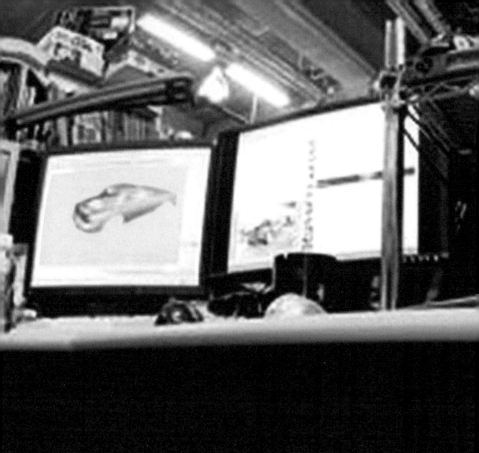

INFO-LABOR
AND PRECARIZATION

2장
정보노동과 불안정화

2005년에 쓴 에세이 「불안정한 우리?」에서 안젤라 미트로풀로스는 **불안정성**이 불안정한 개념이라고 말했다.[1] 이 개념이 자신의 대상을 대략적으로 정의해서만은 아니다. 이 개념으로부터 나온 전략들이 역설적이고 자기모순적인 것, 다시 말해서 불안정한 것이기 때문이기도 하다. 예를 들어 업무 수행의 불안정한 성격을 집중적으로, 비판적으로 살펴본다고 해보자. 이에 대해 우리가 제시할 수 있는 목표는 무엇일까? 안정적이고 평생이 보장되는 직업? 당연히 아니다. 그렇게 되면 노동의 역할이 경시되고 문화가 퇴보할 것이 분명하다. 어떤 사람들은 업무 수행과 별개로 지급되는 임금 형태를 말하기 위해 유연안정성^{flexicurity}을 이야기하기 시작했다. 그렇지만 무제한의 착취로부터 우리 스스로를 해방시킬 수 있는 노동운동을 위해, 사회를 재구성할 수 있는 전략이 아직까지 우리에게는 없다. 재구성 과정을 도래시킬 수 있는 방향을 식별해내고 싶다면, 우리는 사회의 구성과 탈구성을 분석하기 위한 맥락을 다시 찾아야 한다.

| 기호자본의 지도그리기 ①: 금융화 |

물질적·비물질적 사물의 생산 과정이 디지털 기호의 조합·재조합으로 대체 가능하게 됨으로써 기호작용(기호들의 발산)과 경제의 영역은 갈수록 교차해가고 있다. 세 번째 천년으로 향해가던 몇십 년 동안에 나타난 자본 축적의 일반 형태를 규정하기 위해 내가 기호자본주의를 말해왔던 이유가 바로 여기에 있다.

사회적 생산과 경제적 교환의 기호화는 주체화 과정의 극심한 변화를 수반한다. 사회적 삶의 전반적 기호화는 사회적 구성, 문화적 기대, 집단 무의식에 깊은 영향을 미치는 것이다.

기호자본주의는 (금융 상품에서부터 소프트웨어, 은밀한 서비스를 제공하는 통신수단에 이르기까지) 본질적으로 기호적·탈영토적 성격을 띤 기술-언어 장치의 창조와 상품화에 집중한다. 기호자본주의적 경제가 출현하자 경제적 생산은 언어와 긴밀히 뒤섞이게 됐다. 기호자본주의라는 개념은 인지자본주의라는 개념과 상반되는 것이 아니다. 이 두 개념은 동일한 과정을 서로 다르게 부를 뿐이다.

기호자본주의라는 개념은 일체의 상품과 과정 안에 담긴 기호적 실체를 분명히 드러내 보여준다. 당연한 말이지만 그 실체란 작동 중인 인지적 역량의 표현이다.

기호자본주의의 영역에서 자본주의적 축적과 생산적 노동은 모두 네트워크화된 과정으로 변형되고, 파편화되며, 재조합된다. 그 과정 안에서 주체는 그 일관성을 유지하기가 힘들어질 뿐만 아니라 취약하고, 불확실한 존재가 되어간다. 그 과정 안에서는 자본가이든 노동자이든 모조리 몰개성화 과정에 종속되며, 그저 [필요에 따라] 재조합될 수 있는 단순한 기능들로 전락하게 된다.

자본주의적 축적의 변형을, 자본가계급 자체의 변형을 보라. 영토화된 부르주아 경제가 철강으로 상징되는 우상파괴적 엄격함에 근거했다면, 탈산업적 생산은 기호를 생산하는 만화경적이고 탈영토화된 기계에 근거하고 있다. 즉, 오늘날 경제의 공간(비물질적 공장과 시장)을 순환하는 상품은 기호, 숫자, 이미지, 투사물, 예측이다.

언어는 더 이상 표상/재현의 단순한 도구가 아니다. 언어는 교환의 장을 끊임없이 탈영토화시키며 축적의 주된 원천이 됐다. 언어 고유의 인플레이션적(은유적) 성질로 인해 투기와 스펙타클은 서로 뒤섞어버렸다. 기호 생산의 언어적 망은 마치 거울 놀이를 하듯이 과잉생산, 거품, 파열 등의 위기를 차례로 불러왔다.

기호자본주의는 불확정성으로 가득한 경제 체제이다. 경제의 금융화와 생산의 비물질화는 산업 경제의 시기에는 존재하지 않던 불예측성과 불확실성을 시장에 불러왔다. 산업생산 과정에서는 신뢰할 만한 요소, 즉 해당 상품의 생산을 위해 사회적으로 필요한 노동의 양에 따라 상품의 가치가 결정됐다. 그러나 재화를 생산하는 핵심 요소가 인지노동, 언어, 상상력인 기호자본의 영역에서는 더 이상 그렇지 않다. 이 새로운 모델에서 가치화의 척도는 더 이상 객관적이지도 않고 정해진 대상에 기초해 수량화할 수도 없다. 노동시간은 더 이상 절대적 시금석이 될 수 없는 것이다. 오늘날 일상의 비즈니스를 관리하는 데 가장 중요한 부분이 되어가고 있는 것은 거짓말, 폭력, 부패이다. 이것들은 더 이상 경제생활 주변부의 기형물이 아니다. 이제 경제권력은 가장 강력한 기술-언어적 장치를 소유하고 있는 사람에게 속한다. 미디어 환경의 통치, 소프트웨어 생산의 지배, 금융정보에 대한 통제, 바로 이런 것들이 경제권력의 원천인 것이다.[2]

기호자본주의적 생산 양식은 오늘날 전지구적 경제를 장악하고 있는 새로운 사회적 행위자, 계급을 양산해왔다. 룸펜-부르주아지가 바로 그들이다. 이 계급은 검소함, 재산에 대한 애착, 근면 등에 가치를 부여한 예전의 부르주아지와 여러모로 대조된다. 오늘날의 전지구적 금융자본가들은 특정 지역에 존재하는 기업을 통해서가 아니라 구체적인 영토와 아무런 관계도 맺지 않는 순간적 금융 투자를 통해 부를 축적한다. 그에 따라 예전 기업가들의 특징적인 심리, 즉 '사회적 삶에 대한 애정'affectio societatis은 사라져버렸다.

기호자본주의라는 구성체의 근간에 자리 잡고 있는 탈영토화의 강력한 과정은 빈번히 재영토화의 문화적 효과를 유발했다. 종족적으로 동질적이었던 과거의 공동체에 대한 향수, 동일성에 근거한 공격성, 종교적 근본주의 등이 그런 효과이다.

신자유주의의 역동성은 두 개의 구별되고 상반되는 계급을 통해 부르주아지를 주변화시키고 대체했다. 과거의 산업사회가 생산해낸 것들을 추상적 가치로 변형시키는 데서 오는 즉각적 착취에만 관심을 갖고 있어서 영토, 공동체, 미래와 아무런 관계도 맺지 않는 금융계급이 그 중 하나이다. 또 다른 계급은 불안정하고 세포화된 지식노동자들, 즉 코그니타리아트이다.

예전의 부르주아지는 강력하게 영토화된 계급, 즉 성城으로 둘러싸인 마을(도시)의 계급이었다. 또한 산업 부르주아지는 영토적 공동체의 생존과 재생산에 경제적 이해관계가 걸려 있었다.

산업 부르주아지의 삶은 지칠 줄 모르는 노동에 대한 엄격한 헌신, 생산물의 소유에 대한 애착을 기본으로 삼고 있었다. 이들은 특정 지역의 영토에 튼튼히 뿌리 내리고 있었다. 왜냐하면 당시에는 가치 축적이 노동자들의 수공업적 기술과 자본가들의 기업가적·금융적 기술의 갈등적 협력을 통해 만들어지는 물질적 생산품의 비축(그리고 확산)과 분리될 수 없었기 때문이었다.

이와 달리 탈-부르주아적 금융 경제에서는 영토, 공동체, 미래에 아무런 애정도 없는 약탈적 계급이 나타났다. 이제 금융적 축적은 유용한 재화의 교환이 아니라 공공재와 공동 노동의 산물에 대한 사유화에 근거한다. 산업이 유용한 물건과 서비스 생산에 기반을 두고 운용된다면, 경제적 추상화의 법칙에 포획된 금융은 공통된 유용성의 해체에 기반을 두고 운용된다.

금융권력은 기대심, 행복감, 우울증이라는 일련의 비물질적 환영에 기초한다. 시장은 정보의 흐름이 교차하는 장소이다. 기대심, 과잉된 공황, 우울증은 금융적 생산과 교환의 실체인 것이다.

과거의 산업 부르주아지가 운용했던 청교도적 경제가 고딕적 엄격함을 지녔다면, 금융자본주의의 언어는 바로크이다. 『주름, 라이프니츠와 바로크』라는 책에서 질 들뢰즈는 주름이야말로 바로크 미학의 가장 중요한 특징이라고 말한 바 있다.[3] 금융적 바로크에서 주름은 모든 곳에 존재한다. 물질적 하부구조를 지녔고 구체적인 애정과 연대로 이뤄졌던 물리적 세계, 지난 2세기 동안 산업적 현실이 만들어냈던 저 세계는 이제 주름-되기라는 바로크적 금융 과정에 의해 삼켜지고 분해되어 점점 사라져가고 있다.

| 기호자본의 지도그리기 ②: 불안정화 |

금융화는 기호자본의 얼굴이다. 그리고 불안정화는 기호자본이 사회적 삶과 생산적 노동의 영역에 끼친 영향이다.

불안정한 조건이란 무엇인가? '불안정한'이라는 말이 사회적 개념으로 제일 처음 사용된 것은 1977년 이탈리아에서였다. 그렇지만 역설적이게도 그 당시에 불안정함이란 지루한 평생 직장으로부터의 자유를 나타내는 기호였다.

대도시 인디언들, 볼로냐와 로마의 자율주의 운동에서 활동하던 다다이즘 성향의 반란자들은 자신들의 잡지에 이렇게 썼다. "평생토록 착취당하고 싶지는 않다. 불안정한 것은 아름답다."[4]

이것은 노동시장의 특정한 상황을 알려주는 징후였다. 당시에는 임시직을 구하기가 쉬웠고 급여도 꽤 괜찮았다. 그러나 노동시장의 전지구화는 노동자들의 상황을 극적으로 악화시켰다. 급여는 내려가고 일 구하기가 어려워졌다. 그에 따라 결국 불안정함은 불확실성, 고립, 외로움, 공포의 조건과 동일한 것이 되어버렸다.

새로운 세기의 첫 십 년 동안에 전 세계의 젊은 노동자들은 불안정성이 끼치는 고통스런 영향을 자각하게 됐다. 이탈리아에서는 일군의 활동가들이 성聖 프레카리오의 이미지를 만들었다. 확산되어가던 착취 형태를 꼬집는 아이러니한 종교적 상징으로서 말이다. 사실 '불안정한'이라는 단어의 어원은 '기도하다'라는 뜻의 라틴어 '프레카리'precari를 어근으로 삼고 있다. 젊은 실업자들은 일시적이라도 일자리를 얻으려면 기도해야 하는 처치에 놓이게 된 것이다.

특히 2000년대 유럽의 문화적 배경과 관련 있는 이 성 프레카리오 운동은 불안정 노동자들의 정치적 전략이 본질적 목적으로 삼아야 하는 것은 정규직과 종신 계약이라는 낡은 체제의 복원이 아니라는 점을 분명히 했다. 불안정한 노동자들에게는 협상력이 부족할 뿐만 아니라 불안정한 조건은 노동시장의 주변적 예외가 아니라 동시

노동절 집회의 성 프레카리오(밀라노, 2011년 5월 1일) 2004년 2월 29일 이탈리아 각지에서 처음 그 모습을 선보인 '성 프레카리오'는 계약직·임시직·파견직 등 모든 불안정 노동자들의 '수호 성인'이다. 이수호 성인을 발명한 것은 밀라노에 근거한 활동가 집단 '체인점노동자'(Chainworkers)였는데, 이들은 성프레카리오의 조각상이나 이미지를 든 채 수퍼마켓이나 각종 체인점을 돌며 불안정 노동자들을 위한 기도를 외우거나 기도문이 적힌 엽서를 팔았다. 성 프레카리오 역시 '기적'을 일으키곤 했다. 성 프레카리오가 수퍼마켓이나 체인점에 들어오면 그곳에서 일하던 불안정 노동자들이 상품을 자기 마음대로 헐값에 팔곤 했던 것이다(이 '자율인하'[autoriduzione]는 자율주의의 전통적 전술 중 하나이다).

대 생산의 핵심 특징이기 때문에 노동의 불안정성 자체에 대항해 싸우는 것은 효과적이지 않다고 할 수 있다.

왜 우리가 종신 직장을 위해, 평생 동안 임금노동에 종속되기를 위해 기도하는 굴욕적 상태로 돌아가야 하는가? 오직 기본소득만이, 즉 노동조건에서 분리된 급여만이 노동시장의 일시적 애로사항이 아니라 그 자체로 뿌리 깊은 현상인 불안정화의 과정에 대한 적절한 대답이 될 수 있을 것이다. 불안정성은 충분히 해결이 가능한 사회적·생산적 관계의 잠정적·일시적·찰나적 단계가 아니다. 오히려 불안정성은 근대 이후에 도래한 시대정신이라고 할 수 있다.

무엇보다 불안정함이라는 단어는 종신 계약 없이 일하는 수백만 사람들의 상태를 지칭한다. 근대 문명은 피난처, 보호, 사회적 삶에 대한 보장을 구축해 죽음의 공포를 밀어내려고 했다. 그러나 신자유주의라는 폭풍우가 우리의 피난처를 통째로 날려버린 지금 우리는 우리 자신이 불행, 질병, 죽음에 노출되어 있다는 사실을 불현듯 깨닫게 됐다. 불안정한 상태는 벌거벗은 상태이다. 차가운 바람, 굶주림, 폭력이 우리의 벌거벗은 신체를 세차게 내리치고 있는데 신자유주의의 탈규제가 사회적 문명을 휩쓸어 가버려 우리는 보호받지 못한 채 무방비 상태인 셈이다.

불안정함은 죽음이라는 진실에 노출된 벌거벗은 삶이다. 불안정한 조건으로부터 되돌아갈 길은 없다. 왜냐하면 이 조건은 우리에게 너무나 오랫동안 숨겨져왔던 진실, 이제야 마침내 알게 된 진실을 드러내 보여주기 때문이다. 이 불안정함으로 인해 새롭게 나타난 문화는 '우리'에 대한 추구를 특징으로 갖는 실존적·미학적·문학적·예술적 생산물에서 이미 스스로를 드러내 보이고 있다.

불안정함은 사회적 연대를 생성해낼 수 있는 가능성 자체를 위태롭게 하고 있다.

근대를 살아갔던 세대들에게는 '우리'를 말하는 것, 공통의 사회체에 속하는 것이 손쉬웠다. 공장에서 일하는 사람들에게든, 20세기 예술적·정치적 아방가르드의 모임을 가득 채웠던 지식인들에게든, 단독적 실존은 신체와 단어의 뒤섞임 속에서 쉽게, 거의 자연적으로 재구성됐으며, 그 과정을 통해 사회성과 경험의 흐름을 공유하는 것이 가능했다. 연대는 이처럼 함께 존재함, 동일한 길과 관심과 운명을 공유하는 직접적 경험을 전달해주는 정치적 단어였다.

그렇다면 불안정한 '우리'란 누구이며, '우리'의 경험은 어떻게 이토록 불안정하게 짜여져버린 것인가?

집합적 인식의 불안정함은 접속의 경로에서 끊임없이 정신없도록 서로 마주침에도 불구하고 정작 서로를 [피와 살을 지닌 인간으로서] 발견하지 못하는 데서 오는 괴로움이다.

불안정한 시간이란 그 자체로 파편화되어 매 순간이 일체의 연속성을 결여한 채 끊임없이 분열된 상태로 모자이크처럼 되어버린 시간이다. 우리의 지각, 이야기하기, 생산 속에서 시간은 일종의 프랙탈이 되어버렸다. 그에 따라 우리의 시간은 보편적 언어기계에 의해 끊임없이 재조합되어 작동되는 호환 가능한 조각들로 산산조각 났다. 의사소통은 점점 더(그리고 거의 배타적으로) 전자 스크린을 매개로 한 정신없는 접속이 되어가고 있다. 단어[말]는 그 육신적 질감을 잃어버렸다. 노동은 대도시나 지구의 접속점들 사이를 맹렬히 이동하고 있으며, 노동의 궤적들은 다시는 서로 만나지 않기 위해서만 분기하고 재접속하면서 순간적으로 조우할 뿐이다.

| 정보영역과 사회의 정신 |

불안정함은 사회적 관계의 변화만을 의미하지 않는다. 불안정함은 사회적 관계의 심리영역에도 관여한다.

1977년 『속도와 정치』[5]를 쓴 이후로 폴 비릴리오는 속도야말로 근대 역사의 결정적 요소라고 단언해왔다. 비릴리오에 의하면 속도가 있을 때에만 군사적·상업적 전쟁 모두에서 승리할 수 있다. 19세기의 전쟁에서는 움직임의 신속함, 운송의 신속함, 동력화의 신속함이 있어야만 승리할 수 있었음을 비릴리오는 수많은 저서를 통해 보여줬다. 그러나 19세기 이래로 사물, 상품, 사람을 기호로 대체하는 것이 가능해졌다. 전기를 통해 이동시킬 수 있는 가상의 환영[즉, 전자적 정보]에 의해 속도의 장벽은 무너져버렸고 인류 역사상 가장 인상적인 가속화 과정이 일어났다. 어떻게 보면 우리는 공간이란 것이 더 이상 존재하지 않는다고 말할 수 있게 된 것이다. 왜냐하면 정보가 공간을 즉각적으로 가로지르고, 사건이 [예컨대 미디어 네트워크를 통해] 지구상의 한 장소에서 다른 장소로 실시간으로 옮겨지면서 가상적으로 공유되는 사건이 되어버렸기 때문이다. 그렇다면 이런 가속화가 인간의 정신과 신체에 끼친 영향은 무엇일까? 이 점을 이해하려면 의식을 지닌 민감한 유기체의 입장에서 봐야 한다. 즉, 의식이 [정보나 신호를] 처리할 수 있는 용량/능력, 기호나 사건을 정서적으로 소화할 수 있는 용량/능력을 고려해야 한다.

미디어 환경이란 최대한 다양한 형식으로 우리의 두뇌에 신호를 보내는 송신기의 세계이다. 또한 정보영역이란 미디어 시스템이 신호를 수신하는 정신(기호적 흐름들이 지구상에 흩어져 있는 모든 정신의 수신 안테나와 상호작용하는 비물질적 영역, 즉 정신의 생태영역)과 영향을 주고 받는 인터페이스 면이다. 정신은 수신기의 세계이다. 이 수신기는 신호를 수신하는 일만 하는 것이 아니다. 이 수신기는 신호를 가공하고 창조한 다음에 새로운 송신 과정을 작동시킴으로써 미디어 환경이 끊임없이 진화하도록 만든다.

이처럼 정보가 분배[유통]되는 네트워크를 점점 더 복합하게 만드는 식으로 작동하는 정보영역의 진화는 정보영역 자체의 힘, 속도, 구성방식을 크게 도약시킨다. 그러나 이에 상응해 수신기의 힘과 구성방식이 [자연적으로] 도약하는 것은 아니다.

수신기의 세계, 즉 살과 연약하고 감각적인 기관들로 이뤄진 진짜 인간의 두뇌는 디지털 송신기 시스템의 표준과는 다르게 구성되어 있다. 인간의 신경 체계는 매우 유연해서 정보영역의 리듬에 맞게 변형될 수 있으나, 송신기의 세계가 작동하는 패러다임은 수신기의 세계가 작동하는 패러다임과 상응하지 않는다.

송신기의 세계는 그 힘을 배가시키며 구성방식을 진화시켜온 반면에 수신기의 세계는 그와 동일한 속도로 그 구성방식을 진화시키지 못해왔다. 이유는 간단하다. 수신기의 세계는 기계의 진화 시간과는 완전히 다른 진화 시간을 지닌 유기체적 토대(인간의 두뇌-신체)에 바탕을 두고 있기 때문이다. 이것을 송신기의 세계를 만들어내는 패러다임과 수신기의 세계를 만들어내는 패러다임 사이의 분열, 즉 패러다임 사이의 불일치라고 정의할 수도 있겠다.

이런 상황 속에서 의사소통은 비대칭적이고 불안정한 과정이 된다. 우리는 이 과정을 사이버시간과 무한히 계속 확장하는 사이버공간 사이의 불일치라는 측면에서 이야기할 수도 있다. 사이버공간은 그 처리 능력이 무한히 가속화될 수 있는 기계적·유기체적 구성요소들을 포함하는 네트워크이다. 이와 달리 사이버시간은 본질적으로 우리가 살아가고 있는 현실이고, 그 처리 시간이 상대적으로 엄격한 자연적 한계를 넘어 가속화될 수 없는 유기체적 토대(인간의 두뇌와 신체)와 연결되어 있다. 오늘날 송신기의 세계, 혹은 사이버공간은 초인간적인 속도로 전진하고 있다. 이로 인해 사이버공간은 수신기의 세계, 혹은 사이버시간에게 번역 불가능한 것이 됐다. 후자는 우리의 두뇌를 이루는 물리적 질료, 신체의 느림, 위무와 애정에 대한 욕구 등이 허락하는 속도보다 더 빨리 갈 수는 없다.

| 감정의 불안정화 |

이런 분열, 불일치, 비대칭으로 인해서 어떤 일이 일어났는가? 전자적 전송의 세계와, 그 전송을 받아들이는 정신의 유기체적 세계 사이의 인터페이스가 정신병리의 덫에 빠지게 됐다.

　의사소통이 문자적인 체제에서 전자적 체제로 전환되자 전송의 세계는 끊임없이 가속화됐다. 그에 따라 수신기의 세계 역시 가속화를 강요받았고 인지적 반응의 표준화를 시도했다. 그러나 양자의 간극은 지속됐고 악화됐다. 신경 체계의 유연성에도 불구하고, 인간의 정신은 기계의 진화와는 완전히 다른 리듬으로 진화한다. 사이버공간의 확장이 살아 있는 단자, 즉 신체적·감정적·문화적 한계를 가지고 있는 인간 정신에 정신병리적 영향을 끼치는 사이버시간의 가속화를 의미하는 이유가 여기에 있다.

　정보의 가속화가 생산성을 향상시켜준다고 강조하는 사이버문화의 예언자들과 '창조경제'의 옹호론자들은 정신 속도의 강화가 주체성과 인간의 존재의 심리에 끼치는 영향을 고려하지 않는다.

정보 교환의 가속화는 개별 인간의 정신에 병리적 영향을 끼쳐왔고 지금도 계속 끼치고 있다. 게다가 인간들의 집합적 정신에는 더욱더 크나큰 영향을 끼쳐왔다. 우리 개개인은 각자의 컴퓨터, 휴대전화, 텔레비전 화면, 전자 일기, 머릿속 등에 밀려 들어오는 끊임없이 커져가는 어마어마한 정보 덩어리를 의식적으로 처리할 수 없다. 그러나 효율적이고 경쟁력 있는 승자가 되고 싶다면 그 모든 정보를 좇고, 인지하고, 평가하고, 처리해야 할 수밖에 없는 것이다.

인지노동의 생산력을 가속시키는 주요 방법 중 하나인 멀티태스킹을 생각해보라. 멀티태스킹의 수행, 즉 마치 하이퍼텍스트처럼 관심의 창을 사방으로 열어 놓는다는 것은 여러 처리과정을 한꺼번에 평가하기 위해 하나의 정보 프레임으로부터 다른 프레임으로 빠르게 이동한다는 것을 의미한다. 인간의 정신은 멀티태스킹을 수행하기에 너무나 적합한 것처럼 보일지도 모른다. 그렇지만 이런 멀티태스킹의 실행은 정신의 연속적 처리과정 양식을 기형화하는 경향이 있고, 결국 불가피하게 심리적 변이를 촉발한다.

다양한 저서를 통해 경제, 언어, 감응 사이의 관계를 다루고 있는 크리스티앙 마라치에 따르면, 경제를 이끌고 있는 최근의 세대는 실제로 난독증을 겪고 있다.[6] 이들은 한 페이지의 글을 순차적으로 처음부터 끝까지 읽지도 못하고, 동일한 대상에 장기간 관심을 집중하지도 못한다. 게다가 이런 난독증은 인지적·사회적 행위에까지 확산되어 이들이 선형적 전략을 거의 실행하지 못하게 만든다.

토머스 H. 데이븐포트와 존 벡은 '관심[주목] 경제'에 대해 말하며 인지노동자, 더 일반적으로는 과포화된 정보 환경 속에서 살고 있는 사람들에게 닥친 핵심 문제를 지적한다. 즉, 우리에게는 더 이상 관심을 위한 시간이 없다는 것, 우리의 시간이 과도한 정보의 흐름에 의해 포화상태에 처해 있기 때문에 우리는 더 이상 입력된 정보를 이해하고 처리할 수 없다는 것이 바로 그 문제이다. 직장에서도 우리는 관심을 위한 시간을 가질 수 없다. 왜냐하면 너무나 어마어마한 양의 정보를 처리하도록 강요받고, 그리하여 우리의 신체와 정신은 그 처리에 완전히 사로잡혀 있기 때문이다.[7]

이처럼 주의력이라는 인지적 능력이 경제 담론 속으로 들어가고 그 담론의 일부가 된다는 것은 오늘날 그런 인지적 능력이 희귀한 자원이 됐음을 의미한다. 우리는 온갖 정보에 끊임없이 노출되어 있고 선택을 하기 위해서는 그것들을 평가해야만 한다. 그러나 정보의 흐름에 주의력을 기울이는 데 필요한 시간은 계속 부족해지고 있다. 이런 상황의 결과가 바로 우리 눈앞에 있다. 우리에게는 더 이상 의식적인 관심을 위한 시간이 없기 때문에 이제 정보 처리와 의사결정(또한 정치적·경제적 결정)은 점점 더 자동화될 필요가 있다. 우리는 장기적인 이성적 전략이 아니라, 양자택일적 상황 속에서 오직 단기적이고 즉각적인 이익에만 반응하는 결정방식에 지배되곤 한다.

오늘날 우리는 아무 이유 없이 다른 이들에게 관심을 보이는 행동 따위는 하지 않는다. 우리의 관심이 전례 없이 포위되어 있기 때문에 우리는 오직 직업, 경쟁, 경제적 결정에만 관심을 쏟는다. 그러나 어떤 경우에도 우리의 시간성은 극도로 복잡한 디지털 기계의 미친 속도를 따라갈 수 없다. 인간은 관심도 없이 내린 결정을 냉혹하게 집행하는 존재가 되어가고 있는 것이다.

『경험된 시간: 현상학적·정신병리적 연구』[8]를 쓴 [러시아 태생의] 프랑스 정신의학자 외젠 민코프스키는 정신적 고통과 시간에 대한 지각(시간을 통해 우리 자신의 흐름을 인식하는 방식, 삶을 느긋한 기분으로 경험하거나 정신없는 기분으로 경험하는 것) 사이의 관련성을 강조한 바 있다. 시간을 지속 혹은 실존적 경험시간^{vecu}의 투사라고 사유한 앙리 베르그송의 사상에 영향을 받은 것이 분명한 민코프스키는 '시간'이 아닌 '경험된 시간'에 대해 말한 것이다.

민코프스키의 의견에 따라 우리는 시간적 정신병리^{chronopathology}를 정신병리의 지배적 형태라고 부를 수 있을 것이다. 실제로 오늘날 우리는 어릴 때부터 신경자극의 전자적 흐름에 매일 노출되어 정서, 감정, 언어, 상상력, 경험된 시간에 대한 인식 자체에 상대한 영향을 받고 있다. 가령 미국의 학교에서 주의력 결핍 장애는 이제 흔한 것이 되어버렸다. 과잉운동성의 형태로 나타나는 이 장애는 하나의 대상에 몇 초 이상 주의를 집중하지 못하게 만든다.

우리에게는 자연, 부드러움, 즐거움, 공감, 감응, 의사소통, 사랑에도 관심을 쏟을 시간이 없다. 공간적 종류의 관심, 즉 신체에 대한 관심(자신과 타인의 신체에 대한 관심)을 위한 시간도 없다. 그렇기 때문에 우리는 점점 더 시간이 부족하다고 느끼며 더 속도를 내야만 한다고 느끼는 것이다. 그러나 이와 동시에 이런 가속이 삶의 상실, 기쁨의 상실, 이해의 상실을 가져온다는 것도 느끼고 있다.

오늘날 생산한다는 것, 노동한다는 것은 [네트워크에] 접속되어 있다는 것을 의미한다. 그러므로 접속이란 노동, 신경 체계와 심리 에너지의 영구적 동원을 의미하는 것이다. 노동 과정에서 생산성의 증가는 정보흐름의 가속화에 기초하기 때문에 인간은 접속된 정보 조작자로 변형되어버린다. 시간의 수축과 두뇌 활동의 가속화는 개인적 경험을 연약하게 만드는 결과를 초래한다. 이런 변이는 주의력 결핍 장애뿐만 아니라 극도의 피로, 정신적 소진, 우울증, 공황 같은 새로운 형태의 정신적 고통을 양산한다. 이처럼 정보노동자들은 강요된 사회화의 광란 속에 빠져 있다.

의사소통 행위자들 사이에서 이뤄지는 정보생산적 상호작용의 가상적 차원, 즉 사이버공간은 무한대로 확장될 수 있다. 이와 달리 유기체로서의 쇠락과 감정적·문화적 일시성의 제한을 받는 인식의 지속, 즉 사이버시간은 그렇지 못하다. 자극은 시간 속에서 감정적·문화적으로 정교화되는데, 그런 정교화에 필요한 심리적·신체적 시간은 일정한 선을 넘어서까지 단축될 수 없다. 정보에 들이는 주의력의 양이 많아질수록 정교화를 위한 시간은 줄어들게 된다.

세계의 기술적 구성은 변했고 정보기계는 일상의 모든 공간에서 확산되고 있다. 그러나 인지적 수용과 정교화의 양식은 이에 발맞춰 적응하지 못하고 있다. 기술적 환경은 문화보다 훨씬 더 빠른 속도로, 특히 인지적 행동과 심리적 반응보다 훨씬 더 빠른 속도로 변해 가고 있다. 우리는 자극에 노출되는 시간을 늘릴 수도 있고 약물을 통해 효율성을 증가시킬 수도 있다. 그러나 경험은 한계를 넘어서까지 강화될 수 없다. 즐거움과 지식의 양상을 소진의 지점까지 밀어붙이는 가속화는 경험의 불모화를 유발하고 있다.

사이버공간과 사이버시간 사이의 충돌, 혹은 양립 불가능성은 우리 사회의 특징적 역설로 자본주의적 착취의 영역 속에서 정신병리적 영향을 초래하고 있다. 바로 이 간극이 감수성이 둔감해지는 원인이 된다. 가속화가 한계를 넘어서까지 진행되면 의식의 정교화는 감소하고 감수성은 상실되는데, 이는 윤리에도 영향을 끼친다. 감수성 역시 시간 속에 존재한다. 사이버공간이 두터워질수록, 의식을 지닌 특이성으로서의 감각적 유기체는 경험으로부터 의미와 즐거움을 얻어낼 시간을 가지지 못하게 된다.

| 경제의 정신적 붕괴 |

신자유주의적 문화는 사회적 두뇌 속에 끊임없이 경쟁을 향한 자극을 주입했고, 디지털 네트워크의 기술 체계는 사회적 두뇌에서 개인의 두뇌로 전달되는 정보자극을 강화시켜줬다. 바로 이런 자극의 가속화가 오늘날의 사회에 광범위한 영향을 끼치는 발병적 요인이다. 경제적 경쟁과 정보자극의 디지털적 강화, 이 두 가지가 결합되어 우리는 영구히 감전사의 상태에 빠져들었고, 이로써 주의력 결핍 장애나 공황 장애를 통해 드러나는 병리가 만연해진 것이다.

오늘날 공황은 전례없이 확산된 증후군이다. 낭만적인 문학적 상상에 속한다거나 광활한 우주의 힘이 창조한 자연의 무한히 풍요로운 형태에 압도된 감정이라 여겨져온 이 증상을 정신의학자들은 불과 몇 년 전까지만 해도 거의 인지하지 못했다. 그러나 오늘날 공황은 몸을 통제하지 못하는 신체적 감각, 심장 박동수의 증가, 실신이나 마비로 이어질 수 있는 호흡 곤란을 동반한 고통스럽고 우려할 만한 증상으로 인정되고 있다. 내가 아는 한 이 영역에 대해 철저한 조사가 이뤄진 적은 없지만, 우리는 의사소통이 [디지털] 미디어를 통해 매개되고 그로 인해 신체적 접촉이 희박해질수록 정서적·감정적 영역에서 병리가 유발될 수 있다는 가설을 세워볼 수 있다.

가령 1990년대의 신경제[9]는 프로작 문화와 뒤엉켰다. 서구의 경제를 이끌던 수많은 운영자, 관리자, 매니저가 화학 물질과 정신약리학적[향정신성] 약물 복용으로 인한 행복감과 몽롱함 속에서 무수한

경제위기와 약물 복용 2013년 4월 14일, 영국 임페리얼칼리지런던의 신경정신약물학과 교수이자 유럽 신경정신약물학회 의장인 데이비드 너트(David Nutt, 1951~)는 『선데이타임스』와의 인터뷰에서 금융 종사자들의 상습적인 약물 복용이 경제위기로 이어졌다고 지적했다. 특히 코카인에는 "과도한 자신감"을 불러일으키는 성분이 있는데, 코카인에 중독된 은행가들이 충분한 숙고 없이 모험적인 사업이나 정책을 결정하는 이유가 여기에 있다고 한다. 코카인이야말로 "흥분과 충동, 언제나 '더 많이, 더 많이!'를 외치는 은행업계의 문화에 딱 들어맞는" 약물이라는 설명이다. 너트는 1995년에 있었던 영국 베어링은행의 파산도 약물에 취한 최고경영자들의 판단착오 때문이라 지적한 바 있다.

월스트리트의 5대 투자은행 중 하나였지만 2008년 3월 14일 부도를 맞이해 금융위기를 가속화시킨 베어스턴스의 CEO 제임스 케인이 제산제(위속의 산을 중화하는 약제) 통에 코카인을 담아 상시 복용했으며, 2009년 3월 12일 역사상 최대 규모의 '폰지 사기'(실제 아무런 이윤 창출 없이 투자자들이 투자한 돈을 이용해 투자자들에게 수익을 지급하는 투자 사기)를 일으켜 유죄 판결을 받은 전 나스닥 증권거래소 의장 버나드 메이도프의 사무실에서 '북극성'이라는 별칭의 마약 중개상이 코카인을 공공연하게 판매했다는 것은 이미 널리 알려진 사실이다. 유엔이 전 세계의 마약류 문제를 해결하기 위해 설치한 유엔마약통제본부의 2009년 보고서에 따르면, 코카인 판매량이 사상 최고치를 기록한 것은 2008년 글로벌 금융위기 때로서 이 보고서는 "금융업 종사자들의 마약 중독률이 다른 직종에 비해 높다"고 언급했다.

결정을 내렸다. 그러나 유기체는 경쟁에 대한 의욕과 생산성에 대한 광신을 유지해준 화학적 행복감만으로는 무한정 버틸 수 없었고, 결국 쓰러질 수밖에 없었다. 집단의 주의력은 과포화 상태가 됐고, 바로 이것이 사회적·경제적 붕괴를 야기한 것이다.

조울증 혹은 양극성 장애 환자에게서 나타나듯이, 금융에 근거한 1990년대의 행복감 뒤에는 우울증의 시간이 시작됐다. 따라서 신경제는 동기부여, 주도성, 자존감, 욕망, 성적 매력에 근본적 타격을 입히는 임상적 우울증의 사례이다. 이런 신경제의 위기를 이해하려면 가상계급의 정신적 경험에서 출발하는 것이 필요하며, 1990년대의 10년간 사업·문화·상상계의 무대를 움직여온 수백만 인지노동자의 심리와 감정 상태에 대해 생각해보는 것도 필요하다.

인지노동자 한 명의 개별적인 심적 우울증은 경제 위기의 결과가 아니라 원인이다. 우울증을 침체된 경기순환의 결과로 보는 것이 더 간단할지도 모르겠다. 수년 동안 행복하고 수익을 내며 일하고 났더니 주식의 가치는 곤두박질쳤고, 우리의 정신노동자들은 저 추악한 우울증으로 꼼짝 못하게 되어버렸다는 식으로 말이다. 그러나 실제로 일은 이런 식으로 일어나지 않는다. 시장과 약물에 의해 자극받은 과잉행동을 그들 각자의 정서적·물리적·지적 체제가 무한정 지탱할 수 없기 때문에 우울증이 인지노동자들을 덮치는 것이다. 그 결과는 시장에게 안 좋은 쪽으로 흘러간다. 시장이란 무엇인가? 시장은 온갖 신호와 이제 막 발생하려고 하는 의미, 욕망과 투사물이 만나는 곳이다. 만일 수요와 공급에 대해 말하고 싶다면, 이전에는 사람의 마음을 끌어냈지만 지금은 그 매력을 잃어버린 욕망과 기호적 끌개attractor의 흐름이라는 관점에서 생각해야만 한다.

네트워크 경제에서 유연성은 노동의 프랙탈화라는 형태로 진화했다. 프랙탈화란 활동 시간의 단위적·재조합적 파편화를 의미한다. 노동자는 더 이상 인간으로 존재하지 않는다. 노동자는 언제든 교체 가능한 생산자, 네트워크의 끊임없는 흐름 속에 들어가는 재조합적 기호작용의 미세한 일부일 뿐이다. 자본은 더 이상 오랫동안 착취당하는 노동자의 이용 가능성에 돈을 지불하지 않는다. 노동하는 사람의 모든 경제적 필요를 감당할 수 있는 급여를 지불하지도 않는다. 노동자(파편 같은 시간 동안에만 사용될 수 있는 두뇌를 가진 기계)는 이따금씩 생기는 일시적 근무에 대해 보수를 받을 뿐이다. 노동시간은 파편화되고 세분화됐다. 시간의 조각들은 네트워크 상에서 판매되고, 기업들은 노동자의 사회적 보호라는 의무를 강제받지 않은 채 그 조각난 시간들을 원하는 만큼 구매할 수 있다.

노동 과정에 정신적·리비도적 에너지가 장기간 집중 투여되는 것이 정신적 붕괴의 조건이다. 정신적 붕괴는 경제 분야로 이동해 경기 침체와 수요 하락을 초래했고, 정치 분야에서는 군사적 공격성의 형태를 띠었다. '붕괴'라는 단어를 쓴 것은 은유가 아니라 서구의 정신에 발생한 현상을 지칭하는 임상적 묘사이다. 붕괴라는 이 단어는 심리적·사회적 유기체에 투여된 실질적이고 정확한 병리적 현상의 표현인 것이다. 경제가 쇠퇴한다는 신호가 처음 나온 이후 몇 달 동안, 즉 새로운 세기의 처음 몇 달 동안 우리가 본 것은 과잉흥분, 떨림, 공황, 우울증으로 인한 침체 같은 정신병적 현상이었다. 경제 현상으로서의 불황은 항상 심리사회적 균형을 위기에 빠뜨릴 요소를 내포해왔다.[10] 그러나 마침내 두뇌가 생산 과정에 대거 투입되는 때가 되자마자 정신병리는 경제 주기의 주된 측면이 됐다.

오늘날 정신질환이 사회적 전염병, 더 정확하게는 사회-소통적 전염병이라는 사실은 명확해졌다. 생존하고 싶다면 경쟁적인 사람이 되어야 하고, 경쟁적인 사람이 되려면 네트워크에 접속해 끊임없이 증가하는 막대한 양의 데이터 덩어리를 계속 수신·처리해야 한다. 그에 따라 주의력과 관련된 스트레스가 계속 발생하고 정서를 위한 시간은 축소된다. 서로 분리될 수 없이 연결되어 있는 이 두 경향은 우울증, 공황, 불안, 고독감, 존재론적 고통 등으로 개인의 정신을 황폐하게 만든다. 이 개별적 증상들은 정신병리학 덕분에 지금껏 분리되어 있을 수 있었고 경제권력도 바로 그것을 원했지만 언제까지 그럴 수는 없다. "지친 당신, 클럽 메드에 가서 휴가를 즐기세요. 약을 복용해 치료하세요, 모든 것에서 탈출하세요, 정신병원에서 회복하세요, 자살하세요"라고 말하는 것은 이제 가능하지 않다.

이유는 간단하다. 이것은 더 이상 소수의 미친 사람들이나 몇 안 되는 우울증 환자들의 문제가 아니기 때문이다. 이것은 점점 더 커지고 있는 존재론적 고통의 문제로, 항상 사회 체제의 한복판에서 폭발하는 경향이 더 크다. 게다가 다음의 중요한 사실도 고려해야 한다. 착취당하는 자들과 자신의 노예들로부터 신체적 에너지를 빨아먹는 것이 자본에게 필요했을 때, 정신병리는 상대적으로 부차적인 문제였다. 그저 나사를 끼우고 선반 돌림쇠를 다루는 일만 했을 때, 우리의 심적 고통은 자본에게 전혀 중요하지 않았다. 병 속에 홀로 갇힌 파리마냥 슬프더라도 근육은 계속 움직일 수 있으니, 생산성에는 별 영향이 없었기 때문이다. 그러나 오늘날 자본에게는 우리의 정신적·심적 에너지가 필요하다. 이것이 만사를 엉망진창으로 만든 원인이자 정신병리가 사회 무대의 중앙에서 폭발하게 된 이유이다.

경제 위기는 상당 부분 슬픔, 우울증, 공황, 의욕상실의 순환에 기인한다. 가령 신경제의 위기는 투자 축소, 심지어는 소비 감소에까지 일부 영향을 끼친 동기부여의 위기, 1990년대에 인위적으로 만들어진 행복감의 실추로 인해 야기됐다. 흔히 불행은 소비를 자극한다. 구매행위는 불안을 잠시 밀어내고 외로움의 해독제가 되지만 그것도 어느 정도까지이다. 더 넘어가면 고통은 구매 동기를 떨어뜨리는 요소가 된다. 그러므로 여기에는 상충된 전략이 존재한다. 확실히 이 세상의 지배자들은 인류가 행복해지기를 원하지 않는다. 행복해진 인류는 생산성, 노동규율, 포화상태의 시장에 갇혀 있으려 하지 않을 테니까. 그러나 쓸 만한 기술을 다 동원해 불행도 적당하고 참을 만한 것으로 만들어야 한다. 그래야만 자살의 폭발을 지연시키거나 예방해 소비를 촉진시킬 수 있기 때문이다.

집합적 유기체가 이 불행의 구조를 탈출하려면 어떤 전략을 써야 할까? 감속의 전략, 복잡성을 축소하는 전략? 그런 전략의 가설을 세울 수 있을까? 나는 그렇게 믿지 않는다. 인간 사회에서 잠재력은 절대 상쇄되지 않는다. 그것이 개개인, 심지어 종 전체에게까지 치명적임이 밝혀지더라도 말이다. 잠재성은 최대한 오래 규제되고 통제됐지만 원자폭탄처럼 결국에는 쓰일 수밖에 없었고, 앞으로도 그럴 것이다. 인간 유기체를 **업그레이드**하는 전략(인간 신체와 두뇌의 기계화를 통해 정보영역의 초스피드에 적응하는 것)도 가능할 것이다. **탈-인간**을 정의할 때 사용되는 전략이 바로 이것이다. 마지막으로 빼기의 전략, 소용돌이와 거리를 두는 전략도 가능할 것이다. 그러나 이것은 오직 경제 세계로부터 실존적·경제적·정보적 자율 공간을 구성할 수 있는 소규모 공동체에게만 가능한 전략이다.

| 분열의 경제 |

현대 경제를 이해하고자 한다면 이제는 정치경제학 비판의 범주들로
는 충분하지 않다. 주체화의 과정은 이전보다 훨씬 더 복잡한 영역들
을 횡단하고 있기 때문이다. 이제는 경제학, 기호학, 심리화학의 교차
속에서 새로운 학문 분야의 윤곽을 그려내기 시작해야 한다.

기호자본이란 물질화되지 않은 채 기호적 인공물 속에서 응고하
는 자본의 흐름이다. 지난 두 세기의 경제 사상이 주조해낸 개념들은
이제 사라지거나, 무용하거나, 사회적 생산이 인지화된 뒤 그 영역에
서 등장한 현상 대부분을 설명할 수 없게 된 듯하다. 인지적 활동은
인간의 모든 생산에서, 게다가 더 기계적인 형태의 생산에서도 늘 토
대로 존재해왔다. 지성이 작동하지 않는 인간의 노동 과정은 없다. 그
러나 오늘날 인지적 능력은 생산의 필수 원천이 되어가고 있다. 산업
노동의 영역에서 정신은 근육 운동을 생리적으로 돕는 일종의 반복
적 자동현상처럼 작업에 투입됐다. 그러나 오늘날 정신은 수많은 혁
신, 언어, 소통적 관계 속에서 그 자체가 작동하고 있다.

자본주의적 가치화 과정에 정신이 포섭되면서 진정한 변이가 발
생했다. 이 의식적·감성적 기관은 경쟁의 압력, 자극의 가속화, 끊임
없이 주의력을 집중해야 하는 스트레스에 굴복했다. 그로 인해 정신
의 장소, 즉 정신이 형성되고 다른 정신과 관계를 맺는 정보영역은
정신병리를 일으키는 영역이 되어버렸다.

기호자본의 무한한 거울 놀이를 이해할 수 있게 해줄 새로운 학문
분야는 다음의 세 가지 측면으로 나뉘어 요약될 수 있다.

• 접속적 지성에 대한 정치경제학 비판

- 언어-경제 흐름에 대한 기호학
- 경제 발달이 인간의 정신에 끼치는 정신병리 유발 효과를 연구하는 정보영역의 장소에 대한 심리화학

디지털적 생산 과정은 일종의 유기체와 유사하다고 할 만한 생물학적 형태를 띠고 있다. 가령 어떤 조직의 신경 체계는 인간의 신경 체계와 유사하다. 모든 산업체에는 '자율적' 체제, 즉 그 자체의 생존을 위해 반드시 작동해야 하는 운영 과정이 존재한다. 과거의 조직들은 정보의 조각들을 연결하는 데서 부족함을 드러냈다. 이런 연결체는 상호연결된 뉴런이 두뇌 속에서 하는 것과 유사한 역할을 한다. 네트워크화된 디지털 기업은 최상의 인공적 신경 체계처럼 움직인다. 그런 기업 안에서는 정보가 신속하고 자연스럽게 흘러다닌다. 마치 인간이 생각할 때처럼 말이다. 게다가 우리는 어떤 문제에 집중할 때와 같은 빠르기로, 인간 집단들을 통치·조정하는 테크놀로지를 활용할 수 있다. 빌 게이츠는 새로운 형태의 경제 체계가 실현될 수 있는 조건이 만들어졌다고 말했다. "생각의 속도로 움직이는 비즈니스"[11]라고 정의될 수 있는 것이 바로 그런 조건의 핵심이다.

꾸준히 유기체의 신경 체계 속으로, 인간의 의사소통 회로 속으로 통합된 디지털의 신경 체계는 그 자체의 작동방식과 속도에 맞춰 그것들을 재코드화해왔다. 그러나 이런 변형이 완결되려면 신체와 정신은 우리가 세계사 속에서 그 발전을 봐왔던 지독한 변이과정을 반드시 통과해야만 한다. 디지털 신경 체계라는 구성체는 정신, 사회의 심리, 욕망과 희망, 두려움과 상상력을 약화시켰다. 이제 관계의 정신병리에 대해서도 반드시 생각해봐야 할 때가 온 것이다.

그러므로 오늘날에 필요한 심리화학을 이해하고자 한다면 우리는 다음의 사실을 반드시 염두에 둬야만 한다. 정신 안으로 투여되는 기호학적 흐름은 [언어-경제 흐름에 대한] 기호학에서 벗어나는 원리, 즉 경제적 경쟁의 원리, 최대한의 발전이라는 원리를 따른다는 사실을 말이다. 자본주의가 우리의 두뇌에 접속하는 그 순간부터 우리의 두뇌는 맥박을 온몸의 떨림으로, 결국에는 실신으로까지 가속화시키는 병리적 동인, 즉 정신병의 밈[12]을 껴안은 셈이다.

모든 것이 네트워크로 연결된 세계에서는 일반 체계 이론의 소급적 순환회로가 디지털 생산의 탈인간적 전망 속에서 유전자공학의 역동적 논리와 융합한다. 인간의 정신과 육체는 가속화와 단순화의 인터페이스로 인해 디지털 회로에 통합된다. 즉, 살아 있는 체계의 자기복제 능력으로 기호적 인공물을 생산하는 생명-정보 생산의 모델이 출현하고 있는 것이다.

일단 완전히 가동되면, 디지털 신경 체계는 모든 형태의 조직에 재빨리 장착될 수 있다. 마이크로소프트는 **외견상으로만** 소프트웨어, 관련 제품, 서비스에 관심을 갖는다. 실제로 이런 소프트웨어 생산의 숨겨진 최종 목표는 인간의 정신을 인공두뇌 형태의 네트워크 연속체에, 오늘날의 삶에서 가장 중요한 모든 기관들의 신경 체계를 활용해 디지털 정보의 흐름을 구조화할 목적으로 설계된 네트워크 연속체에 엮어 놓는 것이다. 그러므로 미래의 마이크로소프트는 교환 가능하고 언제라도 설치될 수 있는 전지구적 가상 메모리로 간주될 것이다. 인간 주체성의 육체적 회로 속에 삽입된 사이버-파놉티콘. 마침내 인공지능은 삶 자체가 된 것이다. 혹은 게이츠가 즐겨 말했던 것처럼 정보는 이제 우리 삶의 생명줄이 된 셈이다.[13]

| 막간극: 유혈자본주의, 혹은 현대 자본주의의 범죄 |

전설에 의하면 1960년대 초반에 젊은 로마노 알콰티는 화려한 스쿠터를 타고 피에몬테 주의 구불구불한 길을 달려가고 있었다. 이브레아 지역과 올리베티 공장을 둘러싼 청명한 공기, 고요한 지평선, 눈 덮인 산. 바로 이곳에서 알콰티는「올리베티에서의 자본과 노동력의 유기적 구성」[14]을 쓴 것이다. 내가 생각하기에 이 에세이는 기존의 사물, 사회, 정치, 문화를 뒤엎을 새로운 노동계급과 후기 산업자본주의를 이해하는 데 가장 큰 영향을 준 에세이였다.

『고모라』의 뒤표지를 보면 로베르토 사비아노도 맹렬하고 고통 가득한 눈빛을 한 채 쇠락하는 시골 마을의 우울한 지평선, 쓰레기 매립장의 불쾌한 악취 사이로 스쿠터를 몰고 있다. 위안을 주는 이데올로기적 허구가 일체 없는『고모라』는 동시대 전지구적 자본의 사회적·문화적 구조에 대해 이야기한 최초의 책이다. 사비아노의 스쿠터는 쓰레기 매립장의 인공 언덕을 넘어 세콘딜리아노 지역의 좁은 길을 지나간다. 사비아노는 거기서 이 세상 모든 곳에 편재하며 지구를 숨 막히게 만들고 있는 상품의 생산을 위해 대규모의 노예 집단이 수많은 비밀 실험실들에서 죽어라 일하는 모습을 보았다.

이 책에 대해 언급한 얼마 안 되는 사람들은『고모라』를 소설이라고 하거나 르포르타주라고 말한다. 내가 보기에 이 책은 둘 다이며, 그 이상이다. 이 책은 현대 자본주의와 그것의 진정한 본질, 전지구적이고 탈영토적이며 어지럽게 뒤얽힌 작동방식에 대한 체계적 분석을 제공하려 노력한다. 이 책은 체계적이지 않은 현상을 체계적으로 분석하려는 시도이자, 더 이상 규칙을 따르지 않고 효율성과 생산성의 근거를 완벽한 탈규제에 두는 체계에 대한 분석이다.

"사비아노를 홀로 두지 마라" 2006년 발표된 『고모라』는 "카모라의 경제제국과 지배의 꿈 속으로의 여행"이라는 부제에서 알 수 있듯이 나폴리를 근거지로 지난 1백여 년 동안 온갖 만행을 저질러온 범죄 조직 '카모라'에 대한 충격적인 고발이었다. 카모라의 암살 위협 때문에 24시간 경찰의 보호를 받으며 은신하는 삶을 살고 있는 이 작품의 작가 사비아노(Roberto Saviano, 1979~)의 용기를 칭송하고 그에게 자유를 되찾아주기 위해 동료 작가들은 『고모라』의 대중 낭독회를 수시로 열며 연대감을 표명했다.

이런 작업은 다른 유사 영역들에서도 이뤄져야 한다. 가령 캄파니아 지역은 자본주의의 탈규제로 범죄 조직이 장악하게 된 행성의 홀로그램이나 마찬가지이다. 마약 마피아들이 알카에다와 유사한 기법을 쓰는 멕시코를 비롯해 콜롬비아, 파키스탄, 발칸 반도, 벵골 만도 매한가지이다. 러시아도 빠질 수 없다. 여기서는 공산당이 그 위계적 구조를 고스란히 마피아 네트워크로 전환시켜 유럽 국가들의 비굴한 수장들과 수십억 원 상당의 계약을 맺고, KGB의 암살자들이 미하일 호도르코프스키 같은 약탈자들[즉, 올리가르히]을 제거해 그 약탈품을 이탈리아의 석유공사 ENI나 에너지공사 ENEL의 유식한 경영자들과 나눠 갖는다. 베르나르도 프로벤자노[15]나 살바토레 리나[16]에 비할 바가 아니다. 블라디미르 푸틴이나 실비오 베를루스코니, 로마노 프로디는 손수 남의 목을 조를 필요가 없다. 그들이 계약서에 공동 서명하기 전에 누군가가 그 일을 대신 처리해주니까.

사비아노는 이런 포스트-부르주아적 자본주의의 패러다임이 어떻게 작동하는지 설명해주며, 이것을 분석 모델로 활용해 하나의 특정한 상황이 수천 개의 실에 의해 수천 개의 유사한 상황과 연결되어가는 과정을 조사하기도 한다. 『고모라』를 읽는 최악의 방법은 이 책의 내용을 나폴리의 가장 최근 모습에 대한 스케치로, 시대에 뒤진 변두리 지역에 대한 묘사로, 해결되지 않은 범죄성의 예시로 보는 것이다. 대부분의 이탈리아 정치인들은 남부 지역을 이상異常 성장물이라고 부르지만 그것은 거짓말이다. 이상 성장물은 건강한 신체에서 자라나는 것인데 이곳에는 애당초 건강한 신체라는 것이 없기 때문이다. 사비아노가 묘사한 시스템이 바로 그 신체이다. 이는 마르코 트론체티 프로베라[17]의 사건에서 잘 나타난다. 프로베라는 중도 좌파 정부가 국영 회사 텔레콤에 취임시킨 용감한 지도자들(텔레콤을 마치 자신들의 소유물인양 왕창 바가지를 씌어 최고의 구매자에게 팔아버리려 했던 자들) 중 마지막 인물이다. 실제로 텔레콤은 우리의 것이었는데도 말이다. 우리의 것이 곧 그들의 것이었다. 바로 이것이 살인자들이 단순한 이상 성장물이 아니라 신체 전체가 되는 포스트-부르주아 시대의 탈규제적 자본주의인 것이다.

사비아노는 (생산 과정 전체가 닮아가고 있는) 전지구적 자본주의의 진일보한 생산순환 형태가 캄파니아 지역에서 등장하고 있음을 보여준다. 이탈리아 정부기관들은 남부의 경제 발전을 통해 범죄와 싸워나가겠다고 약속한다. 그러나 범죄가 곧 경제 발전이다. 왜냐하면 경제 발전과 범죄는 더 이상 별개의 것이 아니기 때문이다.

기업: 구조가 아닌 메커니즘

모든 기업 활동에서 효율성은 결정적인 요소로 작용한다. 줄지어 서 있는 수백 대의 대형 트럭으로 상품을 배달하거나 염산으로 두 구의 송장을 녹이는 데도 효율성은 중요하다.

> 우리는 염산 100리터를 구입하도록 지시했다. 200리터짜리 금속제 컨테이너들도 필요했다. 보통은 올리브기름을 담는 것과 비슷한 종류인데, 위쪽을 잘라내게 했다. 우리의 경험상, 컨테이너 한 개에는 50리터의 산이 들어가는데, 두 사람을 제거해야 한다고 하기에 두 개를 준비하도록 했다.[18]

『고모라』에는 효율성에 대한 많은 질문이 논의되고 있다. 그러나 효율성은 오직 기업의 경제적 성공 여부에 달려 있다.

> 여기서는 한마디로 자유방임에 자유통과가 원칙이었다. 시장이 스스로 규제하도록 한 것이다. 세콘딜리아노는 모든 사람들을 끌어들였다. 가령 친구들을 상대로 소규모 마약 사업을 하고 싶어 하는 사람들이라든지, 15유로에 산 마약을 100유로에 팔아서 휴가비나 등록

금 또는 은행 이자를 마련하고 싶은 사람들 말이다. 이런 시장 자유화로 가격은 하락했다.[19]

비록 이 책은 좁은 골목들과 마을들, 창고와 황량한 해변의 미로 속을 혼란스럽게 헤매기는 하지만 이 지역의 체제가 기반하고 있는 상품순환의 일부를 재구성해내고 있다.

'카모라'라는 단어는 이 세상에 없는 말이다. 다만 마약단속반이나 판사 또는 언론인과 각본가 등이 즐겨 사용하는 경멸적인 표현에 불과하다. 그 일반적인 의미, 그러니까 학술 용어로서의 의미는 이미 한참 낡아버렸다. 그들이 실제로 사용하는 용어는 '시스템'이다(가령 "난 세콘딜리아노 시스템 소속이야"라고 말한다). 이것이 나름대로 설득력 있는 것이, 시스템이란 어떤 구조라기보다는 메커니즘이기 때문이다. 이 범죄 조직은 경제와 마찬가지이며, 통상의 변증법^{dialettica commerciale}이야말로 이 조직의 골조이기 때문이다.[20]

이처럼 어떤 구조라기보다는 메커니즘이며, 일종의 기기機器이자, 이윤을 창출해낼 수 있는 기계적 연속체라는 점이 중요하다. 이런 기기의 구성요소들은 바뀔 수 있지만 그것이 실행하는 기능에는 전혀 영향을 주지 않는다. 이와 같은 자본주의의, 노동의, 그리고 기업의 추상적 성격은 범죄를 통해 배운 교훈으로서, 바로 이 교훈이 오늘날 기업 체제의 핵심에 놓여 있다. 모든 인간적 혹은 가족적 실체성이 제거되어 있는데도 불구하고 이 체제는 사람들과 가족들을 이용해 축적, 성장, 발전이라는 더 높은 목적을 섬기도록 만든다.

상품의 순환: 몰살의 순환

『고모라』의 앞 부분, 즉 비밀 작업장들의 군집 세계에 대해 들려주며 저자는 직물산업, 패션, 창조성의 상품순환을 재구성한다.[21] 그곳은 전 세계 곳곳에 흩어져 있는 운영자[디자이너] 수천 명의 관리 노동과, 그곳의 일상적 관례가 몸에 익은 재단사들의 기획성 노동을 연결해준다. 진실한 거짓, 아니 차라리 거짓된 진실인 이 순환은 교역 네트워크와 연결되어 있다. 비록 경쟁자들을 물리적으로 제거하는 바탕 위에 서 있지만, 이 네트워크 역시 여타의 연결체와 유사하다. 당신이 이윤을 창출해내는 쇼핑센터의 매니저라면, 그 누구도 당신에게 이제껏 몇 명을 목 졸라 죽였느냐고 묻지 않을 것이다. 운이 나빠 치안판사가 당신에게 저 십여 구의 시체에 대해 설명해보라고 하더라도 걱정할 필요는 없다. 그것 때문에 기업이 멈추는 일은 없을 테니까. 보스는 감옥에 갈 수도 있다. 하지만 중요한 것은 보스가 해온 기능이 결코 멈추지 않고 계속 작동한다는 사실이다.

이어서 사비아노는 그 지역에 근거한 마약의 순환, 마약 밀매 조직의 형태, 마약 공급망의 경제적 측면에 대해 설명한다. 이 모든 것은 미미한 역할만을 하는 빈민가와는 하등 관계가 없다. "열두어 개의 일족이 다스리는 지역, 대형 금융기관의 움직임에 맞먹을 정도의 수익(한 일가의 활동으로만 매년 3억 유로의 매출이 발생한다)을 자랑하는 지역이 빈민가가 될 수야 없는 노릇이다."[22]

국민총생산에 대해 말할 때 경제 관료들은 진실을 말해야 할 것이다. 국민총생산은 사람들이 흘린 피의 양, 죽은 사람들의 수, 그리고 독극물 양에 비례해 증가한다는 사실을 말이다. 공식 통계에 따르면, 국민총생산의 20%는 탈세에 근거하고 있다. 즉, 이탈리아에서 생산되고 교환된 부의 적어도 1/4은 범죄적 조건에서 창출된다. 살인, 사체 폐기, 협박, 무장폭력단은 국민총생산의 주된 창출 동력으로 분류되고 회계장부에 정기적으로 포함되어야 한다. 예컨대 피오 신부[23]의 유령을 본 카모라 일가와 마피아 일가가 각자의 교역을 포기하기로 마음을 먹는다면 이탈리아의 경제는 붕괴될 것이다.

사비아노는 무기 교역에 대해 짧게 덧붙이며 분석을 계속한다. 사비아노에 따르면 이탈리아는 매년 2백70억 달러를 무기 구입에 사용한다. 러시아보다 더 많은 금액이고, 이스라엘의 두 배에 이른다. 이 자료는 스톡홀름의 국제연구소가 평화에 대한 연구의 일환으로 수집한 자료이다. 평화주의자들의 투표에 의해 정부에 한 자리씩 얻게된 자들은 과연 이런 사실들에 대해 알고나 있을까?

무기의 순환은 자유방임적인 카모라 경제가 필수 요소로 포함되어 있는 몰살의 순환과 긴밀히 연결되어 있다. 사비아노는 지난 수년간 카모라 지역에서만 3천6백 명의 사상자가 있었다고 말한다.

그 어느 곳의 무엇보다 더 많은 사람을 죽인 조직이 카모라다. ……
하지만 여기에는 작은 불길 표시가, 분쟁 표시가 전혀 없다. 이곳은
유럽의 심장부이기 때문이다. 이곳은 이 나라 경제에서 상당한 비중
을 차지하는 곳이기 때문이다. 그 경제를 일구기 위해 어떤 전략이
사용되는지는 그리 중요하지 않다. 오히려 그 분쟁의 와중에 희생되
는 총알받이들이 교외에서 수렁에 빠져 있다는 것, 시멘트와 쓰레기
의 뒤범벅 속에, 암시장과 코카인 창고에 갇혀 있다는 사실이 중요
하다. 어느 누구도 그들을 주목하지 않으며, 그건 모두 단순히 갱단
간의 전쟁, 거지들끼리의 전쟁에 불과해 보였다.[24]

그곳에서 일어난 일들은 갱단 사이의 전쟁이 아니라 정상적인 시장 경쟁이었다. 그것은 가난한 자들의 전쟁이 아니라 국가 경제의 심장이 뛰고 있다는 증거였다. "사업가. 카세르타 카모리스티가 스스로를 규정하는 말이었다. 더도 덜도 아닌 사업가라는 얘기다."[25] 그 외의 어떤 다른 이름으로 자신들을 부를 수 있을까? 공식적 세부사항들을 차치한다면 그들의 기업은 다른 기업들과 다를 것이 없다. 규제는 전 세계적인 올가미임이 선언됐고, 국가는 지난 30년간 단 한 가지 일에만 사로잡혀 있었다. 그것은 경쟁의 자유로운 표현을 가로막거나 노동의 자유로운 흐름과 끝없이 계속되는 노동비용의 삭감을 느리게 만드는 모든 규제를 폐지하는 것이었다.

경쟁: 상대방을 제거하기

경쟁이라는 개념이 능력이라는 개념을 대체했다. 능력이란 부르주아지로 하여금 계획·관리·조직하는 기능을 수행할 수 있도록 하며 재산에 대한 자신들의 권리를 정당화했던 지적 기술이다.

한때 소유권의 기능과 합쳐져 있던 계획·조정·관리의 과정을 지식 테크놀로지가 표준화할 수 있게 된 이래로, 지적 기능은 부차적인 노동으로 변해왔다. 경쟁을 유일한 규칙이자 능력으로 만들어버린 계급이 능력 있는 부르주아지를 대체했다. 그러나 경쟁에 대해 말한다면, 상대방을 제거할 수 있는 사람이야말로 가장 경쟁력 있는 사람임이 분명하지 않은가? 그렇기 때문에 상대방을 제거하는 것에 관해서라면 사람들은 물불을 가리지 않는 것이다.

재산이 사람보다 투자의 불분명한 부분과 동일한 것이 되어가면서부터 경쟁이 능력을 대신하게 됐다. 생산에는 여전히 많은 능력이 필요하지만 그것은 기업의 역할에서 분리됐다. 투기와 관련 없는 지적 능력은 불안정하고 저평가되며 낮은 인금을 받는다.

오직 경영과 관련된 기능에서 높은 수준의 기술을 발전시킨 사람만이 자신의 노동을 통해 부유해질 수 있다. 그렇다면 구체적이고 실질적인 지적 능력에서 분리된 경영 기능은 무엇으로 구성되는가? 위조, 사기, 거짓말, 분식회계, 세금 포탈, 거기에다가 필요하다면 경쟁자를 물리적으로 제거하는 것, 고문, 대량학살이다. 이렇게 보면 핼리버튼[미국의 유전·자원개발 기업]은 카살레이 일가나 코를레오네시 일가보다 더 효율적이고 더 극악무도하다고 할 수 있다.

무지가 권좌에 오르고 경제적 결정은 즉각적으로 얻을 수 있는 최대의 이윤에 근거해 이뤄진다. 중요한 것은 노동비용을 줄이는 것이다. 바로 이것이 경쟁의 목표로, 양질의 상품을 생산하는 것은 경쟁과 아무런 상관이 없다. 결국 생산의 최종 결정권은 화학자나 도시계획 전문가 혹은 박사들이 아니라 경영 능력을 가진 사람, 즉 노동비용은 줄이고 이윤 획득은 가속화할 수 있는 사람들에게 주어진다. 신자유주의의 동학은 부르주아지를 파괴해 정반대의 두 계급으로 대체했다. 그 하나는 불안정하고 세분화된 지적 노동을 하는 코그니타리아트이며, 다른 하나는 가진 것이라곤 경쟁 능력밖에 없는 경영계급이다. 더 극단적으로 말하면, 경쟁이란 무력으로 경쟁자를 제거하는 것, 독점을 강제하는 것, 최강자의 이윤에 불복하는 모든 것을 체계적으로 파괴하는 것이 되어버렸다. 실제로 이런 현상은 전지구적 자본주의 생산이 진행 중인 더 많은 지역들에서 나날이 명확해지고 있다. 경쟁자를 제거하는 사람보다 경쟁을 더 잘하는 사람이 있겠는가? 사람을 산채로 벽에 파묻고 학살하거나 염산으로 녹이는 것보다 경쟁자를 제거할 수 있는 더 좋은 방법이 있겠는가? 한마디로 고모라는 신자유주의의 유전자 코드에 새겨져 있다.

자본주의에 대한 탈규제, 공존에 대한 규제

자본주의의 신자유주의적 단계는 중단 없이 계속되는 탈규제 과정의 연속인 것처럼 보이지만 사실은 정반대이다. 공존과 관련된 모든 규칙이 없어질수록 폭력의 규칙이 부과됐다. 각종 경쟁 원리의 번성을 제한하는 규제들이 제거되어갈수록 확고부동한 자동화가 사람들 사이의 물질적 관계에 도입됐다. 기업이 자유로워질수록 사람들은 점점 더 노예가 되어갔다. 탈규제란 생산성의 이동성을 억누르고 자본의 막강한 힘을 방해하는 모든 규칙을 끈질기게 제거해가는 과정이다. 탈규제가 없애버리려고 하는 것은 근대를 거쳐 확립되어온 사회 문명의 형태와 인권이다. 자본주의적 탈규제의 발달은 근대성의 문화적·사법적 관습과 부르주아지의 법률을 차례차례 근절시키고 있다. 바로 이것이 오늘날의 자본주의가 범죄의 체제로 변모해간 이유이자 순수 폭력의 영역을 확장시키는 방향으로 계속 나아가고 있는 이유이다. 이런 순수 폭력의 영역 안에서만 자본주의는 아무런 방해도 받지 않은 채 전진할 수 있다. 유혈자본주의, 그것은 부르주아 헤게모니의 종말이자 법의 계몽된 보편성의 종말이다.

범죄는 더 이상 자본주의 체제의 주변적 기능이 아니다. 오히려 범죄는 탈규제화된 상황 속에서 경쟁에 이기기 위해 반드시 필요한 요소이다. 고문, 살인, 아동 착취, 성매매 권장, 대량파괴 무기의 생산은 경제적 경쟁에서 그 무엇으로도 대체할 수 없는 기술이 되어버렸다. 한마디로 범죄야말로 경쟁의 원리와 가장 잘 어울린다.

쓰레기: 유혈자본주의의 마지막 순환

사비아노가 잘 묘사했듯이, 이런 유혈자본주의의 마지막 순환은 쓰레기의 순환이다. 여기서 쓰레기란 무엇보다도 범죄적 가치화 과정 뒤에 남겨진 사람들이다. 불구가 되거나 불에 타거나 구덩이에 던져지거나 수류탄에 맞아 폭발한 사람들, 더 간단히 말하면 모욕당하거나 쫓겨나거나 감옥에 갇힌 사람들 말이다. 예전의 부르주아지는 자신들을 보호하기 위해서라도 인권의 신성한 가치를 부여했고 그것을 실질적으로 존중해왔다. 그러나 유혈자본주의는 권력의 자리에 앉아 있는 자들의 목숨에조차 신성한 가치를 부여하지 않는다. 그 체제 속에서는 보스 역시 잠정적인 직원에 불과할 뿐이다.

> 한 사람이 일족의 독재자로 군림하는 기간은 짧게 마련이다. 만약 어떤 두목이 만수무강한다면, 그는 가격을 올리고 독점을 창출할 것이다. 또한 경직된 시장을 만들고, 새 시장을 개척하기보다는 똑같은 분야에만 지속적으로 투자할 것이다.[26]

맑스는 추상적 노동시간의 무한한 원자들이 서로 결합해가는 사회적 협업에서부터 시작해 가치화의 모든 과정을 서술했다. 유혈-상품에 대한 조사를 마무리하며 사비아노는 이 과정을 맑스처럼 효율적으로 설명할 수 있는 이론적 은유를 찾으려 애쓴다. 그렇지만 그것은 절망적인 시도에 불과할 뿐이다.

> [오늘날의] 경제를 상상하는 것, 금융이나 이익률, 협상, 부채, 투자 따위를 상상하기란 훨씬 더 어렵다. 혹시나 시도해본 사람이 있다면,

십중팔구 정신을 집중하기 위해 눈을 감고 머리를 혹사시켜야 할 것이고, 나중에는 온갖 사이키델릭한 이미지가 떠오를 것이다.[27]

결국 사비아노는 뛰어난 논리적 도약을 통해 동시대 초자본주의의 핵심 장소를 찾아낸다. "모든 경제 주기에서 가장 구체적인 상징물은 바로 쓰레기이다."[28] 초자본주의는 생산력의 증가가 필요해서가 아니라 생산력이 힘의 근원이기 때문에 끊임없이 생산력을 증가시킨다. 이미 지구에는 70억 인구를 먹이기에 충분한 식량이 있다. 매년 수백만 톤의 음식이 과잉생산의 위기를 피하기 위해 파괴된다. 우리가 입는 옷은 이미 우리의 필요를 크게 초과했고, 다른 상품들도 현대의 산업이 채워 넣은 수많은 창고들에 언제든 이용 가능한 상태로 쌓여 있다. 그런데도 우리는 왜 속도를 내는 것일까? 왜 더 빠른 리듬으로 노동하는 것일까? 왜 더 빨리, 더 미친 듯이 달리는 것일까? 왜냐하면 초자본주의 자체가 무엇이든 넘치게 하기 때문이다.

자본주의는 암이라는 은유로만 묘사될 수 있다. 아니, 이것은 은유가 아니라 임상적으로 정확한 분석이다. 암은 캄파니아의 쓰레기 매립장 절벽 아래에 썩은 잔디로 교묘하게 감춰져 있다. 보코니대학교를 졸업한 젊은이들은 롬바르디, 에밀리아, 독일의 기업들에게 캄파니아의 땅을 제공했고 그 기업들은 수백만 세제곱미터에 달하는 암적 물질을 그 땅에 쏟아부었다. "남부는 쓰레기가 홍수를 이루는 까닭에 이제는 아예 해결책을 찾을 수 없는 듯하다."[29]

이곳의 땅은 이미 다이옥신 범벅이 됐다. 카모라가 쓰레기 매립장으로 보낸 15살의 소년들은 죽음으로 가득한 공기를 들이마시며 쓰레기 폐기 작업을 완수해야만 한다.

어린 운전사들은 일이 위험하고 치명적일수록, 그게 더 중요한 일인 줄로 착각할 것이다. 어느 누구도 자신들이 불과 10년 뒤에는 화학요법을 받게 되리라고, 담즙을 토해내리라고, 자신들의 위와 간과 장이 펄프처럼 너덜너덜해지리라고는 상상도 못하는 것이다.[30]

『고모라』의 마지막 페이지는 쓰레기, 잔류물, 잡동사니로 더럽혀진 캄파니아 대지의 풍경을 묘사하고 있다. 손수건으로 입을 틀어막은 채 최대한 숨을 적게 쉬려 노력하면서, 사비아노는 우리에게 무엇을 해야 할 것인지에 대해 질문한다.

나는 그것에 삼켜지거나 파괴되지 않고도 그것을 이해하고, 발견하고, 알 수 있을지를 파악해보려고 머리를 혹사시켰다. 아니면 아는 것과 타협하는 것 사이에서 양자택일해야 하는 것인지 알고 싶었다. 공식적인 발표에만 귀를 기울이고, 반신반의하며, 괴로운 듯 그저 한숨이나 쉬는 것 말이다. 나는 과연 행복한 삶의 가능성을 품게 하는 뭔가가 있는지, 아니면 일탈과 무정부적 자유를 꿈꾸는 짓을 포기하고 차라리 투기장에 몸을 던져야 하는지, 바지춤에 반자동 권총을 하나 찔러 넣고 나만의 사업을 시작해야 하는지 자문해봤다.[31]

희망: 다시, 무엇을 할 것인가?

"무엇을 할 것인가?"라는 질문에 아직도 내놓을 대답이 있을까? 자본주의적 증식을 멈춰야 한다는, 무고한 육체를 저 불타오르는 화형대로 내던지지 말라는 너무나 뻔한 충고 이외에 다른 대답이 있을까? 지금 당장은 다른 대답이 없다.

그러나 깃발도 없고 미래도 없는 새로운 군대가 전 세계 모든 곳에서 등장하고 있다. 그들의 유일한 희망은 바로 자살이다. 최근 개최된 중국공산당 전국대표대회에 참석한 사람들은 농부 수만 명의 자살 때문에 불편함을 느꼈다. 이 농부들이 자살을 선택할 수밖에 없었던 이유는 이들 모두 경제성장으로 인해 자신이 살던 곳을 떠날 수밖에 없었고 극심한 기근으로 고통받아왔기 때문이다. 산업 근대화가 진전되어가는 인도에서도 이와 똑같은 일이 일어났다.

2001년 9월 11일 이후 자살은 우리 시대의 주된 정치적 행위가 됐다. 인간의 생명이 무가치해지면, 모욕감은 그것을 견딜 수 없는 순간까지, 폭발 직전의 순간까지 커지게 된다. 아마도 이런 상황에서 희망을 찾을 수 있는 유일한 곳은 자살인지도 모르겠다.

THE MERCHANT,
THE WARRIOR, AND
THE SAGE

3장
상인, 전사, 현자

SYSTEM FAILURE

국제 해커 집단 '어나니머스'의 이미지 '익명'이라는 단체명에서도 알 수 있듯이 어나니머스는 정체가 밝혀지지 않은 컴퓨터 전문가들로 조직된 핵티비스트들의 모임이다. 이들을 단순한 디지털 테러리스트로 보는 사람들도 있고, 새로운 미디어 환경을 적극 활용하는 활동가로 보는 사람들도 있다.

2003년 2월 15일 전 세계 수백만의 사람들이 거리로 뛰쳐나와 전쟁 [이라크 전쟁]을 멈추라고 외쳤을 때, 많은 이들은 전지구적 군사권력에 대한 합의가 없어질 것이고, 그것이 권력의 위기가 시작되고 있음을 나타내주는 신호라고 생각했다. 그러나 권력은 더 이상 합의에 근거를 두고 있지 않다. 오늘날 권력은 정치로도 더 이상 통제할 수 없고 대중의 행동으로도 더 이상 고치거나 멈출 수 없는 공포, 무지, 기술경제적·금융적·심리적 자동화에 근거를 두고 있다.

그날 이후로 우리는 대규모 평화 운동도 전쟁을 멈추기에 충분하지 않고, 민주주의에는 테러리즘과 안보 강박증이 움직이는 군사적 자동화를 제거할 수 있는 도구가 없다는 것을 배웠다. 여론이 압도적으로 전쟁을 반대해도 전쟁을 이끄는 동학은 절대 멈추지 않는다. 공포야말로 부시 행정부가 사활을 건 정치적 투자물이었다. 이제 더 이상 담론적·선전적·이데올로기적 도구를 통해 합의를 이끌어낼 필요가 없다. 공포에 근거한 심리적 자동화를 쓰는 것만으로도 충분하다. 공포는 테러리스트의 공격 이전에 이미 태어났다. 공포는 "너의 죽음이 곧 나의 생명"mors tua vita mea이라는 원칙이 개개인의 마음속에 심어둔 잔인하고 지속적인 경쟁으로부터 생겨난다.

20세기의 역사는 세 인물의 갈등과 동맹의 역사이다. 현자는 인간 노동의 후계자이자 무한히 이어지는 노동과 끝없는 노동거부 행위를 통해 축적된 지성의 담지자이다. 노동거부는 지성을 진화시켰다. 지성은 사회적으로 유용한 형태로 실현된 노동거부이다. 기계가 인간 노동을 대신할 수 있게 된 것은 지성 덕분이다. 과학을 전진시키고, 발달시키고, 실행하게 된 것도 노동거부 덕분이다. 근대 과학은 그 시초부터 과학의 이런 기능을 인식하고 있었다.

사회에 필요한 물건을 생산할 때 드는 필요 노동시간을 줄임으로써, 지식은 유용한 것을 생산하는 인간의 능력과 인류를 위한 자유의 공간을 증대시킨다. 즉, 안다는 것은 권력을 갖는다는 것이다. 상인과 전사는 지식을 권력의 도구로 바꾸고 싶어 한다. 그러려면 현자를 억눌러야 하는데, 그것이 쉽지가 않다. 왜냐하면 지식은 지배를 참지 못하기 때문이다. 그러므로 전사와 상인은 함정과 속임수에 기대어, 생각하는 힘을 돈과 폭력의 힘에 굴복시키려 하는 것이다.

| 인류 공통의 이해관계 |

1956년에 발표된 『천 개의 태양보다 더 밝은』이라는 책에서 로베르트 융크는 제2차 세계대전 당시에 전사가 어떻게 현자를 포획했는지 '맨해튼 프로젝트'(핵폭탄 제조 계획)의 역사를 통해 설명하고 있다. 당시 일군의 과학자들은 히틀러가 핵폭탄을 준비하고 있을지 모른다는 협박에 직면해 있었다. 융크는 다음과 같이 쓰고 있다.

베르너 하이젠베르크는 훗날 이렇게 회상했다. "1939년 여름에만 해도 12명의 물리학자들은 서로 합의해 원자폭탄의 제조를 중단할 수 있었다." …… 그러나 그들은 기회를 놓쳐버렸다. 그들의 정치적·도덕적 상상력은 그 순간에 작동하지 않았다. …… 그들은 자신들의 발명이 가져올 결과에 걸맞은 생각이나 행동을 결코 할 수 없었다. 이토록 중요한 상황에서 그들은 자신들의 직업이 과거에 물려준 유산을 충분히 신뢰하지도 못했다. 전쟁이 끝난 뒤 칼 프리드리히 폰 바이츠재커는 이렇게 말했다. "우리 물리학자들이 일종의 가족을 구성하고 있다는 것만으로는 충분하지 않았다. 우리는 각 구성원을 징계할 힘이 있는 국제 단체가 됐어야 했는지도 모른다. 그러나 근대 과학의 성격을 볼 때 그런 것이 가능했겠는가?"[1]

그로부터 반세기가 훌쩍 지난 지금 우리가 당면하고 있는 문제를, 우리는 바이츠재커의 말에서 다시 발견하고 있다. 정치적·경제적·군사적 권력이 지식의 본질에서 벗어난 목적을 위해, 무엇보다도 인류 공통의 이해관계를 거스르는 목적을 위해 지식을 이용하지 못하게 하려면, 오늘날 지식을 생산하고 있는 사람들은 어떤 조직 형태와 규칙을 자기 자신에게 부여할 수 있을까? 미국 정부는 독일의 핵폭탄이라는 협박에 굴복할 수밖에 없도록 과학자들을 감쪽같이 설득했다. 현자가 전사에게 항복한 결과가 바로 히로시마였다.

바로 그 순간에 현자를 전사로부터 해방시키려는 투쟁이 시작됐고, 그 투쟁은 1968년에 절정에 다다랐다. 특히 1968년은 현자가 자신의 지식을 전사에게 빌려주기를 거부하고, 자신의 역할은 사회에 봉사하는 것이라고 결정한 해이다. 그러자 곧 상인이 나타나 현자를 꼬드겼고, 현자의 지식이 기술경제적 자동화의 지배에 복종하도록 만들었다. 지식의 진실에 대한 평가는 경쟁, 경제적 효율성, 최대의 이윤 추구라는 척도를 따를 수밖에 없게 된 것이다.

영국과 미국에서 각각 마거릿 대처와 로널드 레이건이 집권하기 시작한 이후로 20년 동안, 지식은 자본에 절대적으로 의존할 수밖에 없는 조건에 놓이게 됐다. 과학은 테크놀로지의 자동화에 통합되어갔고, 그 자체의 기능적 작동을 이끌어가는 합목적성을 스스로 바꿔나갈 수 있는 가능성조차 박탈당했다. 생산에 지식이 집중적으로 적용되는 현상은 디지털적 기술영역의 창출 속에서 더욱 구체화되어, 곧 엄청난 영향력을 발산하기 시작했다. 그러나 이 힘은 기술적 자동화에 종속됐고, 그 안에서 이 힘은 분절되어갔다. 이윤 경제라는 범주 속에 감금당한 테크놀로지는 노동의 생산성을 증가시키는 동시에 비참함, 임금노동에 대한 인류의 종속, 고독, 불행, 정신병리 등도 배가시켰다.

돌이켜 보면 내가 어린 시절을 보냈던 1950년대에는 나 역시 다른 사람들처럼 곧 2000년을 살아가게 될 것이라는 생각에 매료되곤했다. 각종 신문들은 2000년이 되면 테크놀로지가 평화, 자유, 풍요를 가져다 줄 것이기 때문에 인류의 모든 문제가 해결될 것이라고 쓰곤 했다. 그러나 2000년을 훌쩍 넘어선 지금, 평화는커녕 전쟁의 위협이 그 어느 때보다 전 세계를 뒤덮고 있고, 원자폭탄은 모든 종교의 광신도들에 의해 증식되고 있다. 자유 대신 경제의 우선성이 모든 것을 지배하게 됐고, 풍요 대신 예속·비참함·기아가 세계의 2/3를 채우고 있다. 시장 원리의 무분별한 적용이 이런 어리석음을 만들어 낸 것이다. 이제 우리는 파국을 향해 돌진하고 있다.

| 연구자들의 운동 |

이런 돌진의 방향을 근본적으로 재정의할 준비가 되어 있지 않다면, 개혁이나 변화를 위한 그 어떤 계획도 무의해질 것이다. 이런 돌진의 방향을 결정할 수 있는 것은 전사도, 상인도 아니다. 오직 현자만이 그렇게 할 수 있다. 생산과 교환의 규칙을 재정의할 권리는 그만의 규칙, 우선순위, 가능성의 향방을 따르는 인류의 지식에게만 있다. 지식의 주체로서의 인간만이 세계가 어떤 방향으로 움직여야 할지 결정할 수 있다. 1999년의 시애틀은 새로운 생각, 즉 상인에게는 자신의 경제적 이윤에 근거해 수백만 명의 삶을 결정할 권리가 없다는 생각을 확인한 곳이었다. 오늘날의 상황에서 금융기업들의 독재를 멈출 수 있는 것은 오직 연구자들의 운동, 자율적으로 조직된 코그니타리아트의 최첨단 노동 운동밖에 없다. 시애틀에서 폭발한 전 지구적 운동은 새로운 방향을 가리켜줬다. 윤리적으로 동기화된 지식이 세계화를 주도해야 한다는 것, 세계화는 소수의 힘이 아니라 모든 사람에게 맡겨진 힘이 되어야 한다는 것을 말이다.

시애틀 이후로 인지노동을 사회적·인식적·기술적으로 재구성하는 것을 목표로 하는 운동이 출현하게 됐다. 이런 운동을 위해서는 과학 연구가 상인의 이해관계로부터 자율적이 되어야 할 필요가 있다. 시애틀 이후로 이런 의식은 점점 확산되어 전 세계 수백만 명의 사람들이 각자의 두뇌가 상업적 이윤에서 자율적이 되어야 함을 다시 주장하기 시작했다. 정보테크놀로지 분야에서는 오픈소스 운동이 확산됐고, 생명공학·제약 분야에서는 지적 혁신의 산물에 모든 이가 자유롭게 접근할 수 있어야 한다고 주장하는 투쟁이 발생했으며, 정보순환의 영역에서는 미디어 행동주의가 확산됐다.

| 지식의 사유화 |

자본은 자유주의적 이데올로기의 명령에 따라 반격을 가했다. 집합적 지식의 산물을 강제로 사유화하고, 모든 실험적 시도를 경제적 경쟁에 종속시킨 것이다. 그러나 집합적 지식의 사유화는 전 세계 곳곳에서 저항과 반대에 부딪혔고 인지노동자들은 각자의 잠재력이 상인의 권력보다 강하다는 것을 깨닫기 시작했다. 지적 노동이 생산 현장의 핵심이 된 이래로 상인은 더 이상 사적 소유의 원칙을 강요하는 사법적·물질적 도구를 소유하지 못하게 됐다. 사회적 생산에서 가장 값나가는 재화가 비물질적이고 복제 가능한 성격을 띠게 됐기 때문에 재화를 사적으로 전유하는 것이 소용없게 된 것이다. 산업사회에서 물질적 재화의 사유화를 지탱해줬던 근거도 약화됐다. 기호자본과 인지노동의 영역에서 생산품은 소비되면 없어지기는커녕 계속 이용 가능한 상태로 있고, 더 많이 사용될수록 가치도 증가한다. 바로 이것이 네트워크 경제의 작동방식으로, 이는 지금까지 자본주의를 지탱해준 사적 소유의 원칙과 정면으로 모순된다.

이런 관점이 확산되기 시작한 이후부터 전사가 다시 무대로 돌아오게 됐다. 이번에는 혼자가 아니라 예전 경제의 석유왕, 무기제조업자들과 함께 나타났다. 1990년대 동안 사회적 노동의 주름 사이에서 쌓여갔던 상당한 양의 슬픔, 공포, 불안은 오늘날 광신주의, 공격성, 정체성에 대한 집착으로 변모했다. 상인은 다시 한 번 현자를 굴복시키기 위해 전사에게 의존했다. 이런 현상은 빌 게이츠가 조지 부시와 동맹을 맺은 것에서도 잘 나타난다. 집단지성을 도둑질해간 상인은 멍청한 전사와 동맹을 맺어 둘이 함께 지혜를 모조리 질식시키고 모든 지식을 이윤과 권력에 영원히 종속시키려 했다.

주식시장이 대중에게 열린 1990년대에는 자본의 이윤 획득에 대중이 참여하는 것이 가능해졌는데, 이로써 닷컴 경제가 등장했다. 또한 인지노동자들이 스스로를 대거 조직할 수 있는 가능성도 열렸다. 인지노동자들은 각자의 능력·지식·창조성을 투자했고, 창업 수단을 주식시장에서 찾았다. 몇 년간 기업은 금융자본과 인지노동이 높은 생산성을 올리며 조우하는 장소가 됐다. 새로운 형태의 자가-기업은 곧 노동의 자율성과 시장 의존성을 찬양하기 시작했다.

인지노동과 재조합적 자본의 사회적 동맹, 그에 뒤이은 성장은 10년간 지속됐으나 결국 이 동맹은 깨졌다. 2000년 4월의 주식시장 폭락은 자본과 인지노동이 맺은 관계가 정치적 위기에 직면하는 시작이었다. 여러 요소들이 이런 불화를 야기했다. 특히 인지노동의 심리적·사회적 에너지의 붕괴가 문제였다. 과잉착취, 생활 리듬의 가속화, 휴대전화로 연결된 노동자들의 종일 노동, 우울증, 초과노동의 속도를 지속하기 위한 각성제의 남용은 인지노동자들을 우울증 환자가 되기 일보직전까지 내몰았다. 붕괴는 안에서부터 발생했다. 이와 동시에 닷컴 부대, 인지노동자의 선진 부문, 자유시장을 겨냥해 독점주의자들이 공격을 개시됐다. 실험적 시도에 부과된 제한, 강제된 독점적 기준, 독점 기업과 정치권력의 동맹은 이 분산형 경제의 숨통을 끊어놓았다. 이후 독점주의의 반혁명이 시작됐고, 네트워크 경제로부터 전쟁 경제로의 이행을 위한 조건이 형성됐다.

신경제에서 인지노동은 기업 형태로 스스로를 조직해 번성했다. 그러나 동일한 시기에 출현한 약탈적 룸펜 부르주아지는 전통적 자본주의의 규칙이 위기에 빠진 틈을 타 사회적 자본의 엄청난 부분을 착취했다. 2001년의 엔론[미국의 에너지 회사] 붕괴 이후 일어난 모든 일이 이 점을 잘 보여준다. 장기적 관점에서 보면 신자유주의는 자유시장이 아니라 독점을 더 선호했던 것이다.

그즈음 점점 가까이 다가오고 있던 위기로 인해 부시 행정부와 연관된 모든 집단은 신뢰와 권력을 잃어가고 있었다. 그러나 그때 마치 기적처럼 두 대의 비행기가 하늘에서 떨어졌고 이와 더불어 끝없는 폭력의 시대가 열리게 됐다. 이미 모든 정당성을 잃은 권력이 전쟁을 통해 스스로를 정당화하는 시대가 시작된 것이다. 그러나 전쟁에서는 관점이 재정의된다. 공격적인 나치-자유주의적 자본주의는 흔들리는 권력을 방어하기 위해 전쟁의 유령을 불러일으켰다. 대다수 서구인들의 양심과 생활양식으로는 결코 용납될 수 없는 일이었지만, 전쟁의 와중에 불가능한 것은 없었다.

바이츠재커가 언급한 문제는 오늘날 매우 시급한 문제로 떠올랐다. 과학자들이 권력으로부터 과학의 자율성을 지켜내고 그에 근거해 스스로 조직화할 수 있을까? 이것은 더 이상 소수의 핵물리학자들만이 아니라 과학, 테크놀로지, 행정, 교육, 치료 분야에 종사하는 수백만 명의 노동자 모두에게 해당되는 문제이다.

자본주의를 강화하는 자동화의 고리를 해체할 수 있는 열쇠를 쥔 것은 결국 코그니타리아트의 평화군이다.

| 지식인에서 코그니타리아트로 |

계몽된 지식인은 그/녀의 사회적 조건이 아니라 보편적 가치 체계에 의해 규정된다. 계몽이 지식인에게 부여한 역할은 이성을 활용해 인권 존중, 법 앞의 평등, 법 자체의 보편성 같은 보편적 원칙의 토대를 만들고 그 실현을 보장하는 것이었다. (이데올로기로 구현된) 지식인의 이런 근대적 형상은 임마누엘 칸트의 사유에서 철학적으로 정당화됐다. 칸트의 사유에서 지식인은 사회의 경험에 의지하지 않은 채 행동하고, 인지적·윤리적 결정을 내릴 때 어떤 경우에서든 사회로부터 영향을 받지 않는 초월적 인물로 등장한다. 이처럼 계몽주의 시대에 지식인은 보편적 합리성의 담지자이자 추상적 인간으로 나타났다. 이런 점에서 지식인은 칸트적 의미에서의 "나는[내가] 생각한다"를 실행하는 주체적 결단의 화신이라고 간주할 수 있다.

지식인의 역할은 근대의 보편주의를 구성하는 가치 체계를 다듬는 일과 밀접히 관련되어 있다. 지식인은 특정한 귀속[소속]에서 자유로운 사유를 보증하고, 인간의 보편적 합리성의 표현한다. 이런 점에서 지식인은 민주주의의 보증인이다. 이런 민주주의는 특정한 사회적 출신이나 귀속이 아니라 오직 황무지로부터, 선택과 가능성의 무한한 지평으로부터, 모든 인간이 기호적 행위자(보편적 합리성에 접근하기 위해 기호를 교환하는 주체)가 되고 이로써 시민권을 획득할 수 있는 가능성으로부터 유래한다. 이렇듯 초연한 보편적 지식인은 '인민'이라는 낭만적 형상의 반정립으로, 혹은 그것과의 거리두기를 통해 형성됐다. 근대 민주주의의 모험을 낳은 보편적 사고방식은 문화의 영토성에서 벗어나 존재한다. 민주주의는 문화, 인민, 전통의 흔적을 안고 있지 않다. 민주주의는 일체의 귀속을 확인하지 않는 토대 없는 놀이, 발명, 합의가 되어야 한다.

역사-변증법적 사유방식과 관련 있고 이 사유방식을 통해 스스로를 긍정하는 혁명적 지식인의 관점은 전혀 다르다. 루트비히 포이에르바하에 관한 열한 번째 테제에서 맑스는 지식이 역사의 과정에서 수행해야 하는 역할을 이렇게 말한다. "철학자들은 세계를 단지 다양하게 해석해왔을 뿐이다. 그러나 중요한 것은 세계를 변화시키는 것이다."2) 맑스주의적 지식인은 계급 없는 사회의 실현을 위한 역사적 과정의 수단이다. 맑스와 더불어, 사유는 노동계급 안에서 행동의 지평을 인식할 때만 역사적으로 유효한 것이 됐다. 공산주의라는 계획은 이론에 물질적 잠재성을 부여하고, 지식을 세계 변혁의 수단으로 만들어냈다. 계급과 임금노동의 철폐를 위한 투쟁에 참여하는 만큼만 지식인은 보편적 임무의 담지자가 된다. 이렇게 보면 지식인은 인민과 별 관련이 없다. 왜냐하면 인민은 이성보다는 문화를 앞세우고, 합목적성보다는 뿌리의 출중함을 영토화된 귀속의 인물이기 때문이다. 이와 달리 노동계급은 영토·문화·혈통에 귀속되어 있지 않으며 보편적으로 착취당하는 계급, 착취로부터의 해방이라는 보편적 임무를 위해 노력하는 계급의 정신을 지녔다.

| 유기적 지식인에서 일반지성으로 |

20세기의 정치철학, 특히 공산주의적 혁명사상에서 지식인은 중심적인 역할을 수행한다. 『무엇을 할 것인가?』3)에서 레닌은 집단행동을 어떻게 조직할 수 있을지, 지식인들의 활동이 어떻게 효과적이 될 수 있는지 자문했다. 레닌에게 지식인은 사회 계급이 아니다. 지식인에게는 지켜야 할 특정한 사회적 이해관계가 없다. 흔히 지식인은 이윤의 기식자로 표현되며, 스스로를 철학적 사유에서 유래한 혁명적 의식의 중재자이자 조직가로 변모시켜야 '순수하게 지적인' 선택을 할 수 있다. 이런 점에서 지식인은 '정신'의 순수한 생성, 헤겔주의적 자기의식의 전개와 매우 유사하다. 한편, 사회적 이해관계의 담지자인 노동자들은 철학적 유산을 구현하고 전달하는 당이라는 정치적 형태를 통해서만 순수한 경제적 상태('즉자적'인 사회적 존재)에서 정치적으로 각성한 상태('대자적'인 자기의식)로 넘어갈 수 있다. 맑스는 프롤레타리아트를 독일 고전 철학의 계승자라고 일컬었다.[4] 노동자들의 투쟁을 통해서만 변증법적 지평의 역사적 실현이 가능할 것이었다. 칸트의 계몽주의에서 낭만적 이상주의로 발전된 독일 철학 의 종착점은 바로 그때에야 도달할 것이었다.

안토니오 그람시에게 지식인을 성찰한다는 것은 사회를 분석한다는 것이었다. 그람시는 지식인과 노동계급의 유기적 관계가 유물론적으로 정립되어야 한다고 주장했다. 그런데도 지적 활동의 집단적 측면은 집합적 지식인으로 정의된 당 안에 남겨뒀다. 즉 (디지털 네트워크에 의해 작동시켜야 할 것 같은) 그람시적 전통의 지식인은 당을 통해서만 집단적·정치적 차원에 도달할 수 있다. 그러나 각종 지식의 직접적 통합을 거쳐 생산이 기술과학적으로 변모하고 대중교육이 일반화된 20세기 후반에 지식인의 역할은 재정의됐다. 지식인은 더 이상 생산에서 독립된 계급도, 순수하게 윤리적·인지적 선택을 한다는 과제를 떠맡은 자유로운 개인도 아니다. 이제 지식인은 생산 과정 일반에 통합된 거대한 사회적 주체가 됐다. 파올로 비르노는 선진 산업사회에서 이뤄진 지적 역량의 표준화와 연관된 이 사회적 주체성의 형성을 '대중지성'이라는 용어로 지칭했다.

1960년대에 탄생한 학생운동은 대중지성이라는 새로운 형상을 등장시킨 사회적 시나리오의 변화를 알리는 신호였다. 대중교육의 사회적 효과가 무르익은 1968년에 학생운동은 현대사의 결정적 행위자가 됐다. 역사상 처음으로 지적 기능이 스스로를 정치적 주체로 인식한 것이다. 그러나 학생운동은 자신이 알린 사회적 변화를 부분적으로만 의식하고 있었다. 유럽의 학생운동 세력은 대부분 스스로를 정치적 전위, 인민에 봉사하는 지식인 부대로 인식하는 등 맑스-레닌주의의 범주에 따라 자신의 역할을 해석하려고 노력했다. 그러나 당시 형성 중이던 지적 노동의 움직임 속에서 대중지성이 사회적으로 조직될 수 있는 전망이 출현했다. 독일 학생운동의 지도자 한스-위르겐 크랄은 예기치 않은 자동차 사고로 갑작스럽게 사망하기 직전 「기술과학 지성과 프롤레타리아 계급의식의 일반적 관계에 관한 테제」를 썼다. 1969년 『사회주의 통신-정보』 제25호에 처음 발표된 이 글은 훗날 『구성과 계급투쟁』이라는 책에도 실렸다. 여기서 크랄은 지적 노동의 새로운 사회적 구성은 전통적 노동운동의 정치적·조직적 범주에 따라 이뤄져서는 안 된다고 최초로 단언했다.

1968년의 운동에 선행했지만 동시에 진행되기도 한 이탈리아의 노동자주의 역시 1960년대 말에 (마리오 트론티, 라니에로 판치에리, 안토니오 네그리, 로마노 알콰티 등의) 독창적인 분석적 접근을 통해 이런 관점의 전환을 가져왔다. 나는 이 사유를 '구성주의'라 부르기를 더 좋아한다. 왜냐하면 이 사유의 중요한 이론적 기여는 정치적 조직화의 문제를 사회적 구성의 측면에서 재공식화했다는 데 있기 때문이다. 구성주의는 당을 집합적 지식인으로 간주하는 레닌의 관념을 폐기하고 맑스의 '일반지성' 개념에 대한 재검토을 제안하며 지식인의 개념 자체를 열어뒀다. 맑스는 『정치경제학 비판 요강』 중 「기계에 관한 단상」으로 알려진 장에서 일반지성을 언급했다.

대공업이 발전함에 따라 실제적 부의 창조는 노동시간 및 이용된 노동량보다는 노동시간 동안에 운동되고 다시 그 자신의 생산에 소요

되는 직접적인 노동시간과 비례 관계에 있지 않은 작동인자들의 권력(이들의 강력한 효율성)에 의존하고, 오히려 과학의 일반적 상태와 기술 진보 또는 이 과학의 생산에의 응용에 좌우된다. …… 실재적 부는 오히려 이용된 노동시간과 그 생산물 사이의 엄청난 불비례에 서뿐만 아니라 순수한 추상으로 축소된 노동과 그것이 감시하는 생산 과정의 강권 사이의 질적인 불비례에서도 표명된다. …… 자연은 기계, 기관차, 철도 전보, 자동 방직기 등을 제작하지 않는다. 이들은 인간의 근면의 산물이다. 자연을 지배하는 인간 의지의 기관이거나 자연에서의 인간 의지의 활동 기관으로 전환된 자연적 재료이다. 그것들은 **인간의 손으로 창출된 인간 두뇌의 기관들**이다. 대상화된 지력이다. 고정자본의 발전은 일반적인 사회적 지식이 어느 정도까지 직접적인 생산력으로 됐고, 따라서 사회적 생활 과정 자체의 조건들이 어느 정도까지 일반지성의 통제 아래 놓였으며, 이 지성에 따라 개조되는가를 가리킨다. 사회적 생산력이 지식의 형태로뿐만 아니라 사회적 실천의 기관들, 현실적 생활 과정의 직접적인 기관들로서 어느 정도까지 생산됐는가를 가리킨다.5)

공산주의 혁명의 세기 동안, 맑스-레닌주의 전통은 일반지성 개념을 경시한 채 제쳐뒀다. 탈산업적 생산의 변형 속에서 일반지성이 핵심 생산력으로 떠올랐는데도 말이다. 디지털 테크놀로지와 전지구적 텔레마틱 네트워크가 형성된 20세기 말에야 사회적 과정 전반이 일반지성 개념으로 재규정됐고, 레닌주의적 당 개념이 확실히 폐기됐다. 유기적 지식인이라는 그람시의 개념도 일관성을 잃었다. 왜냐하면 이 개념은 이데올로기를 고수하는 지식인 개념에 기초한 것이었기 때문이다. 그러나 오늘날 중요한 것은 새로운 형태의 사회적 연계를 형성하는 것이다. 일반지성의 사회적 주체성을 대표하는 이 새로운 연계를 우리는 코그니타리아트라고 부를 수 있다.

코그니타리아트와 재조합

오늘날 "무엇을 할 것인가?"를 밝히려면 인지노동의 사회적 기능에 주목해야 한다. 이제 중요한 것은 당 안에 집합적 지식인을 조직할 전위-주체성(유기적 지식인)을 구성하는 것이 아니라 인지노동자들을 조직해 사회적 노동의 순환 전체를 변화시킬 수 있는 요소로 만드는 **운동**의 창출이다. 즉, 당면 문제는 **재조합 기능**, 이윤이 아니라 사회적 효용에 근거한 패러다임 안에서 사회적 생산의 다양한 영역을 가로질러 재조합할 수 있는 주체성의 기능을 창출하는 것이다.

사회적 기능은 더 이상 일반 노동과 분리되지 않고 지적 노동은 사회적 과정 전반을 횡단하는 기능이 됐다. 사실 이런 과정의 유동성과 재조합적 역량을 가능케 한 것은 기술-언어적 인터페이스의 탄생이었다. **재조합**이란 무엇을 타도하거나 전복한다는 의미도, 숨겨진 사회의 본모습을 드러낸다는 의미도 아니다. 그보다는 이윤이나 가치 축적의 기준이 아닌 다른 기준에 따라 지식의 요소들을 배치한다는 의미이다. 중요한 것은 정치적 대표를 어떻게 구성할 것인가가 아니라 지식의 과정에, 이윤으로부터 자율적일뿐만 아니라 사회적 효용을 중요시하는 인식론적 모델에 근거한 기술적·생산적 연쇄에 형태를 부여하는 것이다. 이제 지식인은 더 이상 자신의 일상적 행위 밖에서 정치적 행동의 영역을 찾지 않는다. 오늘날 그 영역은 지식과 사회적 실천 사이의 횡단적 관계 속에 존재한다.

프로그래머는 프로그래머여야 하고, 의사는 의사여야 하고, 생명공학자는 생명공학자여야 하며, 건축가는 건축가여야만 한다. 레닌주의적 관점에서라면 이들은 소명의식을 지닌 혁명가가 되어야만 했다. 혁명적 의식을 외부로부터 노동자들에게 가져다주는 직업 혁명가. 그러나 오늘날의 맥락에서 프로그래머, 공학자, 의사, 건축가는 무엇보다 각자가 지닌 전문 지식과 활동 분야의 구조·기능을 수정해가며 각자의 인지적 행위를 새롭게 재정립해야 한다.

생산적 노동과 지적 노동이 구조적으로 분리되어 있었을 때는 경제의 영역과 의식을 분리하는 것이 사실상 분석의 첫걸음일 수 있었다. 그러나 지적 노동이 광범위한 생산 과정에 종속되는 순간, 이런 분리는 의미를 잃게 된다. 생산은 더 이상 교환 법칙에 배타적으로 지배받는 순수한 경제적 과정이 아니다. 경제 외적 요소들이 그 과정 속으로 들어오기 때문인데, 노동 순환이 지식화되어갈수록 이 요소들은 더욱 중요해진다. 사회의 문화, 상반되는 상상력, 예측과 실망, 혐오와 고독이 들어와 생산 과정의 리듬과 유동성을 수정하는 것이다. 이제 사회의 생산성은 감정적·이데올로기적·언어적 영역에서 좌우된다. 이 사실은 감정적·언어적·계획적 영역이 가치의 생산 과정에 더 깊숙히 연관될수록 더욱 명확해진다. 이런 전제 아래 크랄은 20세기 노동운동의 정치적 기획을 비판했다.

사회적 [재]조합은 더 많은 생산의 과학화를 통해 생산을 총체화하며 생산 자체를 일종의 '전인적 노동자'Gesamtarbeiter로 만들어버린다. 그러나 이와 동시에 …… 각각[개별 노동자들]의 노동 능력을 점점 더 찰라적인 것으로 만들어버리기도 한다. …… 생산적으로 변형된 과학과 기술은 체계 자체를 파괴시킬 수 있을 단계까지 발전했다. 이렇듯 생산의 기술적 과학화를 통해 새롭게 사회화된 생산적 노동은 자본이 강제로 노동에 부과한 대상화 형태를 더 이상 참지 못하는 성격을 띠게 됐다. …… 비경험적 범주로서의 계급의식이 구성되는 방식이 숙고되지 못했기 때문에, 계급의식은 대도시에 부적합한 레닌주의적 의미로 은밀히 환원된 채 사회주의 운동에 도입됐다.6)

그렇다면 레닌주의는 조직 모델로서도, 사회적 의식과 그보다 더 넓은 노동 과정 사이의 관계를 나타내는 개념으로서도, 대도시라는 조건 안에서는 부적합한 것이 된다.

또한 우리는 이렇게 덧붙여 말할 수도 있을 것이다. 노동의 사회적 구성이 네트워크의 형태를 취할 경우라면, 이제 레닌주의는 아주 철저하게 부적합한 것이 된다고 말이다. 레닌주의적 관점은 노동 과정과 더 상위의 인지적 활동(즉, 의식) 사이의 분리에 근거한다. 이런 분리는 노동자가 자신의 직무와 관련된 지식은 갖고 있지만 사회를 구조화하는 지식 체계에 대해서는 전혀 모르고 있는 산업 노동의 원형적 형태에 기초해 있다. 그러나 전례없이 파편화되고 반복적인 노동 활동을 강요받는 대중노동자들7)이 전복적이고 반자본주의적인 측면에서 각자의 사회성을 즉각적으로 발전시켜가는 시기가 되면, 이런 분리의 토대는 훨씬 더 취약해져버린다. 그리고 결정적으로, 우리가 정신 노동에 대해 다룰 때, 단일화된 지적 노동자가 생산의 순환 전반을 관장하는 사회의 지식 체계에 대해 (제아무리 왜곡되고, 비일관적이고, 파편적일지라도) 특정한 의식과 인식을 가지게 될 때, 이런 분리는 더 이상 아무런 토대도 가질 수 없게 된다.

인지적 생산자들이 스스로를 광범위하게 조직할 수 있도록 해준 1990년대의 닷컴 열풍에서 이 모든 것이 너무나 분명해졌다. 인지적 생산자들은 성공을 향한 각자의 욕망에 돈을 대줄 수단을 주식시장에서 찾으며 각자의 능력, 지식, 창조성을 투자할 수 있었다. 그러나 다분히 자유주의적 낙천주의의 광적인 이데올로기가 지배했던 닷컴 열풍은 결국 인지노동자들이 금융자본에게 굴복하게끔 만들었다. 그렇다고는 해도 닷컴 시대에 실제로 전개된 과정에는 기술혁신적 요소뿐만 아니라 사회적 요소도 포함되어 있었다. 1990년대 후반에 들어와 첨단 기술을 이용하는 생산의 회로 안에서 진정한 계급투쟁이 발생했던 것이다. 네트워크[가령 인터넷]의 생성 과정은 이런 투쟁으로 특징지어졌다. 소프트웨어, 텔레커뮤니케이션, 엔터테인먼트, 광고 분야의 독점 기업들은 집단지성의 노동으로 이득을 취했고, 이제는 집단지성으로부터 자기조직화의 수단들을 빼앗아 유연하고 불안정하며 세포화된 종속의 상황에 밀어 넣으려 하고 있다. 닷컴 기업들은 [새로운] 생산 모델과 시장을 만들기 위한 일종의 실험실이었다. 결국 시장은 독점 기업에게 포획당해 숨통이 막혔고, 그 과정에서 자기경영자들은 독점 기업에게 강탈당하고 소규모 벤처 자본가들은 해체됐다. 이렇게 새로운 국면이 시작됐다. 네트워크 경제의 순환에서 유리한 고지를 점령한 독점 기업들은 낡은 경제의 지배 집단(부시 일당, 석유산업과 군부의 대표자들)과 동맹을 맺었고, 이 동맹은 세계화라는 특정한 계획을 가로막는 방해물이 됐다. 신자유주의는 그 자신의 반대물을 만들어냈다. 즉, 독점주의적 지배와 국가-군사 독재를. 자유주의 이데올로기의 열렬한 지지자였던 인지노동자들은 그 이데올로기의 주변화된 피해자가 된 것이다.

신경제의 이데올로기는 모두가 체제로부터 높은 보상을 받고 경제적 부를 얻을 수 있다고 암묵적으로 약속했다. 그러나 2000년경을 기점으로 신경제라는 사상누각은 이내 무너져 내렸고 가상계급의 위기가 시작됐다. 경제에 투여됐던 정신적 에너지는 모두 사라져 버렸다. 온갖 혁신적 분야는 높은 보수를 받을 수 있는 가능성은 고사하고 괜찮은 직장조차 사라져가는 상태에 처해 있다. 최근 들어 이런 불안정성은 공황 상태로 변할 위험에 처해 있다.

이런 시나리오의 변화는 인지노동의 순환을 둘러싼 재조합의 전망에 변화를 가져왔다. 경제의 회로 속에 둘러싸여 자기확신에 가득 차 있던 가상계급은 스스로를 물질 세상의 온갖 고난과 상관 없는 존재, 주기적인 경제위기로부터 안전한 존재라고 믿어왔다. 그러나 이제 가상계급은 스스로를 코그니타리아트, 특별한 지적 수단을 가지고 있는 프롤레타리아트, 자본주의 사회가 기대고 있는 일종의 지식 저장소로 인식할 수밖에 없는 상황에 처해 있다. 행복했던 여피족이 자신도 착취당하는 노동자라는 사실을 깨닫게 된 것이다. 바로 이런 깨달음 속에 인지노동의 자기조직화를 위한 조건이 존재한다. 최근 수십 년간 생산 과정 속에서 스스로를 입증한 진화를 통해 지식인의 형상이 완전히 새롭게 재정의된 것이다.

| 자본주의적 사이버시간에 대항하는 코그니타리아트 |

로자 룩셈부르크는 자본주의가 그 속성상 지속적으로 팽창되는 방향으로 나아간다고 믿었다. 자본이 자신의 영역을 끊임없이 확장해가도록 해주는 자본주의의 이런 지속적 팽창 욕구가 정치적·경제적·군사적으로 표현된 것이 바로 제국주의였다.

그러나 이 지구상의 모든 공간이 자본주의 경제의 힘에 종속된다면, 일상생활에 필요한 사물이 모두 상품이 된다면 무슨 일이 생길까? 근대 후기에 들어와 자본주의는 더 팽창할 가능성을 모조리 소진해버린 듯했다. 한동안 지상 이외의 공간을 정복하는 것이 자본주의의 팽창을 계속할 수 있는 새로운 방향처럼 보였다. 그에 따라 자본주의는 무엇보다 내적 공간, 내면의 세계, 마음의 공간, 영혼의 공간, 시간의 공간을 정복하는 방향으로 발달하게 됐다.

근대의 자본주의는 시간의 식민지화를 근본 목표로 삼아 발달해왔다. 자본주의가 인간의 정신과 일상생활 속에 만들어낸 인류학적 변이는 특히 시간에 대한 지각의 변화였다. 그런데 절대적 가속화를 가능케 한 디지털 테크놀로지의 확산으로 새로운 일이 발생하게 됐다. 정신의 공간과 마찬가지로, 시간이 주요 전장이 된 것이다. 정신-시간, 사이버시간이 말이다. 그러므로 **사이버공간**이라는 개념과 **사이버시간**이라는 개념을 명확히 구분해야만 한다. 이 구분이 오늘날 벌어지고 있는 투쟁의 기술-주체적 배치를 이해하는 데 핵심이 된다. '코그니타리아트'라는 새로운 지적 형상의 역량은 자본주의적 사이버시간의 전제적 작동방식에 인해 재영토화되고 있다.

사이버공간은 수많은 인간과 언표행위의 기계적 근원이 연결되는 영역이자, 인간의 정신과 기계가 연결되는 무한히 확장 중인 영역이다. 이 영역은 유기체적 신체가 전자 기계의 비유기체적 신체와 교차하는 지점이기 때문에 무한정 커질 수 있다. 그러나 사이버공간만이 이런 교차가 전개되는 유일한 차원은 아니다. 이 과정의 반대편에는 사이버시간이 있다. 사이버시간은 이 과정의 유기체적 측면이며, 그래서 유기체적 요소에 의해 팽창을 제약당한다. 인간 두뇌의 정교화 능력은 약물, 훈련, 주의집중, 지적 능력의 확장 등으로 인해 팽창될 수 있다. 그러나 이 팽창은 의식적 유기체의 감정적·감성적 측면과 연결된 시간에 의해 제한당할 수밖에 없는 것이다.

흔히 사이버공간이란 모든 인간 단말기를 다른 모든 인간 단말기와, 인간을 기계 단말기와 가상적으로 연결함으로써 무한한 관계맺음을 가능케 하는 리좀적 체계의 전지구적 세계라 할 수 있다. 사이버공간은 신경텔레마틱적 리좀이며, 그래서 인간의 정신과 전자 기기를 연결하는 비위계적·비선형적 네트워크이기도 하다. 이와 달리 사이버시간은 순수하게 확장 가능한 차원이 아니다. 왜냐하면 사이버시간은 의식적 유기체들이 사이버공간으로부터 들어오는 정보를 정교화하는 데 투여하는 경험의 강도와 관련 있기 때문이다.

사이버공간의 객체적 영역은 디지털 복제의 속도로 확장되지만 사이버시간의 주체적 중핵은 느린 리듬, '신체성'의 리듬, 기쁨과 고통의 리듬에 맞춰 진화한다. 그래서 세계를 구성하는 기술이 변하면, 인지적 수용과 심리적 반응은 그 변화를 선형적 방식으로 쫓아가지 못하게 된다. 기술적 환경의 변이가 문화적 습관이나 인지적 모델의 변화보다 훨씬 더 빠른 속도로 일어나는 것이다.

정보영역의 층이 조밀해질수록 정보자극은 인간의 주의력을 구성하는 모든 원자를 침략하게 된다. 사이버공간은 무제한적인 방식으로 커지지만 정신의 시간은 무한하지 않다. 사이버시간의 주체적 중핵은 유기체적 질료의 느린 리듬을 따른다. 유기체가 정보에 노출되는 시간을 늘릴 수는 있겠지만 경험은 일정한 한계 이상을 초과할 수 없다. 한계를 넘어서 경험이 가속화되면 자극에 대한 의식은 감소된다. 또한 감수성의 영역인 심미적 영역, 무엇보다 중요하게 윤리의 영역과 관련된 경험의 강도를 잃게 된다. 이렇게 되면 타인에 대한 경험은 진부한 것이 되고, 타인은 무한하고 광적인 자극의 일부가 되어 그만의 특이성과 강도를, 그만의 아름다움을 잃게 된다.

결국 우리는 호기심을 덜 가지게 되고 덜 놀라게 된다. 대신 스트레스를 더 많이 받고 더 공격적이 되며 더 많은 불안과 공포를 겪게 된다. 가속화는 곧 경험의 빈곤을 낳는다. 왜냐하면 우리는 우리가 지닌 기쁨과 지식의 양식으로는 도저히 정교화할 수 없을 만큼 빠르게 커지는 자극의 덩어리에 노출되기 때문이다.

반복건대 우리에게 정보는 많지만 의미는 적다. 정보는 많지만 기쁨은 적다. 감수성은 시간 안에 존재하고 관능은 느림 안에 존재하는데 정보의 공간은 너무나 광대하고 빨라서 정보를 충분히 깊고 강렬하게 정교화할 수 없다. 오늘날 진행 중인 변이의 근본적 난점은 전자적 사이버공간과 유기체적 사이버시간의 교차점에 존재한다. 인류의 대다수는 비디오-전기적 흐름의 침략에 종속당하고, 유기체적 문화 속에 퍼져 있는 인식의 코드, 현실의 인지의 코드 위에 강제적으로 덧씌워진 디지털 코드에 의해 고통받고 있다.

사회적 행위 속에서 갈수록 확산되고 있는 정신병리적 유행병 역시 방출의 형식(기술통신적 시스템)과 수취의 형식(사회의 정신) 사이의 간극과 비대칭에 기인한다. 네트워크 테크놀로지에 의한 가속화, 인지노동의 불안정성과 종속이라는 조건 등은 생산 네트워크의 속도에 강제적으로 종속되어 있기 때문에 인간의 주의력을 포화상태로 만들어 병리적 수준에까지 이르게 만든 것이다.

노동 과정에서 시간의 이용 가능성은 더 이상 존재하지 않는다. 주의력은 포화상태에 처했다. 우선 작업 와중에 주의를 기울일 시간조차 없다. 둘째, 감응할 수 있는 시간, 에로티시즘 같은 공간적 관심, 즉 자신과 타인의 신체에 관심을 가질 시간이 없다. 그에 따라 감수성은 점점 무뎌지게 된다. 그렇다면 더 이상 주의나 관심을 기울일 시간을 가지지 못하게 될 때 우리에게는 어떤 일이 발생할까?

우선 사물을 제대로 인식하지 못하게 될 것이다. 더 이상 합리적인 방식으로 결정을 내리지 못하게 되는 것이다. 바로 이런 상황이 정신의학자들이 공황이라고 정의하는 효과를 낳는 것이다. 사회는 공황, 정신병리의 확산, 둔감화, 탈정서화의 상태에 빠질 위험에 처해 있다. 타인과 맞닥뜨리는 것을 성가셔하고 타인에게 공격적으로 반응하는 것은 서구가 빠져든 새로운 전쟁 분위기의 근원이다.

강조하건대 이런 사회적 정신병리의 기원을 이해하려면 사이버공간과 사이버시간의 관계를 살펴봐야 한다. **사이버공간은 일반적 지능, 일반지성, 네트워크의 무한한 생산력이다.** 막대한 수의 점들이 비중심적·비위계적으로 접속될 때 기호의 생산물, 즉 지적 상품이 무수히 등장한다. 이에 반해 사이버시간은 결코 무한하지 않다. **사이버시간은 정보를 정교화하는 유기체적·물리적·한정적 역량이다.** 이 능력은 우리의 정신에 근거한다. 우리의 정신에는 정교화할 시간의 느림, 정보를 정서적으로 특이화할 시간이 필요가 있다. 정교화에 필요한 시간이 사라진다면 인간의 정신은 기계 네트워크의 리듬을 억지로 따를 수밖에 없다. 그리고 이런 상황은 개인적 수준에서는 공황과 우울증, 집단적 수준에서는 보편화된 공격성으로 나타나는 병리를 낳는다.

오늘날 "무엇을 할 것인가?"에 대한 한 가지 대답은, 지식인과 급진적 교육학이 사이버공간과 사이버시간 사이의 간극에서 뭔가를 배워야 한다는 것이다. 가상적 차원에 예속된 코그니타리아트를 해방시킴으로써만, 느린 감응성과 노동으로부터의 자유의 역동성을 재활성화함으로써만, 집합적 유기체는 감수성·합리성을 회복하고, 평화롭게 살 수 있는 능력을 다시 얻을 수 있을 것이다.

| 지식인, 코그니타리아트, 사회적 구성 |

오직 권력에서 자율적인 과학만이 자본주의를 요새화하는 자동화의 사슬을 해체할 수 있다. 이것은 더 이상 소수의 핵물리학자들만이 아니라 과학과 테크놀로지, 행정, 교육과 치료 분야에 종사하는 수백만 명의 노동자들 모두에게 해당되는 문제이다.

나는 프리웨어나 오픈소스가 자본주의의 영역 바깥에 존재한다고 생각하지 않는다. 이와 유사하게 오래전 포드 공장에서 일어난 노동자들의 집단 파업과 자기조직화 역시 자본주의의 영역 바깥에 존재했다고 생각하지 않는다. 오늘날 자본주의의 영역 바깥에 존재하는 것은 아무것도 없다. 왜냐하면 자본주의 자체가 코뮨주의 같은 새로운 총체성에 의해 지양되도록 만들어진 변증법적 총체성이 아니기 때문이다. 자본은 사회적 활동의 인지적 틀이자 사회의 심리와 인간의 테크네[8] 속에 심어진 기호적 틀이다. 노동거부, 일시적 자율지대,[9] 오픈소스, 프리웨어 등, 이 모든 것은 새로운 총체성이 아니라 사람들로 하여금 자율성의 공간을 찾고 자본주의를 점진적 쇄신의 방향으로 밀어붙이는 역동적 재조합인 것이다.

지식의 전달 과정에서는 '파워포인트'의 세부적 작동방식 같은 것이 과학의 '신기관'[10]이 되어버리는 위험이 일어날 수 있다. 오늘날 지식은 '자주 묻는 질문들'(FAQ) 같은 기능적 시스템, 교수법·방법론·지식 내용의 디지털화 같은 것으로 환원된다. 맑스가 어딘가에서 프롤레타리아트를 일컬어 독일 고전 철학의 상속인이라고 쓴 것을 기억할 것이다. 그 표현은 단순히 하나의 은유였다. 그러나 오늘날 우리는 코그니타리아트를 엄밀한 말 그대로의 의미에서 근대 과학과 철학의 상속인, 근대 예술과 시의 상속인이라고 부를 수 있다. 그런 의미에서 코그니타리아트의 사회적 해방은 그들이 지식의 기술적·사회적 영향력을 수용하는 것이라고 할 수 있다.

레닌주의의 전통에서 당은 프롤레타리아트의 대의에 봉사하기로 결심한 지식인들의 전문적 조직이었다. 이런 레닌주의적 당 개념에 그람시는 결정적인 혁신의 요소를 도입했다. 즉 문화적 헤게모니라는 주제, 정치권력의 장악 과정에서 이데올로기가 차지하는 특수성이라는 주제 등을 도입했던 것이다. 그러나 근본적으로 그람시는 지식인이란 비생산적 인물이라는 생각, 그리고 문화는 이데올로기적 가치들의 순수한 합의라는 생각을 고수했다. 1900년대 동안에 전개된 문화의 산업화는 이런 생각을 수정했는데, 비판이론은 프랑크푸르트에서 할리우드로 이동하며 이 점을 깨닫게 됐다. 발터 벤야민, 헤르베르트 마르쿠제, 테오도로 아도르노, 막스 호르크하이머, 베르톨트 브레히트, 지크프리트 크라카우어가 바로 이런 이행을 기록했다. 그러나 디지털 웹이 전지구적 노동 과정을 파편화하고 재조합함에 따라 지적 노동은 맑스가 『정치경제학 비판 요강』에서 '일반지성'이라는 표현으로 정의내린 형태를 취하게 됐다.

피에르 레비는 이 일반지성을 일컬어 '집단지성'이라고 불렀고, 데릭 드 커코브는 이것이 실제로는 '접속지성'이라고 지적한다. 무한히 파편화된 인지노동의 모자이크는 보편적인 정보통신 기술의 네트워크 안에서 일종의 유동적인 과정이 되며, 그에 따라 노동과 자본의 모습도 재규정된다. 자본이 전지구적 경제의 혈관을 따라 흐르는 일반화된 기호의 흐름이 됐다면, 노동은 서로 연결된 무수한 기호 행위자들의 지성을 지속적으로 활성화하는 것이 되어버렸다.

파올로 비르노, 크리스티앙 마라치, 카를로 포르멘티, 마우리치오 라자라토 등이 이끈 이탈리아의 구성주의적 사유는 1990년대에 맑스의 '일반지성' 개념을 다시 가져오면서 '대중지성'이라는 개념을 도입했고, 노동과 언어 사이의 상호작용을 강조했다.

WHAT IS
THE MEANING OF
AUTONOMY TODAY?

4장
오늘날 자율성의
의미는 무엇인가?

나는 여기서 자율주의라 불리는 운동의 역사를 설명하기보다는 노동 거부, 계급 구성 같은 몇몇 개념을 개괄적으로 살펴보며 그 운동의 특성을 살펴보려 한다. 언론인들은 1960년대에 이탈리아에서 나타난 정치적·철학적 운동을 정의하기 위해 종종 '노동자주의'라는 단어를 사용한다. 나는 이 용어를 정말 싫어한다. 왜냐하면 이 용어는 근대 후기의 사회적 역동 속에서 나타난 사회 현실의 복잡성을 단순히 산업 노동자의 중요성이라는 기준점으로 환원하기 때문이다.

마리오 트론티, 로마노 알콰티, 라니에로 판지에리, 안토니오 네그리 등의 작업에서 그 기원을 확인할 수 있는 이 철학적·정치적 운동은 헤겔적 주체 개념에서의 해방에 주안점을 뒀다.

우리는 헤겔의 유산에서 물려받은 역사적 주체 대신에 '주체가 되는 과정'에 대해 말해야 한다. 개념적으로 주체화가 주체를 대신하는 것이다. 이런 개념적 이동은 프랑스의 포스트구조주의에 의해 동시대의 철학적 지형이 수정된 것과 매우 긴밀한 관계에 있다. 주체를 대신하는 주체화. 이것은 우리가 정체성이 아니라 '되기'의 과정에 집중해야 한다는 것을 의미한다. 또한 이것은 사회 계급의 개념을 존재론적 개념으로 볼 것이 아니라 [특정한 크기와 방향성을 가지는] 벡터적 개념으로 봐야 한다는 것을 의미하기도 한다.

자율주의 사상의 틀에서 사회 계급의 개념은 사회적 욕망의 투여로 재정의됐고, 이것은 곧 문화, 섹슈얼리티, 노동거부를 의미했다. 1960~70년대에 『노동계급』과 『노동자의 힘』 같은 잡지에 기고한 사상가들은 욕망의 사회적 투여에 대해 말하지 않았다. 그들은 훨씬 더 레닌주의적으로 말했다. 그러나 그들의 철학적 움직임은 당대의 정치 지형에 중요한 변화를 낳았다. 즉, 노동자의 정체성을 중시하는 데서 주체화 과정을 탈중심화하는 쪽으로 간 것이다.

펠릭스 가타리는 주체가 아니라 '주체화 과정'에 대해 말해야 한다고 항상 강조해왔다. 이런 관점에서 우리는 '노동거부'라는 표현이 무엇을 의미하는지 이해할 수 있을 것이다.

노동거부는 노동자들이 착취당하는 것을 원하지 않는다는 당연한 사실만이 아니라 그 이상의 뭔가를 의미한다. 노동거부란 착취로부터 물러나는 일상적 활동, 삶의 가치를 줄이면서까지 자본의 가치를 증식시키고 잉여가치를 생산하라는 의무를 거부하는 행동이 자본주의의 재구조화, 기술적 변화, 사회 제도의 전반적 변형을 가져올 수 있다는 것을 의미한다. 내가 '노동자주의'라는 용어를 좋아하지 않는 이유는 이 용어가 은연 중에 협소한 사회적 지시대상(즉, 노동자operai)으로 모든 것을 환원하기 때문이다. 그래서 나는 '구성주의'라는 용어를 더 즐겨 쓴다. '사회적 구성'이라는 개념, 혹은 (지금 우리가 논의하고 있는 일군의 사상가들에 의해 널리 쓰인) '계급 구성'이라는 개념은 사회의 역사와 관련이 있다기보다는 사회의 화학과 더 큰 관련이 있다고 말할 수 있을 것이다.

나는 사회적 현상이 발생하는 장소가 헤겔이 말하는 식의 견고하고 험난한 역사적 영토가 아니라 문화, 섹슈얼리티, 질병, 욕망 등이 서로 싸우고 만나고 뒤섞이면서 그 풍경을 끊임없이 바꿔나가는 화학적 환경이라고 보는 생각을 좋아한다. 구성이라는 개념을 쓴다면 우리는 1970년대의 이탈리아에서 벌어진 일들을 더 잘 이해할 수 있으며, 자율주의의 의미도 더 잘 이해할 수 있다. 주체를 구성하는 것이 아니라, 인류와 사회의 운명을 강력하게 동일시하는 것이 아니라 사회적 관계와 성적 동일시·반동일시를 끊임없이 바꿔나가는 것, 노동을 거부하는 것, 바로 그것이 자율주의이다. 실제로 노동거부는 욕망의 사회적 투여가 지닌 복잡함에 의해 양산되는 것이다.

이렇게 본다면 자율성은 사회적 삶이 경제권력에 의해 부과되는 훈육적 규제에만 의존하는 것이 아니라 살아 있는 사회의 자기구성 과정인 내적 전치轉置, 이행, 정착, 분해 등에도 의존한다는 것을 의미한다. 그러니까 투쟁, [착취로부터의] 물러남, 소외, 사보타주, 자본주의적 지배 체제로부터의 탈주선 등에 말이다.

자율성은 사회의 시간이 자본주의의 시간성에서 독립하는 것을 말한다. 바로 이것이 노동거부의 의미이다. 요컨대 단순히 "난 일하러 가기 싫어. 자는 게 더 좋아"라고 말하는 것이다. 그러나 이 게으름이 지식, 테크놀로지, 진보의 원천이다. 자율성은 독립적인, 그러면서도 훈육적 규범과 상호작용하는 사회체의 자기조절이다.

자율성에는 거의 알려지지 않은 또 다른 측면도 존재한다. 노동자들이 각자에게 주어진 규율화된 역할에서 벗어나 자율적이 되려고

밥 라이트·존 휴스턴, 『바람과 함께 사라지다』(1982) 미국의 대통령 로널드 레이건과 영국의 수상 마거릿 대처의 정책적 동반자 관계는 수많은 비판자들의 조롱거리였다. 각각 '레이거노믹스'(정부 지출 삭감, 세금 인하, 긴축통화, 탈규제 등)와 '대처리즘'(공공 지출 삭감, 국영 기업의 민영화, 노동조합의 활동 규제, 금융시장의 활성화 등)으로 상징되는 신자유주의 정책을 폈던 이들의 관계는 위 패러디 포스터의 문구 그대로 "역대 최고의 폭발적인 러브 스토리"였다. 그야말로 이들은 전 세계를 폭발시켰다.

했던 과정이 사회를 뒤흔들었고, 이로써 자본주의의 탈규제를 유발했다는 점이다. 마거릿 대처와 로널드 레이건의 시대 동안 세계 무대에 입장한 탈규제는 노동에 부과된 훈육의 질서로부터 자율성을 확보하려는 움직임에 대한 자본주의의 대응이라고 볼 수 있다. 노동자들은 자본주의의 규제로부터의 자유를 요구했다. 그러자 자본 역시 똑같은 것을 요구했다. 반대의 방식으로 말이다. 국가의 규제로부터의 자유는 사회라는 조직체에 드리운 경제적 폭정이 됐다. 노동자들은 산업 공장이라는 평생의 감옥으로부터의 자유를 요구했고, 탈규제는 노동의 유연화와 프랙탈화로 이에 응답한 것이다.

1970년대의 자율주의 운동은 위험한 과정을, 자본주의의 훈육적 지배에 대한 사회의 거부가 탈규제, 기업들의 국가로부터의 자유, 사회 안전망의 파괴, 인원 감축과 생산의 외부화, 사회적 지출의 삭감, 감세, 유연화 등의 형태를 띤 자본주의의 복수로 변해가는 과정을 촉발한 것인지도 모른다. 실제로 자율주의 운동은 한 세기 동안 지속된 노동조합과 국가의 규제가 만들어낸 사회적 틀을 탈안정화시켰다. 우리는 엄청난 실수를 한 것일까? 자본주의의 탈규제를 촉발한 듯한 우리의 사보타주와 불찬성 행위, 자율성의 행위, 노동거부의 행위를 후회해야 마땅한 것일까? 절대 그렇지 않다.

사실 자율주의 운동은 자본주의의 움직임을 앞질렀다. 그러나 탈규제 과정은 다가올 자본주의의 탈산업적 발달 속에 이미 새겨져 있었고, 기술적 재구성과 생산의 전지구화 속에 원래부터 내재되어 있었다. 노동거부, 공장의 정보화, 인원 감축, 외주화, 노동의 유연화 사이에는 확실히 밀접한 관계가 있다. 그러나 이 관계는 단순한 인과 사슬보다 훨씬 더 복잡하다. 탈규제 과정은 자본주의적 기업들로 하여금 세계화의 과정을 촉발할 수 있도록 해준 새로운 테크놀로지의 발전 속에 이미 새겨져 있었다. 이와 동일한 기간 동안에 미디어의 영역에서도 유사한 과정이 발생했다.

1970년대의 자유라디오 방송국들을 생각해보라. 당시 이탈리아에는 국가가 방송을 독점하고 있었고 자유 방송은 금지된 상태였다. 1975~76년경 일군의 미디어 활동가들이 볼로냐의 라디오 알리체 같은 소규모 자유라디오 방송국을 만들기 시작했다. (이탈리아공산당 같은) 전통적 좌파는 공적 미디어 체계가 약화되어 미디어의 사적 소유를 가능케 할 위험이 있다고 경고하며 이 미디어 활동가들을 비난했다. 오늘날 이 정통 국가주의 좌파들이 옳았다고 할 수 있을까? 나는 그렇게 생각하지 않는다. 당시에도 그들은 틀렸다. 왜냐하면 국가 독점 방송국의 종말은 불가피한 것이었고, 중앙집권화된 미디어보다는 표현의 자유가 훨씬 낫기 때문이다. 정통 국가주의 좌파들은 보수 세력이었고, 탈산업적 이행이라는 새로운 기술적·문화적 상황에서 더 이상 지속될 수 없는 낡은 틀을 보존하려고 간절히 노력하면 할수록 자신들에게 드리운 패배의 운명을 피할 수 없었다.

우리는 소비에트 제국과 소위 '진정한 사회주의'의 종말에 대해서도 이와 똑같이 말할 수 있을 것이다.

모두 다 알고 있듯이, 러시아 사람들의 삶은 지금보다 20년 전이 더 나았다. 러시아 사회의 표면적인 민주화는 사회 안정망의 파괴, 공격적인 경쟁, 폭력, 경제적 부패 같은 사회적 악몽과 하등 다를 바 없었다. 그러나 사회주의 체제의 붕괴는 불가피했다. 왜냐하면 당시의 질서가 욕망의 사회적 투여의 역동성을 막았고 전체주의 정권이 문화적 혁신을 방해했기 때문이다. 이 공산주의 정권의 붕괴는 집단지성의 사회적 구성 속에, 새로운 전지구적 미디어가 창출한 상상력 속에, 욕망의 집단적 투여 속에 이미 새겨져 있었다. 자본주의가 천국이 아니라는 것을 알면서도 민주적 지식인들과 반체제적 문화 세력이 사회주의 체제에 맞서 싸운 것은 바로 이 때문이었다. 오늘날 탈규제는 이전의 소비에트 사회를 유린하고 있으며, 사람들은 전례 없는 착취·불행·굴욕을 겪고 있다. 그러나 이런 이행은 불가피했고, 어떤 면에서는 진보적인 변화라고도 볼 수 있다.

탈규제는 단지 사적 기업들이 국가의 규제로부터 해방되고, 공적 지출과 사회 안전망이 축소되는 것만을 의미하지 않는다. 탈규제는 노동 유연성의 증가를 의미하기도 한다. 노동 유연성이라는 현실은 자본주의적 규제로부터의 해방의 이면이다. 우리는 노동거부와 그에 뒤따른 유연화 사이의 연관성을 과소평가해서는 안 된다.

내 기억으로, "불안정성은 좋은 것이다"라는 생각은 1970년대 자율적 프롤레타리아트 운동의 사상 중에서도 가장 강력한 것이었다. 당시만 해도 직업의 불안정성은 평생 지속되는 안정적 정규 노동에서 자율을 획득하는 형태였다. 1970년대에 많은 사람들은 몇 달 동안 일한 뒤 한동안 여행을 떠나고 돌아와서는 다시 한동안 일을 했다. 거의 완전고용에 가까운 시대, 평등주의 문화의 시대에는 이런 형태의 노동이 가능했다. 이런 상황 속에서 사람들은 자본가들의 이해관계가 아니라 자신의 이해관계에 따라 일할 수 있었다. 그러나 확실히 이런 상황은 영원히 지속되지 못했고, 1980년대 신자유주의의 공격은 이 힘의 균형을 뒤집는 것을 목표로 삼았다.

탈규제와 노동의 유연화는 노동자의 자율성이 가져온 결과이자 역전 현상이었다. 그러나 우리가 이 점을 이해하려고 노력해야 하는 것은 단지 역사적 이유 때문만은 아니다. 노동이 완전히 유연화된 오늘날 무엇을 해야 하는지를 이해하려면, 자본가들이 사회적 욕망을 어떻게 가로챌 수 있었는지를 이해해야 하기 때문이다.

| 인지노동과 재조합적 자본 |

지난 세기에 기계의 정보화는 생산의 비물질성을 촉진하면서 노동을 유연화하는 데 결정적 역할을 담당했다.

새로운 전자 테크놀로지가 생산의 순환 속에 도입됨으로써 정보-상품의 탈영토적이고 비국지적이며 비인격화된 전지구적 네트워크가 생성되는 길이 열렸다. 그에 따라 노동의 주체는 점점 더 정보-생산의 전지구적 네트워크와 동일시될 수 있었다.

산업 노동자들은 공장에서의 역할을 거부함으로써 자본의 지배로부터 자유를 얻을 수 있었다. 그러나 이런 상황은 자본가들로 하여금 잘 조직화된 산업 노동자들을 몰아내고 훨씬 더 유연한 새로운 노동 조직을 창출하기 위해, 노동력을 절약해주는 테크놀로지에 투자하고 노동 과정의 기술적 구성을 바꾸게 만들었다.

노동이 점점 더 지적이고 비물질적인 성격을 띠게 된 것은 생산 형태에서 벌어진 사회적 변화의 일면이다. 지구 전역에 걸쳐 일어난 세계화는 그 변화의 또 다른 측면이었다. 비물질성과 세계화는 서로 보조적·보충적 관계에 있는 것이다. 탈산업 시대에도 산업 노동은 계속 존재하기 때문에 사실상 세계화도 물질적 면을 가지고 있다고 할 수 있다. 그러나 산업 노동은 낮은 임금을 지불하는 것이 가능하고 규제가 제대로 이뤄지지 않는 곳으로 대거 이동했다. 『노동계급』의 1967년 마지막 호에서 트론티는 다가올 시대에 일어날 가장 중요한 현상은 노동계급이 전지구적 수준에서 발달하는 것이라고 썼다.[1] 이 직관은 자본주의적 생산 과정에 대한 분석에 근거해서가 아니라 오히려 노동의 사회적 구성에서 일어난 변형에 대한 이해에 근거한 것이었다. 세계화와 정보화는 서구 자본주의 국가에서 발생한 노동거부의 효과를 예견해줬다고 할 수 있다.

20세기 말의 20년 동안 우리는 재조합적 자본과 인지노동 사이에 모종의 동맹이 맺어졌음을 목격했다. 특정한 산업적 응용에만 긴밀하게 연결된 것이 아니라 한 곳에서 다른 곳으로, 어떤 산업적 응용에서 다른 응용으로, 경제 활동의 한 영역에서 다른 영역으로 쉽게 이전될 수 있는 자본주의의 부문을 지칭할 때 나는 '재조합적'이라고 말한다. 가령 1990년대의 정치와 문화에서 중심 역할을 담당한 금융자본은 재조합적이라 할 수 있다. 인지노동과 금융자본의 동맹은 문화적으로 중요한 결과, 즉 노동과 기업의 이데올로기적 동일시를 가져왔다. 노동자들은 스스로를 자기 자신의 기업가로 보도록 유도됐다. 인지노동자가 자신의 자산인 지적 능력(아이디어, 기획, 공식 등)을 투자해 자신의 기업을 만들 수 있었던 닷컴 시대에 이것은 완전히 틀린 말은 아니었다. 헤르트 로빙크가 자신의 놀라운 저서 『다크 파이버』[2]에서 '닷컴 열풍'이라고 정의한 시대가 바로 이때였다.

닷컴 열풍이란 무엇이었나? 1990년대 당시 대중이 금융 투자에 참여하기 시작하면서 인지적 생산자들의 광범위한 자기조직화 과정이 시작됐다. 인지노동자들은 숙련기술, 지식, 창조성을 투자했고 주식시장에서 기업을 시작할 수 있는 방법을 찾게 됐다. 그 뒤 몇 년 동안 기업이라는 형태는 금융자본과 높은 생산력의 인지노동이 만나는 지점이 됐다. 1990년대의 (미국) 사이버문화를 지배한 자유지상주의

자들과 자유주의적 이데올로기는 시장을 순수한 공간으로 표상하며 이상화했다. 이런 환경에서 노동은 진화를 가능케 하는 적자생존의 투쟁처럼 자연스럽게 자기 자신을 가치화하는 데 필요한 수단을 발견해가며 점점 기업으로 변하기 시작했다. 일단 그 자체의 동학에 몸을 내맡기게 되면 그물처럼 뒤얽힌 경제 체제는 소유자와 노동자 모두의 경제적 이익을 최적화할 수밖에 없다. 왜냐하면 가상적 생산의 순환 속에 들어갈 경우 소유자와 노동자의 차이를 감지하기가 점점 더 어려워지기 때문이다. 그러나 케빈 켈리 같은 저술가들이 이론화하고, 『와이어드』가 일종의 디지털 자유주의적이고 냉소적이며 승리에 도취된 세계관으로 변형시킨 이 모델은 새천년의 첫 몇 년 사이에 파산했다. 또한 닷컴 세계 속에서 살던 대부분의 자영 인지기업가들 역시 신경제와 함께 파산했다. 이 모델은 완전한 자유시장이라는 모델이 실질적·이론적으로 거짓말이었기 때문에 파산했다. 장기적 관점에서 봤을 때 신자유주의가 지지한 것은 자유시장이 아니라 독점이었다. 시장은 지식·숙련기술·창조성이 만나는 자유의 장소로 이상화됐지만, 현실은 일군의 지배적 대그룹이 자유지상주의와는 거리가 먼 방식으로 작동한다는 것을 만천하에 여실히 드러냈다. 그들은 기술적 자동화를 도입해 미디어나 돈의 힘을 가지고 뻔뻔스럽게도 주주들과 인지노동을 강탈했던 것이다.

1990년대 중반 이후 첨단 테크놀로지의 생산 순환 속에서는 진정한 계급투쟁이 발생했다. 웹의 등장은 바로 이런 투쟁으로 특징지어진다. 지금으로서는 이 투쟁의 결과가 불명확하다. 물론 자연적인 자유시장이라는 이데올로기가 큰 실수였음은 확실히 밝혀졌다. 독점기업들이 무수한 자영 인지노동자들과 조금은 애처로운 개미 투자자들을 상대로 전쟁을 벌이고 있다는 쓸쓸한 진실은 시장이 아이디어, 기획, 생산적 자질, 서비스의 효용이 평등하게 대면하는 순수한 환경처럼 작동한다는 생각을 일소해버린 것이다.

생존 투쟁에서 살아남는 것은 가장 잘난 사람이나 가장 성공한 사람이 아니라 총(폭력, 강탈, 조직적 절도, 모든 법적·윤리적 규범의 위반이라는 총)을 꺼내든 사람이었다. 조지 부시와 빌 게이츠의 동맹은 시장의 청산을 용인했고, 그 시점에서 가상계급끼리 벌이던 내적 투쟁의 국면은 끝났다. 가상계급의 일부는 기술-군사 복합체로 유입됐고, (대다수인) 또 다른 일부는 기업에서 퇴출되어 프롤레타리아트화라는 명백한 가장자리로 밀려나버렸다. 문화적 차원에서는 코그니타리아트의 사회의식이 형성될 만한 조건이 출현하고 있다. 이 사실이야말로 다가올 시대의 가장 중요한 현상이자 그동안 모든 재난에 해결책을 제공해줄 유일한 열쇠가 될 것이다.

닷컴 기업은 생산 모델과 시장을 연구하는 일종의 훈련소였다. 결국 기업은 시장을 정복해 질식사시켰고 자영 기업가들과 소규모 벤처 자본가들을 강탈한 뒤 쫓아냈다. 그렇게 새로운 단계가 시작됐다. 네트워크 경제의 순환을 지배하게 된 집단들은 예전 경제의 지배 집단(부시 일당, 석유·군수 산업의 대표자들)과 동맹을 형성했다. 이 단계는 세계화라는 계획에 장애물이 나타났음을 알려주는 신호였다. 신자유주의는 그 자신의 반대물을 만들어냈고, 자신의 가장 열렬한 지지자들을 주변화된 피해자로 만들어버렸다.

닷컴이 붕괴되면서 인지노동은 자본으로부터 분리됐다. 1990년대 당시에 자기 자신의 노동을 기업가처럼 관리한다고 생각했던 디지털 숙련공들은 자신들이 기만당했고 모든 것을 몰수당했다는 사실을 천천히 깨닫게 됐다. 바로 이것이 인지노동자들의 새로운 의식 형성을 위한 조건을 만들어줄 것이다. 인지노동자들은 자신들이 모든 생산력을 지니고 있으면서도 그 열매를 소수의 투기업자들, 생산 과정의 법적·재정적 측면을 다루는 데만 능숙할 뿐 생산 자체에는 무지한 자들에게 모두 빼앗겼다는 사실을 깨닫게 될 것이다. 가상계급의 비생산적 부문, 즉 변호사·회계사들이 물리학자, 기술자, 화학자, 작가, 미디어 종사자들이 만들어낸 인지적 잉여가치를 수용하고 있다. 그러나 이 인지노동자들은 기호자본주의의 사법적·금융적 성곽에서 떨어져 나와 사회나 사용자들과 직접 관계를 맺을 수 있다. 또 그래야만 인지노동의 자율적 자기조직화 과정이 시작될 수 있을 것이다. 미디어 행동주의의 경험들, 이주 노동자들의 연대 네트워크 형성이 보여주듯이 이미 이 과정은 시작됐다고 할 수 있다.

우리는 연옥과도 같았던 닷컴 시대, 노동과 자본주의적 기업의 융합이라는 환상, 그 뒤를 이은 지독한 불경기와 끝없는 전쟁을 거쳐서야 오늘날 등장하고 있는 문제를 명확하게 파악할 수 있게 됐다. 한편에는 낡은 산업 경제의 유물, 즉 금융 축적과 공적 지식의 사유화라는 쓸모없고 강박적인 체계가 있다. 다른 한편에서는 생산 노동이 점점 더 사회의 인지적 기능 속에 기입되고 있다. 인지노동자들이 스스로를 코그니타리아트로 인식하며 자본으로부터 자율적인 지식, 창작, 보살핌, 발명, 교육의 제도들을 만들기 시작한 것이다.

| 프랙탈화된 시간과 사회의 병리 |

네트워크 경제에서 유연성은 노동의 프랙탈화라는 형태로 발전해갔다. 프랙탈화란 시간-활동의 파편화를 의미한다. 노동자는 더 이상

한 명의 사람으로 존재하지 않는다. 오늘날 노동자는 언제든지 교체 가능한 존재, 네트워크의 끊임없는 흐름 속으로 들어가는 재조합적 기호현상의 미세한 조각들을 생산해내는 존재일 뿐이다. 자본은 더 이상 장기간 착취당할 노동자의 이용 가능성에 돈을 지불하지 않는 다. 노동하는 사람의 모든 경제적 필요를 채워줄 만큼의 임금을 지불 하지도 않는다. 오늘날 노동자(즉, 단기간만 이용해도 되는 두뇌를 소 유한 단순한 기계)는 딱 정해진 시간의 노동에 대해서만 임금을 지불 받는다. 바로 이것이 노동시간의 프랙탈화·세포화이다. 시간은 세포 단위처럼 네트워크 상에서 판매되고, 기업들은 필요한 만큼만 구입 할 수 있다. 휴대전화는 프랙탈화된 노동자와 재조합적 자본의 관계 를 가장 잘 규정해주는 도구일 것이다.

인지노동이 파편화되고 재조합될 수 있는 지극히 작은 시간의 조 각들이 모인 바다라면, 휴대전화는 인지노동의 조립라인이다. 시간 이 파편화되어 프랙탈의 모습처럼 재조합될 수 있게 유연화되자 한 때 노동인구의 자율성과 정치력으로 간주됐던 것이 이제는 인지노동 자들을 자본주의의 전지구적 네트워크 조직에 완전히 의존할 수밖에 없도록 만드는 요인이 되어버렸다. 한때 노동거부가 있던 곳에 이제 는 정보의 흐름에 대한 감정과 생각의 완전한 의존만이 존재하게 됐 다. 결국 이런 현상은 전지구적 정신을 휩쓸고 있는 일종의 신경쇠약 을 낳았고, 우리가 닷컴 붕괴라 부르는 사태를 유발했다.

닷컴 붕괴와 금융·대중자본주의의 위기는 사회적 욕망의 경제적 투여가 붕괴한 결과라고 볼 수 있다. 나는 붕괴라는 단어를 은유적 의미로 사용하는 것이 아니다. 오히려 붕괴는 서구의 정신 속에서 일 어나고 있는 일을 임상적으로 묘사하는 단어이다. 나는 심리-사회적 유기체의 실질적인 병리적 폭락을 표현하기 위해 붕괴라는 단어를 사용한 것이다. 경제적 폭락의 첫 번째 징조가 나타난 이후에, 그러니까 새천년의 처음 몇 달 동안에 우리는 정신병리적 현상, 전지구적 정신의 붕괴를 목격했다. 내가 보기에 작금의 경제 불황은 심리적 우울증의 부작용이다. 우리는 욕망과 정신적·리비도적 에너지를 장기간 강렬하게 노동에 투여함으로써 붕괴가 일어날 수 있는 심리적 환경을 만들어낸 셈이다. 경제의 침체, 군사적 공격성, 자살 충동이 일어나고 있는 분야에서 이런 붕괴가 여실히 나타나고 있다.

관심 경제는 새로운 세기의 처음 몇 년 동안 중요한 주제로 떠올랐다. 가상노동자들은 점점 더 무엇인가에 관심을 쏟을 시간을 가지지 못하게 됐고, 갈수록 늘어가는 지적 업무를 수행하게 됐다. 가상노동자들에게는 사랑, 다정함, 애정에 자신의 삶을 헌신할 시간이 더 이상 없는 것이다. 심지어 가상노동자들은 전희를 할 시간조차 없기 때문에 비아그라를 복용한다. 휴대전화를 통한 소통은 노동자들의 모든 시간이 완벽하게 장악될 수 있도록 만들었다. 이런 현상의 영향은 사회적 관계의 신경성 병리로 나타난다. 그 증상은 꽤 명확하다. 매달 수백만 통의 프로작이 팔리고, 아이들 사이에는 주의력 결핍 장애가 유행병처럼 퍼지고 있으며, 리탈린 같은 약물이 학생들 사이에서 확산되고, 공황 역시 유행병처럼 퍼져가고 있다.

새천년의 처음 몇 년 동안을 그린 시나리오는 정신병리적 행동의 실질적 물결이 장악했다. 자살 현상은 이슬람 광신도들의 순교라는 경계를 넘어 광범위하게 확산되고 있다. 세계무역센터가 폭발된 이후 자살은 전 세계의 정치 무대에서 핵심적인 정치 행위가 됐다. 공격적 자살을 단순히 절망과 공격성의 현상이라고 봐서는 안 된다. 오히려 종말의 선언으로 봐야 한다. 자살의 물결은 인류에게 주어진 시간이 다 되어가고 있음을, 그리고 절망이 미래에 대해 생각하는 일반적인 방식이 되어가고 있음을 암시하는 듯하다.

그래서 어쩌란 말인가? 내게도 답은 없다. 우리가 할 수 있는 일은 우리가 지금 하고 있는 일을 계속 하는 것이다. 즉, 인지노동의 자기조직화만이 정신병리적 현재를 극복해갈 수 있는 유일한 방법인 것이다. 나는 세계를 이성으로 통치할 수 있다고는 믿지 않는다. 계몽주의 시대의 유토피아는 이미 실패했다. 그러나 나는 자기조직화된 지식이 퍼져나가 무한히 자율적이고 자립적인 세계를 그 안에 담고 있는 사회의 틀을 만들어낼 수 있다고 믿는다.

네트워크의 창출 과정은 너무나 복잡해서 인간의 이성으로는 통치할 수 없다. 전지구적 정신은 너무나 복잡해서 세밀하게 분절된 국지적 정신으로는 파악하거나 지배할 수도 없다. 우리는 전지구적 정신의 힘 전체를 알 수도 없고, 통제할 수도 없고, 통치할 수도 없다. 그러나 우리는 사회성의 단일한 세계를 만들어내는 단일한 과정은 완전히 익힐 수 있다. 그것이 바로 오늘날의 자율성이다.

FRAIL
PSYCHO-SPHERE

5장
흔들리는 심리영역

| 『엘리펀트』 |

1999년 미국 콜로라도 주의 컬럼바인에서 일어난 총기 난사 사건에 바친 강렬한 다큐멘터리 영화(2002년작 『볼링 포 컬럼바인』)에서 마이클 무어는 누구라도 알 수 있는 사실, 즉 공포를 살찌우는 총기 판매와 공격성에 대해 지적했다. 그러나 구스 반 산트는 『엘리펀트』(2003)라는 영화를 통해 똑같은 사건에 대해 더 깊고 미세하게, 즉 더 예리한 관점으로 질문한다. 새천년의 전환기에 성인이 된 세대의 정신 속에서는 무슨 일이 일어났고, 또 일어나고 있을까? 무시무시한 기술적·파괴적 힘을 부여받은 이 세대는 우리에게 어떤 의미이고, 이 세대의 정신적 연약함은 우리를 어디로 데려가고 있을까? 최초의 비디오-전자 세대, 특히 이 세대의 북아메리카적 변종을 규정해주는 것은 바로 저 막강한 기술적 힘과 정신적 연약함의 혼합이다.

자연과학과 정신의학 분야에서는 심리-인지적 변이가 최초의 비디오-전자 세대 전체에 끼친 영향을 과소평가한다. 정치학은 그 영향을 무시하거나 아예 배제해버린다. 그러나 새천년을 맞이한 사회에서 일어난 일을 제대로 이해하려면 우리는 심리영역으로 관심을 돌려야만 한다. 지난 20여 년에 걸쳐 일어난 정보의 침입, 신경의 과부하, 대중화된 정신약리, 진정제, 흥분제, 행복감을 일으키는 약물, 노동시간과 존재시간의 프랙탈화, 공포·고독·두려움으로 바뀐 사회적 불안정성의 영향이 나타난 곳이 바로 심리영역이다. 시간에 기반을 둔 심리적 폭탄이 상호연결된 전지구적 정신의 곳곳에서 폭발하고 있으며, 그 결과는 예측 불가능하다.

최근 몇십 년 동안 유기체는 점점 더 증가하는 신경자극에 노출되어왔다. 의식적 유기체에 가해지는 신경자극의 가속화와 극대화는 우리가 감수성이라고 부르는 인지적 막을 더욱 얇게 만들었다. 유기체는 점점 더 빠른 속도로 인지적·동작적·운동적 반응을 보여줘야 하는 상황에 놓인 반면, 신경자극에 반응할 수 있는 시간은 급격하게 줄어들었다. 이것이 공감 능력이 줄어든 이유일 것이다. 타인의 신체가 존재하고 있음을 제때 지각하는 것이 점점 더 어려워지고 있기 때문에 인간들 사이의 상징적 교환은 아무런 공감 없이 정교화되고 있다. 타인이 감각을 가진 신체임을 경험하려면 시간이, 그 상대방을 쓰다듬고 냄새 맡을 시간이 필요하다. 그러나 신경자극이 너무 강렬해졌기 때문에 공감을 위한 시간은 부족해져가고 있다.

어떻게 이런 일이 생긴 것일까? 미디어에 의해 증폭된 사건들 속에서, 일상생활 속에서 그 신호가 너무나 명백하게 나타나고 있는 공감 능력의 장애는 어떤 원인 때문에 일어난 것일까? 우리는 정보영역의 팽창(자극, 신경 유인, 인지적 반응 리듬 등의 가속화)이 말로 표현될 수도 없고 코드화된 기호로도 환원될 수 없는 것을 인류로 하여금 이해하게 만들어주는 감각적 막이 무너져가고 있는 현상과 직접적으로 연관되어 있다고 가정할 수 있을까?

돈, 정보, 스테레오타입, 디지털 네트워크 인터페이스처럼 복잡성을 감소시키는 것들은 타인과의 관계를 단순화시킨다. 이런 상황에서 타인이 살과 피를 가진 존재로서 나타날 때 우리는 그 존재를 견뎌내지 못한다. 왜냐하면 그 존재가 우리의 감수성(혹은 무감각)에 상처를 입히기 때문이다. 비디오-전자 세대는 겨드랑이의 땀냄새나 음모陰毛를 견디지 못한다. 접속 중인 유형의 표면과 원활히 상호작용하려면 완벽한 호환성이 필요하다. 비디오-전자 세대는 말 그대로 매끄러운 세대인 것이다. 결속은 체모, 교환의 불완전함을 통해 발생한다. 이런 결속 안에서 유추적 독해가 가능해지고, 인터페이스의 언어 없이도 이질적 신체들이 서로를 이해할 수 있다.

인간들을 이어주는 감각적 막의 파괴는 기술-정보의 세계뿐만 아니라 육체에 대한 자본주의의 훈육과도 관련 있다. 자본주의적 근대화의 마지막 단계에서 여성이 해방되고 생산에 투입되자 여성과 아이의 육체적·지적 접촉은 드물어지게 됐다. 최초의 비디오-전자 세대에게는 사실상 어머니가 사라지고, 경험적 영역에서만 그 존재감을 보일 뿐이다. 동시대의 심리-정치적 재앙은 소위 여성의 해방(실제로는 자본주의적 생산회로에 대한 여성의 종속)과 텔레비전을 통한 사회화의 확산이 결합되어 나타난 결과라고 할 만하다.

다음 세대에서는 또 다른 대격변이 예고되고 있다. 미래에 중대한 결과를 가져올 수 있는 일이 전 세계 곳곳에서 일어나고 있다. 가난한 국가의 수백만 여성들이 정작 자신의 아이들은 내버려둔 채 서구로 떠나서는, 바쁜 업무로 인해 자식을 돌볼 수 없는 그곳 엄마들을 대신해 그 아이들을 돌보고 있는 것이다. 그렇게 버려진 아이들의 마음 속에서는 어떤 좌절과 폭력의 환영이 자라날까? 오늘날에는 과잉무장된 아이들이 이 세상에 등장하고 있다. 베트남에서 그랬듯이 그들은 심한 상처를 받을 수밖에 없다. 아부그라이브 교도소[1]와 미국 내 악명 높은 교도소에서 찍힌 사진들에서 확인할 수 있듯이 그런 상황은 거기서 그치지 않고 우리 자신에게도 타격을 입힌다.

반 산트는 얼음처럼 차가운 다정함으로 컬럼바인 세대의 신경증적 중얼거림, 식욕 부진성 히스테리, 관계를 맺지 못하는 무능력을 보여준다. 나는 학생식당에서 세 명의 소녀들이 끝내주게 추잡한 대화를 나누는 장면에 대해 생각하고 있다. 우정, 우정의 의무, 가장 친한 친구를 위해 비워둬야 하는 시간의 양 등에 대해 일말의 감정도 없이 끔찍한 대화를 나눈 뒤 이들은 쇼핑을 가기로 결정한다. 반 산트는 사이코들, 자기의 영혼과 접촉할 수 없게 되어 더 이상 자신의 육체성에 대해 아무것도 알지 못하는 저 신체들이 걸어다닌 빛나는 대기실과 밝은 복도를 보여준다. 반 산트의 영화에서 늘 그랬듯이, 그 뒤에는 하늘이 빠르게 움직이는 동안 모든 일이 일어난다. 평범한 날의 정지된 빛 속에서 범인들의 자살로 끝나는 살인 사건이 벌어지는 것이다. 모든 것이 팽창된 몇 분 안에 일어나고, 모든 것이 폐쇄회로 텔레비전 카메라에 기록된다. 총알을 피하려고 탁자 밑에 숨는 10대들의 모습까지 말이다. 거기에는 비극도 없고 비명도 없다. 구급차는 아직 도착하지 않았다. 광활한 하늘의 색은 바뀌어갔다. 건조하고 산발적인 총성. 세계무역센터가 무너졌을 때 월스트리트에서 보았던 겁에 질린 군중 따위는 없다. 고요하고 주변적인 학살. 그것은 재생 가능하고 반복 가능하며 전염성을 띄고 있다.

| 접속적 변이 |

『엘리펀트』는 정서적으로 불안하고 생각과 행동을 연결하지 못하는 세대에 대해 이야기하고 있다. 즉, 결속에서 접속으로 옮겨가는 소통 방식의 변형이라는 맥락에서 진행 중인 인지적 변이에 대해 이야기 하고 있는 것이다. 접속은 결속의 무한한 형태 중 하나이다. 그러나 접속이라는 개념은 암묵적인 세부내용을 담고 있다. 접속을 뜻하는 라틴어 코넥시오connexio는 서로 연결된 물질들의 기능성, 그 물질들 이 상호작용하게 만드는 기능적 모형화를 암시한다. 결속이 타자-되 기를 의미한다면, 접속에서는 모든 요소가 기능적으로 상호작용하면 서도 서로 뚜렷이 구별된 채로 남아 있다.

결속은 둥글고 불규칙한 형태들의 만남과 융합으로서, 그 융합은 부정확하고 일회적이며 불완전하고 연속적인 방식으로 이뤄진다. 접 속은 서로 완벽하게 병치될 수 있는 알고리즘 함수, 직선, 점들의 정 확하고 반복 가능한 상호작용이다. 또한 이 알고리즘 함수, 직선, 점 들은 미리 결정된 기준에 의거해 서로 다른 부분들이 공존할 수 있 도록 해주는 상호작용의 개별 양상에 따라 삽입되고 제거되기도 한 다. 소통 과정의 디지털화는 곡선에 대한, 느릿느릿한 생성의 지속적 과정에 대한 감각을 감소시키기도 하고 코드, 상태의 급작스런 변화, 불연속적인 기호들의 연쇄에 민감해지게 만들기도 한다.

최초의 비디오-전자 세대는 변이를 겪고 있으며, 사회·정치·기 술의 미래는 이 변이의 영향에 달려 있다. 그러나 인지과학의 전통 에서 이 변이의 개념은 받아들여지지 않고 있다. 왜냐하면 인지과학 의 인식론적 기반은 구조주의적 성격의 전제에 굳게 뿌리내리고 있 기 때문이다. 실제로 인지주의는 인간의 정신을 선천적인 불변의 규칙에 따라 작동하는 일종의 장치로 간주한다. 인지주의는 환경이 정신의 구체적이고 개별적인 작동양식에 어떻게 작용하는지 이해할 수 없는 것이다. 이런 이유 때문에 정신이 의사소통 속으로 들어가는 환경과 정신 활동 사이의 역동적 상호작용이라는 개념은 용인되지 않고 있다. 인지과학이 보기에 의사소통의 기술적 복잡성은 인지의 양식을 수정할 수 없는 것이다. 그러나 몇몇 인지주의자들은 이 근본적 원칙에서 벗어났다. 가령 울릭 나이서는 『인지와 현실』[2]에서 인지적 생태를 언급하며 정신이 발달해가는 환경과 정신의 작동양식 사이에서 일어나는 역동적 상호작용의 가능성을 인정한다.

| 가속화, 언어, 정체성 |

정보 순환의 가속화, 경제적·정서적·실존적 교환의 리듬을 유지하기 위해 수신·해독·소화·반응해야만 하는 정보 덩어리는 언어화 기능에 위기를 초래한다. 이 위기는 어린 세대, 특히 새로운 소통 테크놀로지에 가장 많이 결부된 사회적·전문적 계급 사이에서 아찔하게 치솟고 있는 난독증, 자폐증 등 다양한 형태로 나타나고 있다.

디지털화는 재초기화의 이중적 운동을 열어 놓은 듯하다. 음성언어는 멀티태스킹 방식에 따라 상이한 여러 과제를 동시에 더 빠르게, 더 종합적으로, 더 민첩하게 수행하는 소통 형태로 교체됐다. 그러나 자극의 가속화는 물리적 유기체에 스트레스를 주는 동시에 지각과 인지적 상호작용을 향(向)정신적으로 재초기화했다. 이런 재초기화는 정신약리적 약물의 사용, (인지의 리듬을 느리게 만드는) 공감의 불활성화, (이미 글쓰기의 가속화에 의해 재형성된) 후각이나 촉각 같은 특정한 감각의 감퇴를 통해 이뤄졌다.

흔히 특정한 인지 기능이 팽창하면 인지 전체가 재규정된다고 말할 수 있다. 의식적 유기체가 비디오-전자 기기에 노출되면 복잡한 시각적 총체를 해독하거나 여러 개의 상호작용 과정을 동시에 수행하는 능력처럼 형태 배열과 관련된 능력이 강화된다. 그러나 이와 동시에 다른 능력, 가령 장기간 지속되는 자극에 정서적으로 반응하는 능력이나 시간적 깊이를 지각하는 능력도 변한다.

기억의 양식은 깊은 인상을 남긴 정보, 오랜 기간 동안 활성화되거나 반복적으로 활성화된 정보를 저장하는 능력에 달려 있다. 기억은 의식적 유기체를 바꾸고 그 유기체의 정체성을 형성한다. 다양한 장소들에 대한 추억과 경험의 연속성을 형성하는 관계의 역동적 축적물이 곧 정체성이라고 정의할 수 있다면 말이다.

그렇다면 정보의 흐름이 폭발해 엄청나게 확장되어 지각을 포위하고 이용 가능한 정신적 시간 전체를 차지할 때, 그래서 단일한 정보적 인상에 정신이 노출되는 시간이 가속화되고 축소될 때 기억에는 무슨 일이 생겨날까? 과거의 기억이 점점 사라지고 현재의 정보 덩어리가 온 주의력을 다 차지하게 되는 경향이 나타난다. 정보영역의 밀도가 높아질수록 기억에 사용될 수 있는 시간은 부족해진다. 정신이 단일한 정보에 노출되는 순간이 짧아질수록 그 정보가 남겨 놓는 흔적은 옅어질 것이다. 이런 식으로 정신 활동은 점점 더 현재 속에서 압축되고, 기억의 깊이는 줄어들며, 역사적 과거와 심지어는 실존적 차원의 통시성까지도 사라지는 경향이 나타난다.

정체성이 상당 부분 개인의 기억 속에 역동적으로 자리잡은 것(장소, 얼굴, 기대, 환상 등)과 연결되어 있다는 말이 사실이라면, 우리는 유기체가 점진적으로 탈정체화되어간다고, 즉 현재에 펼쳐지고 있지만 너무 빨리 눈앞에 나타났다가 기억에 자리잡기 때문에 별로 깊이 각인되지 않는 흐름만을 기록해가는 방향으로 가고 있다고 가정할 수 있다. 이처럼 정보영역의 층이 두꺼워지고 그 안에 들어오는 정보 물질의 양과 강도가 증가하면 단일한 기억의 영역이 축소되는 결과가 빚어진다. 그렇게 되면 개인이 기억하는 것들(이미지 등)은 비개인적 기억을 형성하는 방향으로 움직이게 된다. 이 비개인적 기억은 노출 시간이 너무 짧아서 깊이 있는 개인화가 일어날 수 없기 때문에 균질화되고 일률적으로 병합되고, 빈약하게 정교화된다.

| 사이버시간, 에로티시즘, 둔감화 |

작금의 변이, 즉 개별 유기체, 인구, 지구 전체를 관통해 흘러가는 변이의 핵심 질문은 전자적·유기체적 사이버공간의 교차점에서 발견될 수 있다. 젊은이들이 이 변이의 영향에 가장 많이 노출된 것은 당연하다. 사이버공간의 침범력은 젊은 세대에게 최대한의 영향을 끼쳤고, 결국 사이버시간적으로 적응할 수 있는 그들의 잠재성(그들이 지닌 인지적·정신적·심리-물리적 장치의 잠재성)은 극단적 유인책에 예속됐다. 기술적 변이의 리듬이 정신적 변이의 리듬보다 훨씬 빠르다는 것, 이것이 본질적인 문제이다. 사이버공간은 (사이버시간을) 확장하고 그에 적응하는 두뇌의 능력과는 비교가 안 될 만큼 빠르게 팽창한다. 유기체가 정보에 노출되는 시간의 길이는 연장될 수 있지만 경험의 강도는 일정한 한계를 넘어갈 수 없다. 즐거움과 지식이라는 집약적 형태로는 소화할 수 없을 만큼 점점 커져가는 자극의 덩어리에 우리가 노출되어 있음을 감안하면, 가속화는 경험의 빈곤화를 유발한다. 또한 감응, 에로티시즘, 깊은 이해처럼 장기간의 관심이 필요한 관계성과 행위의 영역들은 어지럽혀졌고 수축될 수밖에 없다. 가속화와 정보의 과부하라는 이런 조건 속에서 자동화는 자극에 반응하는 주된 형태가 됐다. 자동화된 반응이란 숙고나 의식적·정서적 반응을 요구하지 않는 반응이라는 의미에서 말이다. 자동화된 반응은 일종의 표준화된 반응으로서, 이미 초기화되어 있는 균질화된 정보영역의 작용-반작용 연쇄 속에 내포되어 있었다.

의심할 바 없이 소통 환경, 더 나아가 지각 환경의 디지털화도 인간이라는 유기체의 감수성에 영향을 끼쳤다. 그러나 이 문제를 어떻게 다뤄야 할까? 어떤 분석 도구, 혹은 어떤 평가 기준이 있어야 우리는 감수성, 취향, 즐거움, 고통, 에로티시즘, 관능성에 대해 이야기할 수 있을까? 우리에게는 우리 자신, 우리의 촉수, 우리의 신체, 우리의 심리적·성애적 반응성 외의 다른 도구가 없다. 더군다나 관찰자의 필터가 대상을 왜곡할 수도 있다. 그렇지만 접촉이 점점 희박해지고 있다는 느낌, 차가움과 수축의 느낌은 현대의 병리, 특히 젊은 세대에게서 확연하게 드러나는 병리의 핵심 속에 자리잡고 있다. 에로티시즘의 영역은 이 병리에 특히 취약하다.

아방가르드, 그리고 사회적 소통 회로를 향한 그들의 침투가 끝난 뒤로 광고, 텔레비전, 디자인, 포장, 웹디자인 같은 형태의 미적 자극은 나날이 확산되어 지속적으로 온 구석에 스며들었고, 상호보완적이 된 정보자극과 분리될 수 없게 됐다. 이로써 의식과 감정을 지닌 유기체는 정보의 단순한 담지자라기보다는 지각을 자극하고 흥분시키는 요소이기도 한 기호의 흐름 속에 휘감기게 됐다. 과거에 예술적 경험은 카타르시스라는 감각을 구심점으로 삼았다. 예술작품은 절정, 즉 오르가즘의 방출에 비견되는 흥분의 정화상태를 향해 쇄도하는 몰입과 자극의 물결을 만들어냈다. 낭만주의와 모더니즘의 시대 뿐만 고전주의의 시대에도 미의 개념은 완결의 순간, 감각적 유기체와 세계 사이의 관계에 함축된 긴장의 해소, 즉 카타르시스, 조화, 숭고한 초월과 동일시됐다. 조화에 이르는 것은 신체들끼리의 접촉으로 흥분해 방출되는 오르가즘에 비견될 수 있는 사건이었다. 긴장됐던 근육이 이완되면 쾌락의 충만함을 얻는다. 자신의 신체와 자신을 둘러싼 환경을 행복하게 지각하는 데는 리듬, 시간, 경험된 시간성이 작용한다. 그러나 흥분의 순환 속에 전자기기 같은 비유기체적 요소가 들어오고 자극의 가속화와 심리신체적 반응 시간의 수축이 강제되면, 유기체와 그 성애적 반응형태는 바뀔 수밖에 없다. 오르가즘은 방출 없는 일련의 흥분으로 대체되고 더 이상 어떤 성취의 전조도 되지 못한다. 불철저한 흥분이 오르가즘적 방출을 대체하는 것이다. 디지털 아트, 비디오 아트의 차가운 느낌, 장 팅겔리의 작품이나 필립 글래스의 음악이 지닌 불확정적·순환적 성격이 우리에게 이와 유사한 느낌을 전해준다. 미학뿐만 아니라 에로티시즘도 신체들 사이의 관계에서 발생하고 있는 이 비유기체적 가속화에 영향을 받은 듯하다. 에이야-리사 아틸라의 비디오 설치물인 『바람』(2002)은 세 개의 스크린으로 구성되어 있는데 각각의 스크린에서는 파괴의 장면, 타인의 신체와 접촉하려는 시도, 고독의 파멸적 위기가 펼쳐진다. 내가 아는 한 이 작품은 새천년의 벽두부터 전염병처럼 퍼지고 있는 정신병리의 형태를 가장 직접적으로 탐구한 작품이다.

성애적 대상은 사회적 소통의 회로를 여행하며 곳곳에 편재하게 될 때까지 증식한다. 그러나 흥분은 더 이상 어떤 결말의 전조가 아니라 산산히 흩어질 때까지 욕망을 증식시킨다. 사이버공간의 무한

다른 사람이 판 시간을 사려면 당신의 시간을 파십시오 Freddie Baer, "Sell Your Time to Buy the Time That Other People Sold," Processed World, no.4 (Spring, 1982), pp.34~35.

한 성격은 경험을 불확정적인 것으로 만든다. 공격성과 소진은 흥분의 회로가 무제한적으로 열린 때 나타난다. 바로 이것이 포스트-도시의 삶을 특징짓는 탈성애화, 그리고 과잉성욕과 무성無性의 혼합으로 나타나는 성애적 불안을 설명해주는 것은 아닐까? 도시는 인간의 신체가 다른 인간의 신체를 만나는 공간이자 시선, 접촉, 느린 감정과 쾌락의 장소였다. 사이버공간의 스프롤 현상으로 특징지어지는 포스트-도시의 차원에서 접촉은 불가능한 것이 되어가고 있으며, 상업화와 폭력을 포괄하는 황망한 경험의 형태로 대체됐다. 느린 감정은 드물고 있을 법하지 않은 것이 됐다. 게다가 감정의 느림 자체는 조금씩 상품으로, 즉 돈으로 교환될 수 있는 인위적 상태로 변해가고 있다. 시간은 항상 희소하다. 시간은 돈으로 교환 가능하다. 쾌락의 필수적 측면인 시간은 더 이상 온전히 즐길 수 없게 산산조각났다. 이와 함께 방출 없는 흥분이 쾌락을 대신하게 됐다.

근대 후기의 문화적 현상 속에서, 우리가 언급하고 있는 이 변이는 1960~70년대부터 1980~90년대에 이르는 이행기에 연결될 수 있다. 히피 문화는 신체들끼리의 사회적·보편적 접촉을 성애화하는 기획을 중심으로 펼쳐졌다. 전자통신 테크놀로지가 사회적 회로 속으로 도입된 시기와 맞물린 이 이행기에서 펑크 현상도 폭발했다. 펑크는 접촉이 드물어져가는 포스트-도시의 불모지를 향해 필사적으로 고함 지르며 일종의 히스테릭한 자기파괴로 응수했다.

포스트모던하고 첨단 기술적인 차원으로의 이행은 1980년대 초반의 뉴웨이브에 의해 기록됐다. 이 뉴웨이브의 가장 극단적인 형태가 바로 노웨이브No Wave였다. 노웨이브란 부동성, 혹은 진동 없는 지속적 흐름을 의미하지 않는다. 오히려 노웨이브는 파동의 무한한 파편화, 극소화된 파동, 근육 조직의 극미한 떨림, 잠재의식적이고 조절 불가능한 미세-흥분, 신경쇠약을 의미한다.

1970~80년대에 헤로인이 포스트-도시로의 이행이라는 실존적 경험 속에 난입한 것은 방출 없는 흥분상태에 적응하는 과정의 일부였다. 헤로인은 세상일에 신경을 끄고, 지속적으로 과잉된 흥분에서 단절되어 일종의 긴장 완화에 이르도록 해줬다. 서구 사회의 집합적 유기체는 헤로인을 대량소비해 느린 속도를 갈구했다. 혹은 이에 보완적으로 빠른 속도를 따라잡기 위해 코카인에 기댔다. 이렇듯 정보 영역의 속도 변화는 인간의 시간을 신경-텔레마틱 네트워크의 절대적이고 중단 없는 착취 체제(노동 유연화)에 종속시켰다.

| 정체성에 대한 강박 |

1989년 이후 나타난 국제주의적 관점의 위기는 **전지구적 수준**에서 정체성의 문제를 둘러싼 내전의 발발로 이어졌다. 바로 이것이 1990년대에 전개된 전망이었다. 대도시의 세계주의는 여전히 가상계급에, 전지구적 네트워크의 세계화된 층위에 국한된 채 남아 있다. 인류의 절대 다수는 초현대적 세계주의의 케이블 회로로부터 배제된 채 여전히 정체성에 대한 강박에 사로잡혀 있다. 잔여물처럼 남아 있던 지역주의는 절망의 에너지를 취했지만, 그것은 근대의 보편주의가 위기에 처해 있음을 알리는 신호와도 같은 것이었다.

보편주의란 무엇인가? 우리는 문화적 차이를 뛰어넘는 보편적 규범력을 지닌 윤리적·정치적·실존적 가치의 관점을 만날 때 보편주의에 대해 말할 수 있다. 유물론적 변증법은 부르주아지의 보편주의에 반대해 프롤레타리아트의 특수주의, 더 고차원적이고 더 인간적인 사회적 관계형태의 핵심을 담고 있는 당파적 이해관계의 거부의 힘을 제시했다. 그러나 이 특수주의는 여전히 보편주의적 지평을 (변증법적으로) 안고 있었다. 변증법적으로 봤을 때 분파적 노동계급의 특수성을 긍정한다는 것은 더 높은 차원의 보편성을 위한 조건을 제시한다. 확실히 이런 이데올로기적 도식은 헤겔주의와 역사주의에서 유래된 것이다. 그렇다고 국제주의가 도덕적인 명제보다 더 구체적인 무엇이라는 것을 그 사실이 깎아내리는 것은 아니다.

국제주의는 추구해야 할 추상적 가치가 아니라 자본주의에 대항하는 노동자들의 투쟁과 국경 없는 프롤레타리아트의 통일된 이해관계 속에 살아 있는 집합적 경험의 실제였다. 노동자들은 전 세계 모든 곳에서 동일한 이해관계를 가진다. 자신들이 직접 생산해온 부에서 점차 더 많은 몫을 수용하는 것, 임금노동에 의존하는 시간을 줄이는 것이 바로 그것이다. 노동자들은 순환의 한 지점에서 강해질수록, 순환의 다른 모든 지점에서도 강해진다. 그러나 이런 기초적인 진실은 1980년대에 자본주의의 공격에 뒤이어 일어난 엄청난 문화적 변화를 예측하는 데 별 도움이 되지 못했다.

인민이 세계라는 무대에 재출현한 것은 노동계급의 패배를 알리는 신호였다. 인민은 변증법적이 될 수 없는 특수성이자 보편적 기획을 가지지 않는 특수성, 멍청이 같은 특수성이다.

노동자들의 운동이 정점에 이르렀던 시절, 파시즘은 어떤 형태로든 죽어서 영원히 사라진 듯했다. 혹은 기껏해야 억압의 잔인한 도구로 보였다. 우리는 새로운 유형의 전체주의가 가능할 테지만, 그것은 사회민주주의나 고도의 집중된 기술 발전의 탈을 쓸 것이라고 생각했다. 우리는 오직 사회민주주의만이 노동자들의 운동을 분열시켜 개량주의와 국가주의에 종속시킬 수 있다고 생각했다. 그러나 1990년대 이후 시나리오는 완전히 달라졌다. 자본과 노동계급이 결정적 세력이던 시대는 지나갔다. 마치 거울 놀이에서처럼 모든 맥락은 파편화되고 증식되고 전복됐다. 자본과 노동계급은 여전히 서로 적대하고 있지만, 1960년대의 관계가 뒤집힌 형태로 적대한다. 결정적으로 오늘날 (당시 노동계급에게 속해 있던) 주도권은 국제 금융자본에게로 넘어갔다. 이와 동시에 두 개의 형상이 등장했다. 하나는 전지구적 정신노동의 순환인 가상계급이다. 다른 하나는 생산의 순환에서 배제된 채(혹은 결코 이 순환의 일부였던 적이 없이) 이 전지구적 스펙터클 속에서 생존과 인정의 공간을 찾기 위해 스스로를 공격적으로 밀어붙이고 있는 무정형의 인구 대중, 즉 잔여 계급이다.

새롭게 설정된 이런 환경 속에서 '혁명'은 별 의미 없는 말이 되어버렸다. 정치적 민주주의라는 문구도 마찬가지이다. 전지구적으로 파편화된 노동자들의 형상에 공통된 정치적 층위도 더 이상 존재하지 않는다. 왜냐하면 그들에게는 공유할 사회적 토대가 부족하기 때문이다. (여전히 일반화된 코드화의 행위자로 존재하는) 자본은 노동자들 사이를 거침없이 흘러다니지만, 정신노동의 주인공들은 테크놀로지의 매개 덕분에 외재적 관계에서는 전지구적이지만 이와 동시에 가장 내밀하게는 파편적으로 구성되어 있다.

| 파시즘과 정체성 |

파시즘은 형체 없는 말이다. 오랫동안 나는 다른(또한 서로 모순되는) 형태의 권위주의, 국가주의적·민족주의적 공격성 등을 정의할 수 있는 개념을 찾으려고 애썼지만 성공하지 못했다. 움베르토 에코는 「영원한 파시즘」이라는 글에서 파시즘에 대해 이렇게 말했다. "파시즘의 특징들은 하나의 체계 안에 획일적으로 편입될 수는 없습니다. 많은 특징들이 상호모순적이고, 또한 다른 형태의 전제주의나 광신주의에도 전형적으로 나타나기 때문입니다. 그렇지만 그것들 중 하나만 나타나더라도 파시즘의 성운으로 응집되기에 충분합니다."[3]

다음은 원형적인 파시즘의 특징을 나열한 목록이다. 전통의 숭배, 모더니즘에 대한 거부, 행동을 위한 행동, 차이에 대한 두려움 등. 이 특징들은 흥미롭고 서로 관련이 있기는 하다. 그러나 에코도 인정하듯이 파시즘을 정의하려는 노력은 결국 좌절로 끝날 수밖에 없는 듯하다. 왜냐하면 그 대상이 계속 달아나기 때문이다. 예컨대 파시즘을 모더니즘과 상반되는 것이라고 말할 수 있다면, 역사적 파시즘이 이탈리아와 독일 사회의 근대화 과정에서 담당한 역할도 인정해야 한다. 그러므로 파시즘에 대한 만족스럽고 포괄적인 정의가 부재한 상황에서 우리는 파시즘을 모든 혐오스러운 것으로 규정하거나 어리석고 폭력적인 도당, 즉 악마의 도당과 단순하게 동일시할 위험에 빠지게 된다. 당연히 이것은 아무런 소용도 없고 아무것도 정의하지 못한다. 문제는 이렇다. 부정확하고 역사적으로도 너무 낡은 파시즘이라는 단어를 써서 우리가 지칭하고 있는 것은, 최종적으로 분석해볼 경우 '정의를 내리려는 강박'이라는 단 하나의 공통 요소를 지닌 매우 큰 범위의 삶의 형태, 행위, 이데올로기, 편견 등이다. 정의를 내리려는 강박, 최종적으로 분석하면 바로 이것이 우리가 파시즘이라 정의하는 현상의 범위에 공통된 성격인 것이다. 그래서 이 대상[즉, 파시즘]을 정의하기가 그토록 어려운 것이다.

(민족주의, 종교적 근본주의, 정치적 권위주의, 성적 공격성 등에 두루 걸치도록) 그 개념을 최대한 확장해보면, 파시즘은 근본에 대한 강박이라고도 할 수 있다. 정체성에 대한 강박, 소속·기원[출생]에 대한 강박, 식별 가능성에 대한 강박 등. 우리의 세기가 탈영토화, 문화적 오염, 탈정체화의 세기인 나머지 이런 강박이 점점 커지고 확장되어 우리의 세기에 폭발한 것이다. 본질적으로 파시즘의 영역에 속하는 행동을 이끄는 압박은 기원에 근거해 우리 자신을 동일한 존재, 식별 가능한 존재로 인식하게 만드는 압박, 그래서 (언어, 믿음, 인종 등의) 공동체에 소속되기를 종용하는 압박이다. 오직 기원만이 소속을 입증할 수 있다. 그러나 모두가 알고 있듯이 기원은 어느 정도 공유되더라도 근거가 없는 일종의 환상, 전설, 속성이다. 종족적 정체성은 더 이상 언어적 정체성보다 강력하지 않다. 우리 모두는 입증

할 수도, 진위 여부를 확인할 수도 없는 이종교배와 오염의 역사에서 나온 존재들인데도 여전히 종족적 소속에 대한 환상이 존재한다. 우리는 근본적으로 다른 화자가 번역할 수 없는 각자만의 방언을 말하는데도, 여전히 언어를 통한 이해라는 환상이 존재한다. 함께 산다는 것은 이런 환상들의 전제조건이다. 종족적 식별 가능성, 이해 가능성, 기원의 범위가 교란될수록 자신의 동일성을 확인하려는 욕구는 더욱 격렬해진다. 강박이 될 때까지 말이다.

| 전체주의적 코드 |

결국 비인간적인 것이 인간관계의 지배적 형태로 나타나는 것 같다. 이런 현상은 기세등등하게 진행되고 있으면서도 나날이 전지구적 신경 체계의 더 많은 부분을 배제하고 고정시키며 그 비인간성을 은폐한 채 승승장구해가고 있는 자본의 발전에 따른 반응이다. 노동계급을 부차적인 변수로 만들어버린 자본은 곧 새로운 거대 계획을 준비했다. 인간이 행하는 인지 활동의 주기 전체를, 경제적·기술적·심리화학적인 몇몇 수준에서(아마도 다가올 미래에는 유전공학적인 수준에서도) 전신화된 자동화 체계에 종속시킨다는 것이 바로 그 계획이었다. 그러나 한창 진행 중인 이 계획은 어마어마한 잔여물을, 즉 인구의 절대 다수에 상당하는 잔여물을 방치했다.

노동계급의 자율성을 기술에 통합시키고 모든 대안적 전망을 제거한 자본은 스스로를 더 이상 통제하거나 대항할 수 없는 자동화된 축적 과정으로 내세웠다. 기술-사회적 인터페이스는 전지구적 경제가 하이브 마인드[4]로, 즉 미리 결정된 목적에 따라 작동하고 인간 단자의 기술-언어적 외관 속에서 케이블로 연결되는 집단적 정신으로 변형되게끔 접속을 이어갔다. 이 지점에서 바이오컴퓨터라는 초유기체는 인간을 판독한 뒤 잡음으로 간주해 폐기한다. 이런 과정은 기원(성, 인종, 믿음, 국적 등)과 관련된 정체성과는 완전히 무관한 초정체성을 낳았다. 그러나 이 초정체성이 형성되는 과정에서 그 재료가 되는 인간들이 어마어마하게 내다버려진다. 케이블로 연결된 전지구적 기술-경제의 회로 바깥에 인류의 대다수가 남겨지는 것이다. 이렇게 남은 재료 취급을 받은 인간들은 무엇인가 복구해야 할 기원적 진정성이 존재한다는 환상에 기초해, 공격적인 숭배로써 스스로를 확인한다. 상충되는 갖가지 영토적 계획들로 점차 가득 차버린 세계, 부가 증식될수록 비참함이 늘어간다는 역설이 지배하는 세계에서는 오직 정체성에 대한 확인만이 생존을 가능하게 해준다.

진화의 지평에서 보면, 과거에 우리가 알던 것과는 완전히 비대칭적으로 집합적 행복과 해방의 문제가 제기된다. 탈인간의 영역에서 인간의 특이성은 스스로를 어떻게 재생산할까? 케이블로 연결된 전지구적 정신의 영역에서 조화, 행복, 자각이 어떻게 두드러질 수 있을까? 변증법적 사유가 열망했던 보편성은 특수성의 능력이 자기 자신을 의식적 주체로 구성해가는, 그럼으로써 특수한 것을 뛰어넘어가는 과정 자체의 결과였다. 그러나 지금 우리는 이와 다른 보편성을 다루고 있다. 살아 있는 인간-특수성의 맥박을 존중함 없이 존재의 모든 파편을 기호화하는 코드의 추상적 보편성을 말이다.

이 세기는 비인간적 보편성, 코드의 보편성, 정보·금융의 순환과 화폐 속에서 발현되는 추상화의 조짐 속에서 저물어가고 있다. 추상적이고 형체 없는 전체주의가 보편적 기호화의 기계를 대신하는 것이다. 이런 상황에 직면해 잔여적 인간, 신체, 피, 흙, 전통, 정체성이 대거 귀환하고 있다. 요컨대 이것은 보편성 같은 것은 존재하지 않는다는 미명 아래, 어떤 특수성이 다른 모든 특수성과 맞서는 상황을 악의적이고 공격적으로 재확인하는 것에 다름 아니다.

| 윤리, 감성, 감수성 |

어딘가에서 전쟁을 수행하게 될 미 해병대를 훈련시킨 어느 장교가 자신의 경험에 대해 흥미로운 사실을 『뉴스위크』에 들려줬다. "저는 1970년대에도 이 일을 했습니다. 베트남 전쟁이 벌어지던 기간이었죠. 그때는 사람을 죽일 수 있도록 젊은이 하나를 훈련시키는 데 6개월이 걸렸습니다. 지금은 이라크에서 똑같은 일을 하고 있는데 세상이 많이 변했어요. 이곳에 오는 젊은이들은 이미 훈련이 되어 있습니다. 사람을 죽일 준비가 된 상태로 이곳에 오는 거죠."[5]

최초의 탈문자 세대, 자신의 어머니보다 기계로부터 더 많은 말을 배운 (어떤 이들은 이들을 탈인간 세대라고도 부르는) 이 세대에게 도대체 무슨 일이 생긴 것일까?

이것을 윤리적 문제로 다뤄야 할까? 나는 윤리가 감수성에서 나온다고 본다. 나는 자기애에 근간을 두지 않는 대안적·효율적 윤리 담론을 본 적이 없다. 자기애는 타인에 대한 사랑일 수밖에 없다. 자기비하와 냉소주의는 함께 간다. 그러므로 윤리적 질문의 핵심은 감수성(혹은 감성?)의 문제인 것이다.

이탈리아어에서 감수성과 감성은 영어의 그것과는 다른 의미를 가진다. 감수성sensibilità은 말로 표현될 수 없는 것의 의미를 파악하는 능력이다. 그리고 감성sensitività은 타인의 피부를 기쁨으로 느낄 수 있는 능력이다. 그러나 이 두 능력 중 어느 하나라도 잘못되면 타인의 피부[신체]를 지각하지 못하는 장애는 타인이 발산하는 기호들의 의미를 이해하지 못하는 무능력이 된다.

| 쾌락에 대한 지식의 경향적 추락 |

2007년 4월 27일 『르몽드』는 콘돔 생산으로 유명한 대기업 듀렉스가 해리스인터액티브연구소에 의뢰한 조사에 대해 보도했다.

다른 문화를 가진 26개의 국가를 선정한 뒤, 국가별로 1천 명에게 간단한 질문이 주어졌다. 당신의 섹스에 얼마나 만족합니까? 응답자 중 오직 44%만이 자신의 성생활에 만족한다고 대답했다.[6]

탈근대적인 두 발 동물들은 노동과 전쟁에서 고도의 쾌락을 경험한다고 말할 수도 있겠다. 누가 알겠는가? 그러나 사랑이 대중에게 그리 큰 인기를 끌지 못한다는 것은 확실한 것 같다. 나머지 응답자 56%가 정말로 불행하다는 것은 확신하면서도, 자신의 성생활에 만족한다고 대답한 44%가 내밀한 진실을, 자신의 마음 속 깊은 곳의 감정을 말했다고 믿기 어려울 만큼 말이다.

성과학자, 심리학자, 사회학자들이 이 문제에 대해 제시하는 설명은 대개 진부하다. 성 관습의 해방, 욕망의 위기, 인간 신체의 상품화, 미디어를 통한 섹스의 진부화 등이 그들의 설명이다. 이런 설명들은 우리에게 아무것도 알려주지 못한다. 신경생물학자인 루시 뱅상은 2007년 6월 『르파리지엥』과의 대담에서 약간 억지스럽지만 재치 있는 해석을 내놓았다. "우리는 더 많은 관심을 갖는 데 합의하지 않았습니다."[7] 우리는 더 이상 우리 자신과 우리 주변에서 살고 있는 사람들에게 관심을 기울일 수 없다. 경쟁의 악순환에 휘말린 우리는 더 이상 타인에 대한 어떤 것도 이해하지 못하게 됐다.

관심, 즉 정신적 대상(가령 우리 자신의 신체, 우리가 애무하는 사람의 신체)을 완전하게 지각할 수 있게 해주는 인지적 능력의 가용량은 한정적이다. 그래서 최근 일부 경제학자들(인간 영혼의 무덤을 파는 진정한 일꾼들)이 관심 경제에 대해 말하기 시작한 것이다.

어떤 자원이 시체애호증적 과학의 대상이 될 때 그것은 희귀한 자원이 된다. 관심은 희귀한 자원이다. 그러니 그것을 최대한 이용할 수 있는 기술이 나오는 것은 당연한 일이라고 할 수 있다.

| (사라지는) 신체에 대한 강박 |

불안정한 세대는 인터넷이 사회적 언어의 인공기관이 되어가던 시대에 성장했다. 그들은 언어학습의 양식, 주의력의 리듬, 기억, 상상력을 달라지게 만든 끊임없는 전자자극의 흐름에 노출됐다.

마셜 맥루언은 문자적인 것에서 전자적 영역으로 이행하면서 신화적 사유가 경향적으로 논리적·비판적 사유를 대체했다고 썼다. 그렇다면 비디오-전자 세대의 정서적·정신적 영역은 어떨까?

우리는 서구 세계에서 수백만 명의 아이들이 소위 주의력 결핍 장애라는 증상을 치료하기 위해 매일 리탈린을 복용하고 있다는 사실을 알고 있다. 어떤 대상에 일정 시간 집중하는 것은 수많은 아이들에게 불가능한 과제가 되고 있다. 관심의 초점이 즉각적으로 바뀌면서 새로운 대상을 찾기 때문이다. 정신이 비디오-전자적 자극에 노출되는 시간과 점점 커져가는 관심의 변덕 사이에는 직접적 관계가 있다. 인류 역사상 아이들의 정신이 이토록 빠르고 침략적인 정보자극의 폭격에 노출된 적은 없었다. 이런 가속화가 인지의 영역에 예측 불가능한 영향을 끼치고 있다는 것은 명백하다.

언어학습은 신체적 관계와 깊은 관련이 있다. 언어와 사회화는 늘 감응, 어머니의 신체와 맺는 포근하고 기분 좋은 접촉으로 매개된다. 그러나 지난 몇십 년간 어머니의 신체는 아이의 신체와 분리됐다. 신자유주의 사회에서 여성들은 집 밖으로 나와 일하도록 강제되기 때문에 아이들로부터 멀어질 수밖에 없었고 아이들은 심리적·신체적 스트레스, 불안, 정서 결핍의 상황에 놓이게 됐다.

정보-기계가 어머니의 존재를 대신하게 되면서 언어학습의 과정은 확연히 달라졌다. 확실히 최초의 비디오-전자 세대는 과거에 비해 어머니의 신체가 주변에 존재하는 것을 덜 좋아하는 것처럼 보인다. 이로써 언어를 특이화하는 요소인 신체적·정서적 접촉이 사라졌다. 이런 조건에서 감정과 말은 우회하는 경향을 보인다. 또한 욕망은 점점 언어화로부터, 정보의 의식적 처리 과정으로부터 분리된 차원이 되어간다. 언어가 수반되지 않은 감정은 정신병리와 폭력을 조장하는 경향이 있다. 언어적 소통 없이 행동하는 것은 공격에 가깝고, 감정 없는 언어는 점점 더 형편없는 사회성을 만들어낸다. 이렇게 사회성은 단순한 주고받음의 논리로 환원되어버린다.

정보의 언어적 처리 과정, 정보와 연결된 감정의 언어적 처리 과정은 전례없이 가속화된 시간 속에서 압축됐다. 이로 인해 정서와 언어화는 혼란에 빠졌다. 실어증은 정보자극과 그 자극을 정교화하는 데 필요한 시간 사이의 간극이 점점 커지면서 생긴 결과로 해석될 수 있다. 난독증이라는 현상에서도 이런 가속화의 영향을 찾아볼 수 있지 않은가? 난독증은 특히 인지노동자들, 전자통신의 리듬에 노출된 사람들에게 큰 영향을 끼친다. 어떤 글을 처음부터 끝까지 읽는다는 것은 그들에게 불가능한 과제나 마찬가지인 것이다.

욕망은 결속 안에서 존재한다. 그리고 접속은 이런 욕망을 죽인다. 접속은 특정한 형태로 형식화된 단편들 사이의 관계를 의미한다. 이로써 비특이화된 신체들은 호환 가능해진다. 결속은 둥글둥글한 신체들 사이의 특이하고 반복 가능하지 않은 의사소통을 의미한다. 이와 달리 접속은 공간이 아닌 공간, 그리고 시간이 아닌 시간 속에서 존재하는 매끈한 신체들의 통합을 의미한다.

우리 시대에 진행 중인 변화의 과정은 의식적 유기체들 사이에서 이뤄지는 교환의 패러다임이 결속에서 접속으로 이동하는 것을 중심으로 이뤄지고 있다. 이런 변화를 이끄는 주된 요소는 유기체 속으로 전자적인 것이 삽입되고 유기체적 우주, 신체, 의사소통, 사회 속으로 인공장치들이 확산되는 것 등이다. 의식과 감수성의 관계가 변형되고, 기호의 교환에서 둔감화가 증가하는 것은 바로 이런 변화의 결과이다. 기호가 점차 디지털화되고 인간관계가 갈수록 미디어를 매개로 이뤄지게 됨에 따라, 의식적 유기체들의 지배적인 상호작용 양식이 결속에서 접속으로 이동하게 된 것이다.

결속은 해석을 위한 의미론적 기준을 수반한다. 타인이 당신과의 결속상태에 들어올 때 당신은 그가 보내는 신호의 의미를 해석해야만 한다. 필요하다면 그 신호의 맥락, 분위기, 말해지지 않은 것까지 추적함으로써 말이다. 이와 반대로 접속은 순수하게 통사론적인 해석 기준을 요구한다. 해석자는 연쇄의 순서를 알아야 하고, 일반적 통사론(혹은 운영 체계)에 근거해 예측 가능한 작업을 수행할 수 있어야 한다. 메시지의 교환에서도 모호함을 남겨둘 여지는 없고, 뉘앙스를 통해 의도가 드러날 수도 없다. 이처럼 의미론적 차이가 점차 통사론적 차이로 옮겨지는 과정은 근대의 과학적 합리성으로부터 사이버네틱스로 나아가는 과정이었고, 궁극적으로는 디지털 웹의 생성이 가능해질 수 있도록 만든 과정이었다.

접속된 신체들은 점점 더 쾌락을 느끼지 못하는 무능력에 종속되고 쾌락을 자극하는 방식을 선택하도록 강요당한다. 그에 따라 접촉에서 시각으로의 이행이, 털이 난 신체에서 매끈하고 접속 가능한 신체로의 이행이 일어난다. 신체에 대한 통제는 외부에서 오는 것이 아니라 자기인식과 정체성 사이의 관계 자체에 내장되어 있다.

정보영역이 초고속이 되어가고 그 두께가 두꺼워지며 자극이 일정한 한계를 넘어 급증함에 따라, 우리는 점점 더 피부, 감성, 두뇌에 와닿는 정서적 자극을 의식적으로 정교화할 수 없게 됐다. 의식이 감성으로부터 떨어져나와 접속기계에 종속된 것이다.

자폐적 행동은 타인의 정서를 느끼지 못하고 나의 신체에서 느끼는 쾌락과 고통을 타인의 신체에 투영하지 못하는 무능력의 결과라고 말할 수도 있다. 공감의 부족은 가속화되는 가상의 정보영역에 정신이 노출되는 시간이 계속 길어지면서 생긴 결과일 수 있다.

의식적 유기체에 대한 신경자극의 속도가 빨라지고 강도가 세지면서 우리가 감수성이라 부르는 인지적 막은 계속 얇아졌다.

포르노그래피는 사람들의 관심을 빠르게 휘어잡는다. 포르노그래피를 보는 데는 어떤 노력도, 어떤 공감도 필요 없다. 그냥 보기만 하면 된다. 이것은 거의 자폐적 정신상태와 같다. 다른 사람의 감정을 이해하려고 애쓸 따위가 없는 것이다. 포르노그래피에는 감정이 없다. 포르노그래피는 만족을 느끼기 위해 필요한 대상 혹은 도구에 불과하기 때문이다. 포르노그래피의 구경꾼들은 신체를 인간적인 것으로 만들어주는 모든 것을 빼앗아간다.

충족감 없는 자폐적 흥분이 만연한 상황에서 사회적 행위는 강박적인 의례와 유사한 것이 되어가는 경향이 있다. 1907년 지그문트 프로이트는 강박의 종합적 증상과 종교 의례에 관한 글을 쓴 적이 있다.[8] 프로이트에 따르면, 의례는 강박과 관련이 있다. 의례 역시 실현 불가능성과 강박적 반복의 성격을 갖고 있기 때문이다. 포르노그래피 속의 섹스가 그렇듯이, 종교 행위에도 실현 불가능성과 강박적 반복을 독특한 특징으로 갖고 있다. 또한 포르노그래피적 섹슈얼리티와 마찬가지로 종교 행위 역시 본질적으로 강박신경증의 낙인을 간직한 의례를 수행한다. 다시 말해서, 의미론적으로 아무 의미도 없고 딱히 효율성도 없는 행위를 반복하는 것이다.

강박이란 목적을 실현하지 못하는 의례를 자신의 의지와 상관없이 반복하는 것을 의미한다. 의례의 진정한 역할은 (그 의례를 만든 사람의) 세계 자체를 지탱하는 주문 같은 것이다. 이런 점에서 포르노그래피는 대체적으로 의례와 관련이 있다고 말할 수 있다.

최초의 접속 세대에게 신체적 관계는 점점 더 어렵고 당황스러운 경험이 되어가는 것 같다. 그렇기 때문에 의례가 쾌락을 대신해가게 됐으며, 포르노그래피는 감정적 결말을 얻지 못한 채 보기만 하는 행위의 반복이 된 것이다.

나는 성애적 자아의 진정성을 되찾으려는 것이 아니다. 성적으로 행복했던 황금시대를 상상하려는 것도 아니다. 나는 그저 포르노그래피의 증식 속에 존재하는 병리의 신호, 즉 정서적 병리를 찾고 싶을 뿐이다. 포르노그래피적인 모든 산물에 잠재되어 있는 이 병리는 미디어의 매개, 특히 네트워크를 통한 포르노그래피의 확산을 통해 두드러지고 있다. 이미지와 감정이 분리된 이래로 (시각의) 포르노그래피적 행위는 우리가 기대하고 있는 감정적 효과를 낳지 못하고 있다. 그래서 우리는 (시각의) 행위를 반복하는 것이다.

네트워크에서는 복제가 끊임없이 일어난다. 그래서 이곳은 포르노그래피적 의례의 이상적 장소이다. 자극의 비대함은 포화상태인 정보영역에 등장한 작금의 강박을 발생시키는 일반적 틀이다.

오랜 진화 속에서 인류는 성적 흥분이라는 자극을 정교화하는 방법을 천천히 배워왔다. 문화의 역사 전체를 성적 욕망의 정교화 방식으로 볼 수도 있다. 인류는 환경에서 오는 자극과 그에 대한 심리적·성적 반응 사이의 균형을 상상과 언어를 통해 유지해왔다.

오늘날 우리는 정보-증식의 시대에서 살아가고 있다. 정보영역의 포화는 자극의 과부하를 유발했다. 이런 자극의 과부하가 가져온 인지적 결과는 명백하다. 관심을 위한 시간이 줄어들었다는 것. 그러나 감응적 관심에는 시간이 필요하며, 그 시간은 줄어들 수도 빨라질 수도 없는 것이다. 바로 이런 관심 시간의 감소가 의미를 감정적으로 정교화하는 데 장애를 불러일으켰다. 감응적 관심은 일종의 수축으로 고통을 경험할 뿐만 아니라, 달라진 상황에 적응하기 위한 방법을 찾도록 강요당한다. 즉 유기체는 단순화를 위한 도구들을 취하고, 생동적인 심리적 반응을 제거해가며, 차갑고 고정된 틀에 맞춰 감응적 행위를 재포장하는 경향을 보이게 되는 것이다.

여기서 초점은 감정의 정교화를 위한 시간이 짧아지고 있다는 것이다. 포르노그래피는 일면 이런 포화상태의 원인이자 결과이다. 아니면 그 증상 중의 하나로 보는 것이 더 나을 수도 있겠다. 포르노그래피는 정보영역의 포화와 함께 나타나지만 그와 동시에 불안정한 심리영역을 벗어날 수 있는 탈출구의 역할도 수행한다.

감정이란 단어의 의미는 무엇일까? 감정이란 신체와 인지가 합류하는 지점이다. 감정이란 우리에 정신에 와닿는 정보의 신체적 정교화이다. 감정성의 시간은 (매우) 빠를 수도 있고, (매우) 느릴 수도 있다. 그러나 성적 감정의 정교화에는 느린 시간이 필요하다. 비록 약리학이 성적 반응을 고착화하고 발기의 속도를 빠르게 할 수는 있을지언정 애무의 시간은 자동 엔진에 의해 단축될 수 없다. 비아그라 같은 성적 자극제의 사용은 발기부전과 별 상관이 없다. 오히려 그것은 서두름과, 그리고 감정적 장애와 관련 있다.

미디어 환경 전체를 거쳐 전달되는 전기적 흥분은 감각적 유기체를 영구적 감전상태에 빠뜨린다. 투입의 수[양]가 증가하고 속도가 빨라질수록 개별 투입을 언어적으로 정교화하는 시간은 줄어들게 된다. 섹스는 더 이상 아무것도 말하지 않는다. 차라리 오늘날 섹스는 중얼거리거나 더듬거리고, 그로 인해 고통받고 있다. 말도 거의 없고 말할 시간도 거의 없는 상황. 뭔가를 느낄 시간조차 거의 없는 시대. 포르노그래피는 정서의 자동화 속에서, 감정의 반응시간이 획일화되는 상황 속에서 실행된다. 영구적 감전, 언어적·관여적 정교화의 단축, 감정적 반응의 위축 사이의 (상호)영향을 놓쳐서는 안 된다. 포르노그래피는 그저 신경 단락短絡의 가시적 겉모습일 뿐이다.

접속 세대는 감정의 위축이라는 유행병의 징조를 보여주고 있다. 언어와 섹슈얼리티 사이의 단절은 눈에 띄게 현저해졌다. 포르노그래피는 이 단절의 궁극적인 형태이다.

이탈리아 북부의 어느 지방에서 일군의 젊은 남성들이 한 소녀를 희롱한 뒤 살해한 사건이 발생했을 때, 그 사건을 조사한 수사관들은 가해자인 젊은 남성들이 자신들의 행동, 감정, 동기를 말로 제대로 표현하지 못한다는 사실에 아연실색했다. 통사론적 정교화가 전혀 없었고 단음절어, 의성적 소리만이 존재했던 것이다.

이런 상황에 감성이 투입되면 재초기화의 과정이 진행된다. 새로운 포맷은 매끈하고 접속 가능하다. 성적 상상은 털이 없는 디지털 이미지의 매끈함에 압도당한다. 일상에서 타인의 진짜 신체를 지각하는 것은 점점 더 불쾌한 일이 되어가고 있다. 타인의 신체가 만지기도, 느끼기도, 즐기기도 어려운 대상이 되는 것이다.

이처럼 심리영역이 병리적으로 변한 것이야말로 오늘날 우리의 신체를 둘러싼 신체, 우리의 신체에 와닿는 신체에 대한 지각을 황폐화시키고 있는 사회의 변화, 정치, 테러라는 전지구적 비극을 포괄하는 인류학적 변이의 주된 특징이다.

더 이상 자신의 목적을 성취할 수 없는 몸짓의 강박적 반복, 키울 시간도 없는 즐거움을 붙잡으려는 부질없는 노력, 이 모든 것은 폭력, 전쟁, 고문이 세계의 무대로 귀환한 것과 깊은 관련이 있다.

서구와 이슬람 세계 모두에서 우리는 일상적으로 공포, 공격성, 증오의 선동을 겪고 있다. 사방으로 퍼지며 커져가는 공포의 생태계가 신체적 상상을 어지럽힌다. 비록 역사의 숨겨진 현실에서 지워진 적은 단 한 번도 없지만, 고문은 오랫동안 우리의 의식으로부터 거부되어왔고 사회의 눈길이 닿는 곳에서 배제되어왔다. 나치즘의 패배 이후 고문은 비인간성의 궁극적 표시로 간주된 것이다.

그러나 지난 몇 년, 즉 새로운 세기의 벽두부터 고문은 다시 모습을 나타냈고 돌연히 정치 행위의 평범한 도구로 변모했다. 고문기술자들과 그들의 공범자들은 이제 미국, 러시아, 그밖에 다른 많은 국가들에서 공식적으로 막강한 힘을 얻고 있다. 고문기술자들은 영상전화와 인터넷으로 친구들에게 자신의 행동을 보여준다. 타인을 참수하는 것이 용기와 종교적 믿음의 입증으로 당당히 과시된다.

어떻게 이런 일이 생길 수 있었을까? 왜 사회적 감성이 야만과 비인간성으로 변한 것일까? 테러 행위와 군사 행동의 표면에서 일어나는 일을 이해하려면 신체적 지각의 깊은 곳에서 일어나는 일을 이해해야만 한다. 포르노그래피와 고문은 공통점이 없다. 그러나 감응성이 위축되며 만들어진 진공 속에서 그 둘 모두 미디어를 통해 확산되고 있다. 쾌락을 느낄 수 없는 무능력과 참혹함을 참혹함으로 지각할 수 없는 무능력은 서로 대응관계에 있는 것이다.

| 불만과 억압 |

지크문트 프로이트의 억압 개념은 직접적으로든 간접적으로든 20세기의 반권위주의적 사유에 지대한 영향을 미쳤다. 프로이트는『문명 속의 불만』*에서 억압에 대해 가장 잘 설명하고 있다.

이 시점에서 우리는 문명의 발달 과정과 개인의 리비도가 발달하는

---

* 원래 프로이트는 "Das Unglück der Kultur"라고 제목을 지었다가 나중에 "Das Unbehagen in der kultur"로 바꼈다. 'Unglück'은 '불행'(unhappiness)으로 옮길 수 있다. 'Unbehagen'은 '불안'(uneasiness) 혹은 '불편'(discomfort)으로 옮기는 것이 가장 좋다. 왜냐하면 이 단어는 불안함을 의미하기 때문인데, 그러나 그것을 느끼는 사람이 불편을 의식하고 있으며 거기서 벗어날 수 없음을 알고 있다는 의미에서이다. 가령 팔과 손을 가슴 앞에서 꽉 쥐어 잡은 채 가장자리에 아슬아슬하게 앉아 있는 상태이다. 이탈리아어 제목("Il disagio della civiltà")에 쓰인 'disagio'는 '불만'(discontent)보다는 '어색함'(awkwardness)에 더 가깝다. '불만'은 행복의 결여를 분명히 지칭하는데, 독일어나 이탈리아어에는 그에 해당하는 단어가 없어서 '불안'이나 '불편'이 쓰인 것이다 — 영어판 편집자.

과정의 유사성을 깨닫지 않을 수 없다. 다른 본능의 경우에는 그것을 만족시켜 주는 조건을 바꾸어 다른 길로 나아가도록 유도할 수 있다. 대부분의 경우, 이 과정은 우리가 잘 알고 있는 '승화' 과정과 동시에 일어[난다]. …… 문명이 본능 억제에 얼마나 의존하고 있는지, 문명이 강력한 본능을 만족시키지 않는다는(억압이나 억제나 그 밖의 다른 수단으로) 전제 조건에 얼마나 많이 의존하고 있는지는 간과할 수 없다. 이 문화적 '욕구 단념'은 인간의 사회 관계의 대부분을 지배한다. 이미 알고 있듯이, 욕구를 단념하는 것이야말로 모든 문명이 맞서 싸워야 하는 적개심의 원인이다.9)

프로이트는 억압을 사회적 관계의 확고한 구성적 특징으로 간주했다. 20세기, 특히 1930~60년대 유럽의 비판이론은 소외의 인류학적 측면과 해방의 역사적 성격 사이의 관계를 탐구했다. 한편으로 장-폴 사르트르는 『변증법적 이성 비판』10)에서 인류학적으로 구성된(따라서 극복하기 어려운) 소외의 성격에 대해 이야기했다. 다른 한편으로 맑스주의 이론의 역사주의적·변증법적 변종들은 소외란 역사적으로 결정된 현상이기 때문에 자본주의적 사회관계의 철폐를 통해 극복될 수 있다고 생각했다. 프로이트는 변증법적 사유의 순진함을 비판하면서 이 논쟁의 중심 쟁점을 예견했다.

공산주의자들은 인류를 악에서 구하는 길을 발견했다고 믿고 있다. 인간은 전적으로 선하고 이웃에 호의를 가지고 있지만 사유재산 제도가 인간의 본성을 타락시켰다는 것이 그들의 주장이다. …… 사유재산이 폐지되고 모든 재화가 공유화되어, 모든 사람이 그 재화를 누리는 데 참여할 수 있게 뙤면, 인간들 사이의 악의와 적개심은 사라질 것이다[라고 공산주의자들은 말한다]. …… 나는 공산주의 체제를 경제학적으로 비판하는 것에는 관심이 없다. 사유재산의 폐지가 합당하거나 유리한지는 내가 검토할 수 있는 문제가 아니다. 그러나 공산주의 체제가 근거로 삼고 있는 심리학적 전제가 변호할 여지가 없는 환상에 불과하다는 것은 인정할 수 있다.[11]

역사주의와 실존주의의 논쟁, 맑스주의와 정신분석의 논쟁을 재개하는 것은 내 관심사가 아니다. 그것은 20세기 철학을 연구하는 역사가들에게 맡겨져야 하는 문제이다. 내가 여기서 지적하고자 하는 것은 이 이론들이 공유하고 있는 철학적 틀과 분석의 공통 전제, 즉 근대 문명을 억압에 기초한 체제로 파악한다는 점이다.

프로이트에 따르면 근대 자본주의 역시 다른 문명 체제와 마찬가지로 개인적 리비도의 필수적인 제거에 바탕해, 집단적 리비도의 승화 구조에 바탕해 형성됐다. 이와 유사한 직관은 20세기의 사유를 통틀어 다양한 방식으로 변형되어 나타났다.

프로이트 정신분석에서 이런 불만은 구성적인 것이고 극복될 수 없다. 따라서 정신분석 요법의 목표는 이런 불만이 우리 안에 만들어내는 신경증을 언어와 회상을 통해 치유하는 것이다. 실존주의에서 영감을 얻은 철학적 문화 역시 구성적 소외의 극복불가능성과 리비도적 충동의 억압이라는 프로이트의 신념을 공유했다.

이와 달리 맑스주의와 반권위주의 이론에서 억압은 사회적으로 결정된 것이며, 사회의 진정한 움직임 속에 존재하는 생산적이고 욕망하는 에너지를 해방시키면 제거될 수 있는 것이었다.

그렇지만 양쪽 모두에서 억압은 핵심 역할을 수행한다. 왜냐하면 이 개념은 심리 요법의 대상인 신경증적 병리뿐만 아니라 혁명적 운동이 착취와 소외를 극복할 수 있는 조건을 만들기 위해 철폐하려는 자본주의의 사회적 모순을 설명하는 데도 동원되기 때문이다.

1960~70년대에 억압 개념은 욕망이 고취한 모든 정치적 논쟁의 배경이 됐다. 욕망의 정치적 가치는 늘 억압장치와 격돌했는데, 이것은 종종 개념적·정치적 덫이었음이 드러났다. 가령 1977년 2~3월의 봉기에 맞선 체포의 물결이 휩쓸고 지나간 뒤, 이탈리아의 운동세력은 억압이라는 쟁점을 중심으로 볼로냐에서 국제회의를 개최하기로 결정했다. 이것은 개념 차원의 실수일 수 있었다. 억압을 토론의 중심 주제로 선택함으로써 우리는 권력의 서술기계 속으로 들어갔고 억압에 비대칭적인, 그러므로 억압에서 독립된 삶의 형태를 상상할 수 있는 능력을 잃어버리게 된 것이다.

아무튼 20세기의 말경 억압에 대한 모든 질문은 흔적도 없이 사라져 무대에서 퇴장했다. 우리 시대의 지배적 병리는 리비도의 억압이 낳은 신경증이 아니라 정신분열증이었고, '저스트 두 잇'[12]이라는 표현의 폭발적 확산이 낳은 결과인 것 같다.

구조와 욕망

1970년대의 반권위주의는 프로이트의 개념을 확장하고 그 역사적 전망을 뒤집기도 했지만 여전히 프로이트의 개념틀 안에서 작동했다. 『에로스와 문명』[13]에서 헤르베르트 마르쿠제는 집합적 에로스의 해방이 지닌 현재성을 선언했다. 억압은 테크놀로지와 지식의 잠재력을 위축시키며 그 완전한 발달을 막는다. 그렇지만 사실상 비판적 주체성은 사회의 리비도적·생산적 잠재력의 완전한 표출이 가능해지고 쾌락원칙의 완전한 실현을 위한 조건이 만들어질 때 펼쳐진다. 근대 사회에 대한 분석은 사회 제도와 공적 담론을 억압적으로 형성하는 훈육 메커니즘에 대한 묘사와 교차한다. 미셸 푸코의 1979년 강의14)는 푸코 사상의 무게중심을 억압적 훈육에서 생명정치적 통제 장치의 창출로 옮기도록 만들었다. 그러나 근대성의 계보학에 대한 푸코의 작업(특히『광기의 역사』,『임상의학의 탄생』,『감시와 처벌』)은 여전히 '억압'의 패러다임 안에서 작동하고 있다.

심지어 질 들뢰즈와 펠릭스 가타리조차『안티-오이디푸스』15)에서 프로이트적 틀을 버렸다고 공공연하게 주장했지만 프로이트가 1929년[즉,『문명 속의 불만』]에 서술한 문제설정의 장 안에서 작업했다. 들뢰즈·가타리에 의하면 욕망은 사회와 특이성의 경로 모두를 횡단하는 운동의 원동력인데도, 욕망하는 창조성은 자본이 존재와 상상력의 모든 주름에 끼어 넣은 억압적 전쟁기계와 계속 타협해야만 한다. 욕망이라는 개념은 욕망을 '억압'의 관점에서 읽어도 그 기세가 꺾일 수 없다.『안티-오이디푸스』에서 욕망은 결핍에 반대된다. 변증법적 철학의 변성 이후 20세기의 정치는 결핍이라는 개념을 바탕으로 자신의 (불)운을 만들어왔다. 자율성보다 의존을 떠올리게 만드는 이 개념을 바탕으로 말이다. 그러나 결핍은 경제학, 종교, 정신의학의 지배 체제에 의해 결정되는 산물로 보는 것이 옳다.

성애적·정치적 주체화의 과정에 토대를 제공해주는 것은 결핍이 아니라 창조로서의 욕망이다. 이런 관점에서 들뢰즈와 가타리는 억압이 욕망의 투사일 뿐이라는 사실을 이해할 수 있게 도와줬다. 요컨대 욕망은 구조의 현현이라기보다는 수천 개의 구조를 만들어낼 수

욕망이라는 문제설정 1969년 당시 촉망받는 정신분석가였던 가타리는 자크 라캉이 세운 파리프로이트학교에서 「기계와 구조」라는 제목의 논문을 발표했다. 이 논문에서 가타리는 들뢰즈가 『차이와 반복』(1968)과 『의미의 논리』(1969)에서 행한 주장을 끌어와 정신분석의 고유 문제틀인 오이디푸스 삼각형(아버지-어머니-나)과 기의에 대한 라캉의 테제에서 엿보이는 환원주의를 비판했다. 그러나 당시까지 가타리는 들뢰즈를 개인적으로 만나본 적이 없었다. 두 사람의 만남은 몇 달 뒤인 6월 들뢰즈의 자택에서 처음으로 이뤄졌다. 당시까지의 철학사 연구를 일단락짓고 좀 더 개인적인 저술 활동으로 옮겨가던 들뢰즈는 바로 그런 노력의 결실이었던 자신의 두 저서(『차이와 반복』과 『의미의 논리』)를 인용한 가타리의 논문에 깊은 관심을 보였다. 당시 철학은 라캉이 중심이 된 소위 '정신분석주의'에 의해 거센 도전을 받고 있었는데, 가타리와 만남으로써 들뢰즈는 이런 도전에 응수할 수 있는 멋진 기회를 잡았다고 생각했다. 훗날 '욕망 이론'이라고 통칭되며 전 세계의 지성계를 뒤흔들게 될 새로운 사유는 이렇게 시작된 것이다.

전통적으로 정신분석은 욕망을 결핍(부재하는 것), 법, 금지 등과 연관지어 설명해왔다. 그러나 거꾸로 들뢰즈와 가타리는 욕망을 결핍이 없는 내재적 힘으로, 생산하는 힘으로, 끊임없이 현실을 뚫고 지나가는 힘으로 새롭게 규정했다. 욕망은 해방의 힘 속에 스며들기도 하고, 때로는 억압의 운반체이자 숙주가 되기도 한다. 그렇다고 좋은 욕망과 나쁜 욕망이 따로 있는 것은 아니다. 욕망은 욕망일 뿐이다. 따라서 욕망을 무조건 거부하거나 무조건 찬양하는 것이 관건이 아니다. 문제는 욕망의 거대한 힘을 제대로 인식하고 욕망의 흐름에 개입해 그 물꼬를 긍정적인 방향으로 돌릴 수 있느냐이다. 이 점을 이해하지 못한다면 새로운 주체성의 형성은 불가능하다는 것이 들뢰즈와 가타리의 기본 주장이었다.

있는 가능성인 것이다. 욕망은 구조를 확고해지게 만들 수도 있고, 구조를 변화시켜 강박적인 리토르넬로로 만들 수도 있다. 심지어 욕망은 욕망을 옭아매는 덫을 만들어낼 수도 있다.

그렇지만 대체로 푸코의 계보학과 들뢰즈·가타리의 창조주의가 벼려낸 분석장치는 주체성이란 억압적인 사회적 승화에 직면해 제거됐다가도 다시 등장하는 욕망을 일으킬 수 있는 존재라고 본다. 이것은 반억압적인, 혹은 차라리 표현적인 관점이다.

구조와 욕망의 관계는 가타리의 분열분석이 라캉적 프로이트주의의 궤도에서 벗어난 핵심 이유였다. 가타리에게 욕망은 구조의 관점에서는 이해할 수 없는 것이자, [라캉이 말한] 수학소의 불변성에 근거해 [존재] 가능한 변종도 아니었다. 창조적 욕망은 무한한 구조를 창조하며, 그 구조 중 어떤 것이 억압장치로 작동할 뿐이다.

| 기호자본의 영역 |

프로이트의 틀을 벗어나려면, 우리를 만류하는 생각처럼 보이는 장 보드리야르의 입장에 더 다가가야 한다. 보드리야르의 시나리오는 달랐다. 1970년대 초(『사물의 체계』, 『소비의 사회』, 『푸코를 잊자』)에 보드리야르는 욕망은 자본주의의 발전 동력이고, 해방의 이데올로기는 상품의 완전한 지배에 상응한다고 주장했다. 상상의 새로운 틀은 억압이 아니라 시뮬라시옹, 시뮬라크르의 증식, 유혹이다. 보드리야르는 표현성의 과잉을 과용된 실재의 핵심으로 본 것이다.

실재적인 것은 사막처럼 점점 커진다. …… 환상, 꿈, 열정, 광기, 마약뿐만 아니라 인공물, 시뮬라크르, 이 모든 것은 한때 실재의 자연적 포식자이곤 했다. 그러나 이것들은 마치 서서히 퍼지는 불치병에 걸린 것처럼 모두 기운을 잃어버렸다.[16]

보드리야르는 향후 몇십 년간 지배적이 될 경향을 예견한다. 보드리야르의 분석은 시뮬라시옹이 주체와 객체의 관계를 변형시킴으로써 어떻게 주체를 유혹에 굴복한 자라는 하위의 위치에 처할 수밖에 없도록 만들었는지 보여주고 있다. 이제 주체보다는 객체가 동인인 것이다. 그리고 이와 더불어 소외와 억압에 대한 모든 질문, 그리고 그것들이 만들어내는 불안감은 사라진다.

들뢰즈가 말년에 썼고 자주 인용되곤 하는 「통제 사회에 대한 후기」[17]에서 들뢰즈는 푸코의 훈육 개념으로부터 파생된 구조에 의문을 제기하며, 1970년대 초에 보드리야르가 취했던 방향으로 나아가는 듯하다. 여기서 시뮬라크르와 욕망 이론을 비교하는 것이 (조만간 이뤄질 만한 작업이긴 하지만) 내 관심사는 아니다. 오히려 나는 산업사회가 저물어가면서 기호자본주의(비물질적 노동과 정보영역의 폭발적 급증에 근거한 자본주의)에게 길을 터주는 지금 시점에 등장하고 있는 정신병리의 시나리오에 관심을 가지고 있다.

자본주의에서 상품 생산은 인류의 구체적 필요의 논리보다는 가치 생산의 추상적 논리를 따른다. 그렇기 때문에, 과잉생산은 자본주의에 고유한 특성이다. 그러나 기호자본주의에서 나타나는 과잉생산은 확실히 기호적인 특징을 지닌다. 기호의 무한한 과잉은 정보영역을 순환하며 개인적·집합적 주의력을 포화시킨다.

장기적으로 봤을 때 보드리야르의 직관은 중요한 것이었음이 입증됐다. 다가올 시기에 지배적이 될 병리는 억압의 산물이라기보다는 일반화된 표현에 대한 강박의 산물일 것이다. 최초의 비디오-전자 세대는 억압의 병리적 결과가 아니라 과잉표현에 의한 병리적 영향의 징후들을 보여주고 있는 것이다.

우리 시대의 고통, 그리고 최초의 접속 세대가 경험하고 있는 불편함을 다루려 할 때 우리는 더 이상 프로이트가 『문명 속의 불만』에서 사용한 것과 같은 개념적 틀을 사용할 수 없다. 프로이트주의에서 병리의 원천은 바로 은폐이다. 요컨대 우리도 모르는 사이에 무엇인가가 감춰져 있고, 제거되며, 사라진다. 우리는 그 무엇인가로부터 금지되어 있는 것이다. 그러나 오늘날 병리의 근원은 은폐가 아니라 하이퍼비전, 즉 가시성의 과잉, 정보영역의 폭발적 급증, 정보-신경 자극의 과부하라는 것이 분명해지고 있다.

현대의 정신병리, 즉 과잉행동 장애, 난독증, 공황 등의 근원을 이해할 수 있는 기술적·인류학적 영역은 억압이 아니라 과잉표현성이다. 이런 정신병리들은 그 자체로 유기체가 겪고 있는 고통, 불쾌함, 주변화를 나타내기도 하지만 그와 동시에 유기체가 자신에게 투입된 정보를 처리하는 다른 방식을 나타내기도 한다. 사족이 될 수도 있겠지만, 나는 내 접근법이 소위 자유방임이라고 불리는 것이 초래한 폐해에 대한 반동적이거나 편협한 설교와 아무런 상관도 없을 뿐만 아니라 과거의 억압이 우리의 정신과 관습에 얼마나 좋은 것이었는지를 이야기하려는 것이 아니라는 점을 밝혀두고 싶다.

| 표현성의 병리들 |

정신병리의 현대적 형태를 다룬 『문명과 불편』의 서문에서, 이 책의 편집자들은 다음과 같이 말한다.

이 책에서 우리의 목표는 우리의 삶이 겪고 있는 극심한 변화에 비추어 문명과 불편 사이의 이항적 관계를 재고하는 것이다. 우리가 겪고 있는 것 중 가장 중요한 변화는 우리 시대의 사회적 초자아가 내리는 명령의 기호가 변했다는 점이다. 프로이트적 명령은 본능의 포기를 요구하는 반면에 새로운 사회의 명령은 향락을 향해 우리를 밀어붙인다. 실제로 현대 문명과 관련된 불편의 증상들은 향락과 밀접한 관계가 있다. 그 증상들은 향락의 실제적 실천(마약과 관련된 도착, 폭식증, 비만, 알코올 중독)이거나 신체적 향락의 침체(거식증, 우울증, 공황)로 귀결되는 자기애적 폐쇄의 현시이다.[18]

프로이트는 신경증을 지배적인 사회의 정신병리로 파악하면서 그것이 [본능 혹은 리비도의] 제거의 과정에서 나타나는 결과라고 믿었다. 그러나 오늘날의 지배적 병리는 제거보다는 에너지·정보 과잉의 영역과 갈수록 더 깊은 연관을 맺고 있는 정신병이다.

자신의 분열분석 작업에서 가타리는 신경증과 정신병 사이의 관계를 재정의함으로써, 정신분열증의 주된 방법론적·인지적 역할에서부터 시작해 정신분석의 장 전체를 뜯어고칠 수 있는 가능성에 집중했다. 이런 가타리의 재정의는 매우 강력한 정치적 효과를 가져왔는데, 그것은 행위자를 노동의 억압적인 경계 안에만 있도록 제약하고 욕망을 일종의 훈육적 제거에 종속시킴으로써 자본주의가 표현에 부과했던 신경증적 한계가 폭발한 것과 맞물려 일어났다. 그러나 운동이 낳은 분열증적 형태의 압력과 사회 속에서 일어난 표현의 분출 자체로 인해 언어, 생산형태, 그리고 마지막으로 자본주의적 착취의 변형(혹은 분열적 변형)이 발생했던 것이다.

접속의 시대에 처음 등장한 세대의 일상생활에서 확산되고 있는 정신병리는 억압적·훈육적 틀 안에서는 이해될 수 없다. 그것은 제거로 인한 병리라기보다는 '저스트 두 잇'의 병리이다.

[따라서 중요한 것은] 정신병의 중심성이다. 제거의 언어적·수사적 영역과 오이디푸스의 규범적 토대 안에서 작동하기 때문에 상징적인 임상적 신경증과는 달리, 정신병은 상징적 거세에 의해 지배받지 않는, 따라서 구조의 진실에 좀 더 가까운 실재의 진료소이다(향락의 실재 전체를 상징화하는 것은 구조적으로 불가능하다).[19]

정체성의 분산은 신경증에서 정체화를 위한 중심, 즉 주체로 하여금 일정한 경계들 안에서 강력한 자아를 구조화할 수 있게 해주고, 객체들 및 그것들의 정체화와 맺는 일차적 관계 안에서 주체가 통합될 수 있게 해주는 중심의 부재가 발생함을 가리킨다.[20]

기호-병리적 관점에서 보면, 정신분열은 해석 능력과 관련된 기호적 흐름의 과잉일 수 있다. 세계가 너무 빨리 움직이기 시작하고 너무 많은 기호들이 해석을 요구함에 따라 우리의 정신은 더 이상 형태를 구성하는 선과 점을 구분할 수 없게 됐다. 그렇기 때문에 우리는 (대상을) 과도하게 포괄하고 의미의 경계를 확장함으로써 의미를 파악하려 노력한다. 둘이 마지막으로 함께 쓴 저작의 결론에서 들뢰즈와 가타리는 이렇게 말하고 있다.

우리는 카오스로부터 우리를 보호해주는 다만 얼마만큼의 질서를 요구하는 것뿐이다. 자기 자신을 빠져나가는 사유, 형태를 제대로 갖추

지도 못한 채 망각에 의해 약화되거나 더 이상 장악할 수 없는 다른 것들 속으로 치달아감으로써 흩어져버리고 사라지는 관념들보다 더 고통을 주는 것은 없다. 그것들은 무한한 가변성이며, 그 가변성의 나타남과 사라짐은 동시에 일어난다. 그것들은 색깔 없는 무의 부동성 속으로 섞여 들어간 무한한 속도이다.[21]

| 정신분열의 기호학 |

각 기표들이 단 하나의 기의로 수렴될 때 기호 체제는 억압적이 된다. 권력의 기호를 정확하게 해석하지 못하는 자, 깃발에 경례하지 않는 자, 상급자를 존경하지 않는 자, 법을 위반한 자는 곤경에 처하게 된다. 그러나 기호자본주의의 세계에서 살아가고 있는 우리가 접하는 기호 체제는 기표들의 속도 과잉을 특징으로 지니고 있으며, 일종의 해석적 과잉운동을 촉진하고 있다. 비디오-전자 미디어의 세계가 증식해감에 따라 정신분열적 해석의 전형적 특징인 과잉포괄이 지배적인 항해[검색]양식이 되어가고 있는 것이다.

「정신분열증의 이론을 위하여」라는 제목이 붙은 논문에서 그레고리 베이트슨은 정신분열적 해석을 다음과 같이 규정한다.

정신분열증 환자는 이런 기능[자아 기능] 중 세 가지 영역에서 결함을 드러낸다. ㉠ 자신이 다른 사람에게서 받은 메시지에 정확한 소통약식을 부여하는 데 어려움을 겪는다. ㉡ 자기 스스로 말하거나 비언어적으로 내놓은 메시지에 정확한 소통양식을 부여하는 데 어려움을 겪는다. ㉢ 자신의 사고, 감각, 지각에 정확한 소통양식을 부여하는 데 어려움을 겪는다.[22]

비디오-전자적 정보영역 속에서 우리 모두는 정신분열적 의사소통을 형성하는 조건에 머물고 있다. 의미화하는 자극의 과부하에 노출된 인간-수신기는 언설과 자극의 의미를 순서대로 처리할 수 없게 되고, 앞서 베이트슨이 열거한 바 있는 어려움에 처하게 된다. 더 나아가 베이트슨은 정신분열증 환자의 독특한 특징, 즉 은유와 문자 그대로의 표현을 구분할 수 없는 것에 대해서도 언급한다.

정신분열증 환자의 특이한 점은 그/녀가 은유를 사용한다는 데 있는 것이 아니라 표지 없는unlabeled 은유를 사용한다는 것이다.23)

디지털 시뮬레이션의 영역에서 은유와 사물은 점점 더 분간하기 어렵게 되어가고 있다. 사물이 은유가 되고 은유가 사물이 되며, 재현이 삶을 대체하고 삶이 재현을 대체한다. 기호의 흐름과 상품순환의 코드는 병치되면서 동일한 배열의 일부가 되어간다. 보드리야르는 이것을 초과실재라고 부른다.24) 그러므로 정신분열증의 사용역은 해석의 주요 양식이 된다. 집합적 인지 체계는 그 비판적 능력을, 즉 연속적으로 비교적 기민한 주의력이 필요한 것으로서 언술들의 진리값을 식별하는 능력을 상실한다. 고속 미디어가 증식하는 와중에서 해석은 더 이상 순차적 행렬에 따라 이뤄지지 않는다. 그 대신 해석은 연상의 소용돌이와 무의미한 연결을 따를 뿐이다.

| 해석과 과부하 |

조지워싱턴대학교의 연구원 리처드 로빈은 「듣기를 기반으로 한 학습자와 기술적 진정성」이라는 논문을 통해 발화의 가속화가 청취 이

해력에 끼치는 영향을 연구했다. 로빈은 매초 발화되는 음절의 수를 계산하는 것에 바탕해 연구를 진행됐다. 더 빠른 속도로 말할수록, 즉 1초당 발화되는 음절이 많을수록 청취자가 그 음절들의 의미를 이해하는 수준은 떨어졌다. 또한 1초당 발화되는 음절의 흐름이 빨라질수록 청취자가 메시지를 비판적으로 처리할 수 있는 시간은 줄어들었다. 음절이 방출되는 속도와 주어진 시간 단위 내에 발화되는 기호적 자극의 양은 그것들[음절들과 자극들]을 의식적으로 처리하는 데 이용 가능한 시간과 함수 관계에 있음을 알 수 있는 것이다.

빠른 속도의 발화는 듣는 사람을 위협한다. …… 세계화가 발화의 속도를 더 빠르게 만들었다는 증거가 있는데, 특히 서구적 방송 스타일이 전통적인 권위적 스타일을 대체한 곳에서 그랬다. 예를 들어 구소련에서는 공산주의 체제가 몰락한 이후 1초당 발화되는 음절의 속도가 3개에서 거의 6개로 두 배 가까이 증가했다. 중동과 중국 같은 곳의 뉴스 방송을 대충 비교해봐도 유사한 결론이 나왔다.[25]

로빈의 이런 연구 결과는 생명정치권력의 형태가 (20세기의 전체주의 체제에서처럼) '설득적인' 권위주의적 형태에서 (현대의 정보지배 체제에서처럼) '편재하는' 형태로 이행되어갔음을 이해할 수 있도록 해준다는 점에서 매우 흥미롭다.

설득적 권력은 합의에 기반을 두고 있다. 시민들은 대통령, 장군, 총리, 수령의 논리를 이해해야만 한다. 또한 단 하나의 정보 원천만이 그 권위를 인정받으며 이에 동의하지 않는 목소리는 검열을 받게 된다. 이와 달리 기호자본의 정보지배 체제는 정보의 과부하에서 힘을 얻는다. 이제 기호적 흐름의 가속화와 정보 원천의 증식은 구분 불가능하고, 맥락 없고, 해독 불가능한 백색소음을 만들어내는 지점에까지 이르렀다. 20세기의 예술은 욕망과 해방적 표현의 흐름으로 여겨졌다. 초현실주의는 잠재의식의 표현적 힘을 사회적·심리적 해방의 기운으로 찬양했다. 오늘날 예술은 정신의 생태계를 위한 치료의 흐름이기도 하다. 예술은 정신통제라는 보편적 장치 속에서 경찰의 역할을 대신했지만 그와 동시에 치료로 나아갈 길을 찾고 있다.

근대에 유행병처럼 퍼졌던 병리가 억압에 의한 신경증이었던 반면에 오늘날 유행병처럼 확산되고 있는 병리는 정신병과 공황의 징후들을 나타내고 있다. 주의력이 지나치게 자극받으면 타인의 말을 비판적·순차적으로 해석할 수 있는 능력이 감소된다. 결국 아무리 노력해도 타인은 이해될 수 없는 존재로 남게 되는 것이다.

SWARM

6장
떼

| 매트릭스와 구름 |

과거에 근대의 사회적 문명이 지어 놓은 피난처들이 무너져내리면서 오늘날 우리는 인류 본래의 벌거벗은 상태로 되돌아가고 있다. 근대가 합리화하고 자연으로부터 보호하려고 노력해왔던 인간이라는 존재에 관한 진실이 잔인하게 드러나고 있는 것이다.

법의 규칙들은 수십 년 동안 진행된 신자유주의적 세계화에 의해 무효화됐고, 복지 체계는 금융자본주의에 의해 중단됐다.

불안정한 시간의 탈영토화된 파편들은 물리적 세계의 모든 공간에 산산이 흩어져 있다. 요컨대 오늘날 파편화된 삶의 조각들은 서로 만날 수도 없고, 결합할 수도 없게 된 것이다. 무계획적이고 무질서하게 발전한 대도시는 짧은 순간 동안 만났다가 헤어져 다시는 결코 만나지 않을 사람들이 횡단하는 공간이다. 그들이 서로 연결되는 곳은 생산의 행위, 교환의 행위 속에서일 뿐이다. 그리고 난 뒤 그들은 불안정한 탈영토화의 카오스적 붕괴상태 속으로 사라진다.

유대감, 동일한 노동의 장소에서 장기간 지속된 협력, 도시들의 근접성 같은 사회적 연대의 조건들은 소실되어버렸다. 정치적 이성의 케케묵은 질서, 시간과 가치 사이의 지속적 관계 역시 상실됐다. 이제 사회적 존재는 구름, 즉 형태와 밀도를 바꿔가며 쉴 새 없이 움직이며 자리를 바꾸고, 응결됐다가 용해되는 수증기로 변했다.

이 시점에서 도시의 경로를 지도로 나타내거나 노동시장을 지도로 그리는 것은 불가능한 일이다. 사회적 삶의 분자들이 어디로 이동할 것인지 예측하는 것 역시 불가능한 일이다. 미래에 대해 합리적인 방식으로 결정한다는 것도 불가능한 일이다. 지도로 그릴 수 없는 구름. 이것이 바로 불안정성인 것이다.

그러나 이와 동시에 자본주의적 축적의 네트워크는 매트릭스를 통해 이 구름을 가로지르고 있다. 파편화된 삶은 사회적 의사소통의 기술적 인터페이스 속에 박혀 있는 접속의 규칙에 의해 재코드화되어 프랙탈화되고 재조합된다. 매트릭스는 시간적으로나 공간적으로나 멀리 떨어진 채 흩어져 있는 신체들의 뉴런 경로들을 연결시킨다. 이렇게 매트릭스는 집합적 인지를 알고리즘의 규칙적 패턴에 따르도록 하면서 구름을 떼로 바꿔놓고 있다.

| 협치에 대한 숭배 |

불안정성이 사회의 공간을 침입할 때 사회적 연대, 공감, 집합성의 구축은 어떻게 될까? 또한 정치적 자유, 민주주의, 협치의 체계적 질서는 어떻게 될까? 이 질문에 대답하기 위해 2010년대에 일어난 유럽의 위기로 돌아가보자. 물론 정치적 통치가 자동화된 협치로 변형되는 현상은 전 세계적으로 일어나고 있는 일이지만 말이다.

지금 내가 이 글을 쓰고 있는 동안에도 한창 진행 중인 유럽 위기
의 역사는 자발적 행동과 민주주의적 결정의 효율성이 상실됐음을
보여주는 증거라고 할 수 있다. 실제로 유럽연합의 정치적 역동성보
다 우월한 힘을 가지고 있는 금융 체제는 자동화에 따른 일련의 결
과를 경제 속에 끼워 넣었고, 이로 인해 민주주의는 적어도 사회적
장에서 일체의 내용을 박탈당하게 됐다.

[지난 2011년 10월 31일] 당시 그리스의 수상이었던 게오르기오
스 파판드레우는 유럽중앙은행의 긴축재정 정책 적용 여부에 대해
국민투표를 실시하겠다는 의도를 표명한 직후 느닷없이 수상직을 사
퇴해야만 했다. 파판드레우의 사퇴 이후 글로벌 금융기관에서 근무
했던 컨설턴트가 소환되어 수상직에 임명됐다.

2013년 2월 선거에서 이탈리아인들이 긴축 정책에 대규모로 반
대했을 때, 유럽중앙은행의 총재 마리오 드라기는 빈정대는 말투로
이탈리아의 경제 정책은 자동적으로 진행되고 있기 때문에 선거 결
과를 과장해서는 안 된다는 반응을 보였다. 다시 말해서 경제 정책은
재정 협약에 수반된 자동화에 의해 결정된다는 것이었다.

인류가 자신의 역사를 통치할 수 있는 가능성을 지니고 있다는
가정은 단 한 번도 그 근거가 뒷받침된 적이 없다. 인간의 의지는 언
제나 역사적 과정을 결정짓는 많은 요소들 중 하나였을 뿐이었다. 그
러나 근대의 시기, 더 정확히 말하면 니콜로 마키아벨리 이후부터 인
간의 의지는 과학 지식과 부르주아적 문명의 정치적 공간이 수립되
면서 힘을 얻게 됐다. 부르주아지가 인간이 지닌 열정의 복잡성을 경
제성장과 사회적 삶의 전반적 개선이라는 관심사로 완화시킬 수 있
는 한, 통제되고 계획된 방식으로 사회의 현실을 변형시키는 합리적

기획으로서의 통치는 실현 가능한 것이었다. 군주가 지배하는 절대주의의 권위적 형태와 민주주의의 자유적 형태 모두에서 통치란 사회적 세력들의 발전을 관리·감독할 수 있는 두뇌의 능력을 의미해왔다. 지식, 예상, 계획, 폭력 등은 사회를 통치하고, 가능한 한 사회를 공통의 목표로 환원시키는 도구들이었다.

경제권력이 팽창되고 정보교환의 가속화가 너무나 빨라짐에 따라 통치는 공허한 단어로 변해버렸고, 인간의 의지는 정보와 권력의 자동적 자기복제에 굴복하게 됐다.

민주적 통치에 대한 환상은 계속됐고, 민주주의의 수사는 정치적 담론의 보편적 신화로 고취됐다. 그러나 경제의 영역에서 형성되어 가던 권력에게 민주주의는 단지 의례에 불과할 뿐이다. 민주주의의 공간을 강화하겠다는 약속에 기초해 만들어진 유럽연합은 최근 들어 민주주의 담론의 공허함을 계속 드러내고 말았다.

특히 협치는 유럽연합 건설의 핵심어이지만 전 세계 금융자본주의의 핵심어이기도 하다. 협치란 인간의 의지와 민주적 통치가 논리적·기술적 함의를 지닌 자동화 체계로 대체되는 것이다. 협치란 의미 없는 순수한 기능성이자 생각과 의지의 자동화인 것이다.

협치의 개념에서, 살아 있는 유기체들 사이의 추상적 접속은 언어와 기술적 규약에 내장되어 있다. 선택, 결정, 우선순위의 연속은 논리적 합리성과 동일시되며 기술적 자동화로 변형된다.

애초부터 유럽[유럽연합]이라는 독립체는 (소속[귀속]의 위험한 징표인 민족주의적, 이데올로기적, 문화적) 열정을 극복할 가능성으로 여겨져왔다. 심지어 유럽의 미학은 의도적인 불감증으로 특징지어져 왔다. 이 불감증은 20세기의 파국적 전쟁으로 이어진 유럽 근대성의 낭만주의적 각인에서 거리를 두려는 시도로 이해될 수 있다. 이렇게 보면 유럽은 상호접속이라는 기술-언어적 장치에 의해 권력이 구현되는 완벽하게 탈근대적인 구성물이라고 할 수 있다.

[공유할 만한] 문화적 정체성을 가지지 못한 유럽은 번영에서 자신의 정체성을 찾았다. 수십 년 동안 번영은 이질적인 것들로 구성된 연합[유럽연합]을 나타내는 특징이었다. 유럽이라는 독립체는 정치적 열정이나 위대한 이데올로기적 전망 혹은 카리스마 있는 지도자가 아니라 은행가의 쿨한 이미지와 동일시됐다.

새로운 세기의 처음 10년이 끝날 무렵까지 이런 동일시는 제 기능을 발휘했다. 금융자본주의가 계속해서 더 큰 수준의 번영을 보장해주는 한, 그리고 통화주의의 법칙이 경제성장을 담보해주는 한, 유럽은 번성할 수 있었다.

그 다음은 무엇일까? 유럽이 번영과 성장의 상황을 상실하면 어떻게 될까? 내가 이 글을 쓰고 있는 2013년에 근심어린 질문 하나가 던져지고 있다. 오직 금융 체계로만 지탱되고 있는 유럽은 금융의 붕괴와 그에 뒤따른 격변 속에서 살아남 수 있을까?

유럽연합은 민주주의가 아니다. 유럽연합은 유럽중앙은행이라는 전제적 유기체, 시민이나 의회에 반응하지 않는 금융계급의 지배를 받고 있다. 절대적 교리 체계로 변질된 마스트리히트 조약[1])에 의해 유럽 각국의 생기 넘치는 사회는 노동비용 삭감, 공적 영역의 축소 등과 같은 신자유주의의 엄격한 규칙에 종속되어가고 있다.

협치는 정치적 의지를 자동화된 절차적 체계로 대체하며 반박이 허용되지 않는 논리적 틀 속으로 현실을 쑤셔 넣어버렸다. 유럽연합의 체계적 구조는 금융의 안정성, 경쟁력, 노동비용의 삭감, 생산성의 증가 등, 경영이라는 기술적 하부 체제의 기술적 기능 속에 새겨져 있기 때문에 이의를 제기할 수도 없고 논의될 수도 없는 교리적 기반들에 근간을 두고 있다. 신자유주의적 협치에 내장된 규칙을 따르지 않는 한, 그 어떤 언표행위나 행동도 작동될 수 없는 것이다. 협치는 너무나 복잡해서 통치될 수 없는 체제의 경영이다.

사실 통치라는 개념은 사회적 과정과 문화적 기대를 이해할 수 있는 가능성, 정보의 흐름을 통제할 수 있는 (전제적, 민주적, 혹은 다른 어떤 것이든) 인간 의지의 능력을 의미한다. 이런 가능성과 능력을 통해 사회적 전체 중에서 연관된 부분이 통제·관리될 수 있는 것이다. 통치는 사회적 정보의 복잡성이 낮은 한에서만 가능하다. 그러나 근대 후기에서부터 정보의 복잡성은 계속 증가해왔고, 디지털 네트워크의 시대에 들어와 마침내 폭발하고 말았다.

정보교환의 증식 때문에 사회적 정보의 강도와 순환 속도는 너무나 빠르게 증가했다. 중앙집중된 정보나 정치적 통제로는 이런 상황을 도저히 감당해낼 수 없었다. 결국 합리적 통치라는 것은 불가능한 것이 되어버렸다. 마치 사건과 정보의 순서를 비판적으로 구별해 결정하는 것이 불가능해졌듯이 말이다.

협치의 양식은 다음과 같다. 기술적 기능들의 추상적 연쇄가 의식의 정교화, 사회적 협상, 민주적 결정을 대체한다. 무의미한 단편들의 자동적 접속이 대화를 통한 질서[명령]의 정교화를 대체하며, 적응이 합의를 대체한다.

협치의 영역에서, 사회적 게임에 참여하는 행위자들은 교환을 시작하기 전에 포맷되어야 하고 호환 가능해져야 한다. 상충하는 이해관계들과 프로젝트들은 협치의 패턴을 규정하고 반박이 허용되지 않는 알고리즘의 합리성에 복종해야 한다. 체계의 복잡성이라는 수사학이 역사적 변증법의 수사학을 대체했다. 분열은 호환 가능성이라는 공유된 패턴에 따라 관리되어야 한다.

복잡성의 카오스와 의미

『통제불능』에서 케빈 켈리는 이렇게 쓰고 있다. "우리 자신이 만든 세계가 너무나 복잡해져서 우리는 그 세계를 어떻게 관리할지 이해하기 위해 태어난 이들의 세계에 의지해야만 한다."[2]

인식론적 관점에 의하면 복잡성이라는 개념은 뻔한 소리일 뿐이다. 1987년에 발표한 글에서 에드가 모랭은 이렇게 말했다. "복잡성은 명확함으로서, 정답으로서 등장하는 것이 아니다. 복잡성은 난해함으로서, 불확실함으로서 등장한다."[3]

복잡성이라는 개념은 정보의 관점에서 생각해야만 유의미한 타당성을 얻을 수 있다. 환경을 정보자극의 원천으로, 정신을 수신기-해독기로 간주한다면, 복잡성은 정보흐름의 강도와 입력된 것을 정교화하는 정신의 속도 사이의 함수로 정의될 수 있다.

정보의 흐름이 너무나 빨라서 의식이 정교화할 수 없을 때, 카오스는 정신과 환경 사이의 연속 속에서 나타난다.

그러므로 '카오스'라는 말은 우리가 사용할 수 있는 해석의 격자로는 해독할 수 없을 만큼 너무나 복잡한 환경, 의식이 정교화하거나 우리가 합리적 결정을 내릴 수 없을 만큼 그 흐름이 너무나 빠른 환경을 의미한다. 요컨대 '카오스'라는 말은 우리의 두뇌가 해독하기에는 너무나 조밀하고, 너무나 강렬하고, 너무나 빠른 복잡성의 정도를 나타내는 것이다. 이런 관점에서 본다면, 복잡성이란 송신기(즉, 우리 주변을 둘러싸고 있는 정보영역)와 관련해 수신기(즉, 우리의 정신)의 속도를 측정한 것[값]이라고 간주될 수 있다.

때때로 과학과 삶 속에서는 사건의 연쇄가 너무나 복잡해서 아주 작은 변화 하나만으로도 엄청나게 크고 예측 불가능한 결과가 일어날 수도 있다. 이런 종류의 불확정성이 사방에 널리 퍼져 있을 때 우리는 카오스에 대해 말할 수 있다.

근대의 과학적 방법론에서 핵심이라고 할 수 있는 세계의 수학화 과정은 환경을 측정 가능한 단위로 환원하는 행위이다(비율의 측정, 혹은 치수로의 환원). 실제로 이성이라는 단어의 라틴어 어원인 라티오^{ratio}는 단위(비율)라는 의미이다. 환원이란 이 세상에 존재하는 무한한 기호의 흐름 속에서 관련된 것의 연장된 부분을 잘라내는 행위로서, 이런 환원 없이는 결코 측정이 이뤄질 수 없다. 그러므로 관련성이라는 문제는 카오스가 질서로 이행하는 데서, 또한 바로 그렇기 때문에 문명화의 과정에서도 매우 중요하다. 우리는 측정을 하기 위해서는 관련된 사건들을 구분해야만 하기 때문이다.

과학적 정신은 탐구의 한계를 확정하지 않고서는 지식을 생산해낼 수 없다. 확정된 한계의 안쪽에 존재하는 것은 관련된 것이라고 불리고, 확정된 한계의 바깥쪽에 존재하는 것은 관련 없는 것이라고 불리는 것이다. 이와 유사하게 정치적 정신 역시 한계를 제시하지 않고서는 결정이란 것을 내릴 수 없다. 지식의 관점에서 봤을 때 합리적 정신은 오로지 관련성 있는 것만 실제로 정교화한다. 합리적 통치는 정보의 무한한 흐름에서 관련성 있는 것을 추정하는 것이다. 무엇이 관련 있는 것이고, 무엇이 관련 없는 것인가? 바로 이것이 이용 가능한 정보의 흐름에 대한 인식론적 합리화의 문제이다.

근대성이 현실을 합리적 통제 아래 둘 수 있었던 것은 오로지 한 계들을 설정하고 비이성적 신화, 광기, 망상 같은 것들을 결정의 공간으로부터 배제시켜온 덕분이었다.

마키아벨리는 인간 의지의 영역과 포르투나[즉, 운명의/이라는 여신]의 영역을 구별한 바 있다.[4] 군주는 포르투나(여성)를 의지에 순종케 하는 사람(남성)이다. 운명이란 인간의 경험이라는 주름 속에 숨어 있는 카오스이다. 만약 통치하기를 원한다면 군주는 사전에 운명의 무한성 속에 존재하는 사건들의 가느다란 실을 잘라내야만 한다. 확립된 질서의 경계에는 환원 불가능한 카오스의 어두운 무한성이 존재하는 것이다. 카오스는 소음이고, 질서는 리듬이다.

질서를 부여하는 리듬은 운명과 의지, 현실과 이성이 동시에 움직이도록 만들 수 있다. 그러나 현실의 영역에 존재하는 아주 작은 부분만이 이성과 동시에 움직일 수 있고, 운명의 아주 작은 부분만이 정치적 의지와 동시에 움직일 수 있다. 그리고 이처럼 아주 작은 부분이 질서의 지배적 지성에 의해 '관련 있는 것'이라고 불리는 것이다. 완전한 통치 같은 것을 과시하는 것은 언제나 환상에 불과할 뿐이다. 왜냐하면 이 세계에서 일어나는 사건들의 전체적 다양성을 통치하는 것은 불가능하기 때문이다. 그러나 정보영역의 두께가 아주 얇고 정보의 흐름이 아주 느려서 정치적 의식이 관련 있는 사회적 사건들의 작은 공간들을 도려낼 수 있을 때, 그리고 우리를 둘러싼 통치 불가능한 문제들의 바다에서 이 공간(문명화된 공간)을 지켜내려 애쓸 때, 이런 환상이 작동해 그 효과를 생산해낼 수 있게 된다.

바로 이것이 오늘날 문명의 왕국이 위기에 처해 있는 이유이다. 집합적 두뇌를 자극하는 미디어 흐름의 가속화는 우리가 근대로부터 물려받은 리듬의 틀을 깨뜨리고 있다. 기계적 이론과 정치적 의지의 리듬이 따라가기에는 디지털 정보의 연속된 흐름이 너무나 빠른 속도로 흘러감으로써 카오스가 다시 떠오르고 있다. 전기적 흐름이 주의력이라는 막을 침입하면서 우리는 더 이상 무엇이 관련 있는 것인지, 무엇이 관련 없는 것인지를 구별할 수 없게 됐다. 바로 이 때문에 관련성을 지켜주는 방벽이 마침내 부서져버렸다.

이제 나는 정신과 그것의 환경이 맺고 있는 관계라는 틀을 가지고 의미의 생산이라는 문제에 집중해보고자 한다.

의미는 현실이 언표행위의 유한한 연속으로 환원되는 것이라고 정의할 수 있다. 정보영역의 속도가 충분히 느려서 정신이 정보를 선별하고 자세히 살펴볼 수 있을 때 우리는 의미를 이끌어내고 공통의 리듬을 찾을 수 있다. 펠릭스 가타리는 이 리듬을 리토르넬로라고 부른다. 리토르넬로는 정신 활동과 환경의 동기화인 것이다.

정보영역이 우리의 주의[관심] 시간을 포화상태로 만들 때, 기호적 흐름이 너무나 빨라 우리의 정신이 정보를 합리적인 방식으로 처리하지 못할 때 우리는 복잡성에 대해 말한다.

속도의 특정한 조건 속에서(가령 정보의 흐름이 느릴 때) 통치의 합리적 모델은 환경을 통제할 수 있고 대안적 가능성들 중의 하나를 결정할 수 있다. 그러나 정보의 강도와 정보영역의 속도가 정신의 정교화 속도를 초과하게 되면 정신은 더 이상 경험으로부터 의미를 뽑아낼 수 없고, 심리영역은 혼란한 감각의 영향을 받게 된다.

사회적 상호작용과 이해를 위해 사용할 수 있는 도구로서의 유한한 설명을 무한한 흐름에서 뽑아내지 못하면 우리는 더 이상 의미를 파악할 수 없게 된다. 그렇게 되면 의미를 통사론적으로 선택하는 자들과 자동화된 결정을 내리는 자들만이 사회의 질서를 만들게 된다. 시간이 너무나 부족하면 의미론적 해석은 더 이상 불가능하고, 결정은 전적으로 통사론적 기계들에 의해 내려질 수밖에 없다.

협치는 이와 같은 통사론적 기계들에 의해 내려진 자동화된 결정들의 조합인 셈이다.

| 떼 혹은 접속성 |

다중이란 공통의 지향성을 공유하지 않고 공통된 행동 패턴을 보이지 않는 의식적·감성적 존재들의 복수성이다. 도시에서 뒤섞이는 군중은 셀 수 없이 수많은 각자의 동기들을 지닌 채, 셀 수 없이 수많은 방향으로 제각각 뿔뿔이 흩어진다. 모든 사람은 자신의 길을 가고 그런 사람들이 교차하면서 군중이 만들어진다. 가끔 군중이 확연히 일치해서 움직이는 때도 있다. 곧 떠날 예정인 기차를 타기 위해 역으로 뛰어가는 사람들, 신호등 앞에서 다함께 서 있는 사람들이 그 좋은 예이다. 모든 사람은 사회적 상호의존성이라는 제약 안에서 자신의 의지에 따라 움직인다. 공통의 지향성과 공통의 방향으로부터 벗어난다는 점에서 이 군중은 다중이다.

네트워크는 (유기체적 혹은 인공적) 존재들의 복수성이자 상호접속과 상호연동을 가능케 해주는 절차 덕분에 공통의 행동을 수행할 수 있는 인간과 기계의 복수성이다.

만약 이런 절차에 적응하지 않는다면, 만약 이 게임의 기술적 규칙을 따르지 않는다면, 당신은 이 게임을 하고 있지 않은 것이다. 만약 당신이 [이 절차의] 규약에 복종하는 방식으로 특정한 자극에 반응하지 않는다면, 당신은 네트워크의 일부가 아닌 것이다. 네트워크의 일부인 사람들의 행동은 군중의 움직임처럼 마구잡이가 아니다. 왜냐하면 네트워크는 그 네트워크에 속해 있는 사람들을 위한 경로를 암시하고 사전에 준비해놓기 때문이다.

한편, 떼는 자신의 신경 체계 속에 새겨져 있는 규칙들을 따라 행동하는(혹은 따르는 것처럼 보이는) 살아 있는 존재들의 복수성이다. 생물학자들은 벌집을 짓거나 꿀을 만들기 위해 필요한 것을 찾을 수 있는 식물을 향해 움직이는 벌들처럼 유사한 크기와 신체 방향을 가지고 있고, 동일한 방향으로 함께 움직이며, 서로 협조하는 방식으로 행동하는 동물의 무리를 떼라고 부른다.

사회적 복잡성이라는 조건 속에서 인류는 떼처럼 행동하는 경향을 보인다. 정보영역이 너무나 조밀해지고 빨라져서 정보를 의식적으로 정교화하는 것이 어려워질 때 사람들은 의미의 공통적인 자동적 속성에 의존하고 서로 일치하는 행동을 공유하는 경향이 있다. 그런 상황에서는 공통의 의미가 생산되고 서로 일치하는 행동이 형성되는 장소가 바로 권력[의 장소]이다. 이런 이유 때문에 빌 게이츠는 『뉴요커』의 과학기자 존 시브룩에게 이렇게 쓴 편지를 보냈던 것이다. "결국 권력[힘]이란 일을 쉽게 만들어주는 것이다."5)

복잡성의 정도가 개인의 정신이 지닌 이해 능력을 넘어가는 환경 속에 있다면 사람들은 복잡성을 줄이고 동일한 경로를 따를 수 있게 해주는 인터페이스를 사용할 것이다. 바로 이것이 요즘의 사회적 행동들이 규칙적이고 피할 수 없는 상호작용의 패턴에 움쩍달싹할 수 없이 갇힌 것처럼 보이는 이유이다.

기술-언어적 기계들, 금융 채무, 기호자본주의적 권력의 모든 모세혈관적 기구는 가능한 것의 장을 틀지우고 사회적 행위자의 행동

속에 공통된 인지적 패턴을 심어 넣고 있다. 그러므로 우리는 기호자본이 지배하는 사회적 삶의 영역에서 삶은 떼가 되어가고 있다고 주장할 수 있을 것이다. 떼 속에서 "아니오"라고 말하는 것은 불가능하다. 당신은 거부할 수도 있고 이견을 나타내거나 비협조적으로 나갈 수도 있다. 그러나 그것은 떼의 방향을 바꾸지도, 떼의 두뇌가 정보를 처리하는 방식에 영향을 끼치지도 않을 것이다.

윌리엄 모턴 휠러는 떼를 일컬어 평범한 곤충 유기체의 집단으로부터 나타나는 초유기체라고 부른다.[6] 휠러의 논의를 참조해 켈리는 『통제불능』에서 다음과 같이 쓰고 있다.

벌떼는 그 일부를 이루는 개개의 벌이 가지고 있지 않은 많은 것들을 가지고 있다. 꿀벌의 작은 두뇌는 6일의 기억을 가지고 움직인다. 이와 반면에 전체로서의 벌떼는 3개월의 기억을 가지고 움직인다. 이것은 평균적인 벌의 수명보다 두 배나 긴 시간이다.[7]

생물학자로서 정보사회의 체계를 연구하는 켈리는 이런 관점에 근거해 다음과 같은 결론에 도달한다.

전지구적 정신은 컴퓨터와 자연, 전화기와 인간 두뇌, 그리고 그 외 다른 것들 사이의 연합이다. 전지구적 정신은 불확정적 형태를 띠는 엄청나게 큰 복잡성으로 보이지 않는 손 자체의 통제를 받는다. 우리 인간들은 전지구적 정신이 숙고하는 것을 의식하지 못할 것이다. 왜냐하면 우리가 똑똑하지 않기 때문이 아니라 정신 자체가 부분이 전체를 이해하는 것을 허용하지 않도록 디자인됐기 때문이다. 전지구적 정신의 특별한 사고방식, 그리고 그에 뒤따른 행동은 통제불능일 것이며, 우리의 이해를 넘어설 것이다.[8]

이것은 지난 수십 년간 전개된 과정, 즉 정보기계와 생명기계를 포함하는 사회 체계가 너무나 복잡해져 인간의 지능으로서는 이해할 수 없고 인간의 의지로는 통제할 수 없게 된 상황에 대한 서술이다. 이 과정의 걱정스런 측면은 인간이 자신이 창조한 기계를 더 이상 멈출 수도, 내장되어 있는 선택들을 수정할 수도 없다는 것이다.

네트워크에서 인간의 언어는 이미 내장되어 있는 통사론적 순서의 규칙과 의미론적 호환 가능성의 규칙에 복종할 때에만 작동 가능하다. 코드의 준수라는 규칙에 복종하지 않는 언어적 행동은 그저 폐기될 뿐이다. 생명정보적 초유기체[즉, 네트워크]는 인간의 언어를 읽고 그것을 소음으로 폐기해버린다.

「네트워크, 떼, 다중」이라는 글에서 생물학자 유진 태커는 집합성과 접속성 사이의 유사점과 차이점을 연구하며 집합성이란 일정 정도의 접속성을 함축하는 반면에 그 반대는 성립되지 않는다는 점을 강조했다. 즉, 접속성이 있다고 집합성이 존재하는 것은 아니다.

떼에 대해 말하면서 태커는 다음과 같이 쓰고 있다.

떼란 서로 일정한 관계를 맺는 다수의 개체화된 단위들이 이루는 조직이다. 즉, 떼는 접속성의 조건에 의존하고 있을지 모를 특정한 종류의 집합성 혹은 집단 현상인 것이다. 떼는 관계성에 의해 정의되는 집합성이다. 이 사실은 떼의 전체 조직뿐만 아니라 개별 단위의 수준에도 적용된다. 관계는 떼의 규칙이다. 떼는 (자신의 관계성을 따르는) 역동적 현상이다. 바로 이 점이 떼를 '네트워크'라는 개념으로부터 차별화해준다. '네크워크'라는 개념은 그래프 이론, 그리고 '사물'(혹은 노드)과 '관계'(혹은 경계)를 수학적으로 이해하는 공간적 양식에 뿌리를 두고 있다. 떼는 늘 시간 속에 그 자체로 존재하며, 늘 행동하고 상호작용하고 서로 관계맺으며 스스로 변용한다. '살아 있는 네트워크'와 '떼'는 어떤 수준에서는 서로 겹쳐진다.9)

네트워크 과학, 떼 지능, 생물복합성에 관한 모든 연구는 국지적인 상호작용으로부터 전체적인 패턴이 발생하는 것을 자기조직화라고 정의한다. 이런 역설적 정의는 떼를 (정치적, 기술적, 그리고 생물학적으로) 흥미로운 것으로 만든다. 왜냐하면 떼는 의도가 없는 지향성을, 행위자 없는 행위를 특징으로 갖는 이질적인 전체이기 때문이다. 떼에는 중앙의 명령도, 전체 떼를 조사하거나 감시하거나 통제할 수 있는 단위 혹은 대리인도 없다. 그런데도 불구하고 떼는 일정한 방향으로 행동하고, 그 움직임에는 동기가 있으며, 그 패턴에는 목적이 있다. 바로 이것이 떼의 역설인 것이다.

실제로 정치적·생물학적 독립체로서의 떼 내부의 긴장은 **패턴**과 **목적** 사이의 긴장이다. 조직은 조직 그 자체 이외의 존재 이유를 별도로 가지고 있지 않다. 한쪽 극단에는 시위 군중(그들의 목적은 도시의 거리를 봉쇄하는 것일 수도 있고 가시성을 획득하는 것일 수도 있다) 혹은 완전히 생물학적인 용어로는 (식량의 공급원을 찾는 것이 목적인) 병정 개미들처럼 고도의 지휘 아래 목적을 가지는 집합성이 존재한다. 이런 집합성은 떼의 두 가지 기본적 구성요소를 충족시킨다는 점에서 떼라고 부를 수 있다. 첫째, 이런 집합성은 국지적 상호작용으로부터 전체적인 패턴을 드러낸다. 둘째, 이런 집합성은 중앙의 통제 가 없는 의도를 지니고 지향적인 힘을 드러내다. 다른 쪽 극단에는 역시 고도로 질서정연하고 역동적으로 조직화됐지만 자신을 유지하는 것 이외의 다른 명백한 '목적'이나 목표도 보여주지 않는 집합성이 있 다. 페스티벌이나 콘서트에 참석한 대규모 군중 혹은 생물학적 수준 에서는 새나 물고기의 떼가 좋은 예이다. 연구자들은 이런 예들이 진 화의 필요에 의해(따라서 생존이라는 목적의 지시를 받아) 일어난 것 으로 해석하지만 이런 예들이 드러내는 것 같은 목적은 희박하고 간 적접이며 궁극적으로 진화론의 설명력에 의존하지 않는다.

그러므로 두 개의 중심축, 두 가지 종류의 긴장, 두 짝의 개념이 존재 한다. 한 축에는 **집합성**과 **접속성** 사이의 긴장이 있다. 접속성이 집합성 의 전제조건일 수는 있지만, 집합성이 꼭 접속성 자체의 전제조건인 것은 아니다. 기술적 행복감과 새로운 사회적 실천의 결합이 지나친 낙관적 관점, 즉 접속성이 곧 집합성을 의미한다는 관점으로 이어질 때 문제가 복잡해진다. 기술결정론의 극단에서 민주주의 같은 정치 형태는 자연과 테크놀로지 모두에 내재된 것으로 나타난다.[10]

접속성은 집합성을 의미하지 않는다. 사실 집합성은 정서적인 포 함이라는 조건 속에서 공통의 유추적 이해를 공유하는 신체들, 자신 들이 행하는 언어 교환의 의미론적 적합성과 상호작용의 의미에 대 해 끊임없이 협상하는 신체들의 관계이다.

집합성은 결속의 조건 속에서 발생한다. 이와 달리 떼는 아무런 결속 없이, 아무런 의식적·정서적 집합성 없이 접속하는 신체이다.

결속은 이렇다 할 뚜렷한 동기도 없고, 딱히 필연적이지도 않으며, 목적도 없는 끌어당김[끌림]으로부터 발생한다. 결속은 욕망을 유일한 규칙으로 가지는 무작위적 연속이다.

결속은 소속과 아무런 관련이 없다. 소속이 필연적 결과를 수반하고 정체성의 고착을 확고히 한다면, 어떤 집합[성]을 규정하는 욕망은 이미 자신 속에 새겨져 있고 자연발생적인 무엇인가가 곧 그 자체의 절차라고 보지 않는다. 집합체는 의미를 창조하며, 이렇게 공유된 의미가 집합체를 지배하는 절차가 되는 것이다.

집합적 결속에서 지식이란 기존의 것을 인식하는 것이 아니라 새로운 것을 창조하는 것이다. 접속의 체계에는 지식이 없다. 그저 의미론적 인식만이 있을 뿐이다.

결속은 '타자-되기'의 과정이다. 이와 대조적으로, 접속에서는 각 요소들이 구별된 채 존재하며 단순히 기능적으로만 상호작용한다. 특이성은 서로 합쳐질 때 바뀐다. 이 과정에서 특이성은 결속하기 이전의 자신과는 다른 무엇인가가 되는 것이다. 사랑은 사랑하는 연인들을 바꾼다. 이와 마찬가지로 무의미한 기호들의 결속은 이전에 결코 존재하지 않았던 의미를 등장시킨다.

접속은 의미 있는 신체들이나 몸짓들의 융합이 아니라 기계적 기능성의 단순한 효과를 수반한다. 접속의 조건 속에서 의사소통은 인터페이스와 정보처리 상호운용을 가능케 하는 기능적 모델 속에 포함되어 있다. 접속이 가능하려면 각각의 부분은 언어적으로 호환 가능해야만 한다. 접속에는 연결되어야 하는 요소들을 호환 가능하게 만드는 사전 과정이 필요한 것이다. 실제로 디지털 웹은 꾸준히 증가하는 수많은 요소들을 점진적으로 일정한 포맷, 표준, 코드로 환원해

서로 다른 요소들과 호환 가능하게 만듦으로써 팽창해가고 있다. 네트워크는 사회체를 관통하며 그것을 때로 전환시키고 있다.

의식적 유기체들 사이의 교환은 그 자체의 성격을 변화시키고 있다. 즉, 결속에서 접속의 양식으로 말이다. 이런 변화를 이끄는 주된 요인은 유기체 속으로 전자적인 것이 삽입되고 유기체적 우주, 신체, 의사소통, 사회 속으로 인공장치들이 확산되는 것 등이다. 그러나 이런 변화는 의식과 감수성 사이의 관계를 변형시키고 기호의 교환에서 특이화를 계속적으로 감소시키고 있는 중이다.

결속은 둥글고 불규칙한 형태들의 만남과 융합으로서, 그 융합은 부정확하고 일회적이며 불완전하고 연속적인 방식으로 이뤄진다. 접속은 서로 완벽하게 병치될 수 있는 알고리즘 함수, 직선, 점들의 정확하고 반복 가능한 상호작용이다. 또한 이 알고리즘 함수, 직선, 점들은 미리 결정된 기준에 의거해 서로 다른 부분들이 공존할 수 있도록 해주는 상호작용의 개별 양상에 따라 삽입되고 제거되기도 한다. 의식적 유기체들의 상호작용 양식이 뚜렷하게 결속에서 접속으로 옮겨가게 된 것은 기호가 점진적으로 디지털화되고 인간관계가 점점 더 미디어를 통해 매개된 결과이다.

결속은 해석을 위한 의미론적 기준을 수반한다. 타인이 당신과의 결속상태에 들어올 때 당신은 그가 보내는 신호의 의미를 해석해야만 한다. 필요하다면 그 신호의 맥락, 분위기, 말해지지 않은 것까지 추적함으로써 말이다. 이와 반대로 접속은 순수하게 통사론적인 해석 기준을 요구한다. 해석자는 연쇄의 순서를 알아야 하고, 일반적 통사론(혹은 운영 체계)에 근거해 예측 가능한 작업을 수행할 수 있어야 한다. 메시지의 교환에서도 모호함을 남겨둘 여지는 없고, 뉘앙스를 통해 의도가 드러날 수도 없다. 의미론적 차이가 점점 더 통사론적 차이로 옮겨지는 과정은 근대의 과학적 합리주의가 사이버네틱스로, 결국에는 디지털 웹의 창출로 나아가게 된 과정와 같다.

집합성은 의식적·감성적 유기체가 변화 중인 상호관계 속에 들어와 절충, 갱신, 중단, 반박, 부인, 제거될 때 결속의 영역에서 제 모습을 취해간다. 이와 달리 접속성은 자동화된 상호의존이자 기계언어의 생명정보 인터페이스 속에 내장된 논리적 결과이다. 접속성은 감응성, 감수성 혹은 의식적 의지에 의존하지 않는다.

| 붕괴, 분열, 통합 |

여기서 우리의 주된 관심은 사회의 형태발생, 즉 사회의 영역에서 새로운 형태를 창조하는 것이다. 근대의 정치 이론에서 체계의 붕괴는 급진적 변화의 기회로 간주됐다. 혁명은 전복, 기존 사회 구조의 의식적 변혁을 지칭하는 단어이다. 사실 근대의 역사에서 중시됐던 이 개념은 변화의 과정을 서술하고 있지는 않다. 왜냐하면 이 개념은 합리적 의지와 변혁을 향한 선형적 계획으로 사회의 현실을 완벽히 통제할 수 있다는 환상에 근거하고 있기 때문이다. 이론적으로 부정확하지만 혁명의 개념은 근대의 역사를 특징지었던 의식적이고 자발적인 변혁의 급진적 과정을 서술하는 데 실질적으로 유용했다.

혁명은 종종 폭력적이고 전체주의적인 체제로 귀결될 수밖에 없기도 했지만 효과적으로 작동했다. 일반적으로 혁명은 그 자체의 유토피아적 계획을 실현하지는 못했지만 사회의 붕괴를 체제의 급진적 변화로 바꿔냈고, 정치권력이 이동하고 새로운 형태의 경제적·사회적 삶의 방식이 창조될 수 있도록 만들었다.

비록 혁명이라기보다는 반혁명에 더 가깝지만 신자유주의적 변형이야말로 인류 역사상 최후의 효과적인 혁명이었다고 말할 수 있을 것이다. 신자유주의는 1970년대의 사회적 동요와 1980년대의 기술적 진화를 금융·기술적 자동화에 복종시킴으로써 기술-전체주의로 정의될 수밖에 없는 정치 체제를 탄생시켰다.

비록 민주주의를 보편적인 정치적 가치로 높이 칭송하고는 있지만 실제로 신자유주의의 반혁명은 근대의 부르주아 민주주의가 발딛고 서 있던 조건 자체를 모조리 파괴하면서 민주적 결정을 금융의 자동화 체계로 대체해버렸다.

신자유주의적 변화는 생산력을 포화지점까지 밀어붙였고 노동의 파편화와 불안정화, 사회체의 변이라는 결과를 양산했다.

전지구적 디지털 네트워크의 역량을 특별한 방식으로 적용하는 데 기반을 두고 있기 때문에, 신자유주의는 네트워크화된 정보영역의 과잉복잡성을 경제의 영역에서 해석하는 이데올로기처럼 보일 수도 있다. 신자유주의가 구축한 전지구적 네트워크는 결코 안정된 경제를 만들어내지 않는다. 오히려 그 반대이다. 신자유주의의 전지구적 네트워크는 그 경계가 끊임없이 붕괴하고 있는 체계이다. 그러나 신자유주의의 낙인이 찍힌 자기조절 체계의 놀라운 회복력 덕분에 최종적 붕괴는 결코 도래하지 않을 것이다.

체계의 복잡성이 증가할수록 체계는 파열에 더 가까워지게 된다. 이와 동시에 체계의 복잡성이 증가할수록 체계는 자발적 통제에, 따라서 의식적이고 의도적인 변화에 덜 예민해지게 된다.

1917년 러시아의 정치적·군사적 체제가 붕괴되기 일보직전에 처해 있었을 때, 블라디미르 레닌은 제국주의 전쟁을 혁명으로 변형시키자고 요구했다. 우리가 알고 있듯이, 레닌의 요구는 제 효력을 다 발휘해 곧이어 소비에트 혁명이 뒤따라 일어났고 사회의 형태발생은 공산주의 독재의 모양을 띠었다.

지난 두 세기의 역사는 이와 같은 예들로 가득하다. 파열이 절정에 이르러 붕괴로 이어지고, 붕괴는 다시 혁명으로 이어지는 그런 예들 말이다. 오늘날에도 붕괴는 파열의 형태를 띤다. 그렇지만 오늘날의 붕괴는 더 이상 혁명으로 이어지지 않고 있다. 오히려 붕괴는 권력의 강화되는 길을 터주고 있다. 형태안정성이 파열에 뒤이어 나타나기 때문에 형태발생이 더욱 멀어지게 된 것이다.

앞서 우리가 주장한 것처럼, 복잡성은 시간과 정보 사이의 관계이다. 정보영역의 밀도가 심리영역의 수용력을 초과해 포화될 때, 그리고 정보순환의 속도가 제때 기호를 정교화하는 인간의 능력을 압도할 때 그 체계는 복잡하다고 말할 수 있다.

정보영역이 포화되어 의식적인 집합적 정교화가 이뤄질 수 없을 만큼 너무나 조밀하고 너무나 속도가 빨라졌을 때, 복잡성을 축소하는 자동화 기제가 작용하기 시작한다.

파열은 연결이나 흐름을 가로막는 예상치 못한 사건의 난입이 일으키는 효과이다. 정보영역의 과부하가 인간 행위자로 하여금 사회적·기술적 구조의 체계적 복잡성을 통제할 수 없도록 만들기 때문에 접속성의 영역에서는 이런 파열이 증식되는 경향이 있다.

파열은 기술영역에서 예상치 못한 자연의 간섭이 일어날 때 발생한다. 2010년 3월, 유럽의 항공기 운항을 중단시켰던 아이슬란드의 화산재 구름이 그 예이다. 파열은 1986년의 체르노빌[구소련] 원자력 발전소 사고나 2010년 봄의 멕시코 만 대규모 기름유출 사건처럼 기술적 통제의 한계로 인해 발생하기도 한다. 또한 공황이 금융의 회로에 영향을 끼치는 것처럼, 사회의 심리가 자동화된 정보흐름의 장에 간섭할 때도 파열은 발생할 수 있다.

정보순환의 속도가 느렸고, 그에 따라 정치적 통치가 가능했던 과거에는 파열이 사회적 형태발생을 촉발하는 계기로 간주됐다. 파열 속에서 권력은 약화됐고 사회적 세력들은 요동쳤다. 이런 상황은 혁명을 위한 기회였다. 낮은 복잡성의 조건에서 정치적 이성은 사회의 조직을 변화시켜 새로운 패턴이 등장하도록 만들 수 있었다.

그렇지만 정보의 밀도가 너무나 높고 정보의 속도가 너무나 빨라서 의식적인 정교화가 일어날 수 없는 현재의 조건들 속에서 파열은 사회적 형태를 안정시킬 뿐만 아니라 파열을 양산해온 그 형태 자체를 강화하는 경향을 보인다.

왜 그렇게 된 것일까? 도대체 왜 체계의 복잡성이 증가할수록 체계는 더 뛰어난 회복력을 지니게 되는 것일까? 왜 사회는 체계를 깨뜨리고 집합적인 자율성의 과정을 개시하는 수준으로까지 의식적 연대의 형태를 만들어낼 수 없게 된 것일까?

『뉴욕타임스』에 게재된 「거대한 강화」라는 제목의 기고문에서 2010년에 일어난 수많은 파열들(그리스의 금융 붕괴, 유럽 하늘을 뒤덮은 아이슬란드의 화산재 구름, 멕시코 만의 대규모 기름 유출사건 등)에 대해 논평한 로스 도댓은 다음과 같이 쓰고 있다.

경제위기는 혁명보다는 강화를, 권위의 분산보다는 권위의 확고함을 양산하고 있으며 무엇보다 바로 저 재앙의 장본인인 엘리트들의 손아귀에 권력을 집중시켜주고 있다. …… 2008년의 공황상태는 부분적으로 공익이 사익과 너무나 밀접하게 뒤엉키면서 사익의 실패가 허용됐기 때문이 발생했다. 그러나 공황상태를 멈추기 위해 우리가 했던 모든 일, 우리가 통과시킨 모든 법안은 오로지 저 공생관계를 강화해줬을 뿐이다. …… 금융위기가 발발하고 18개월이 지난 오늘날, 미국의 금융가들, 최고경영자들, 관료들, 정치인들의 이해관계는 전례없이 서로 뒤얽혀 있다. […]

바로 이것이 능력주의의 도착적 논리이다. 일단 체계가 어느 정도 충분히 복잡해지면 우리의 잘나고 명석한 능력자들이 어떤 나쁜 일을 저질러도 그것은 문제가 되지 않는다. 모든 위기는 그들의 권위를 강화시킬 뿐이다. 왜냐하면 이 체계를 고칠 수 있을 정도로 그것에 대해 충분히 이해하고 있는 사람은 그들밖에 없는 것처럼 보이기 때문이다. 그러나 그들의 수리는 체계를 더욱 복잡하고 집중되게 만들며, 국가안보를 뒤흔들 다음번의 사건, 다음번의 자연재해, 다음번의 경제위기에 체계가 더욱 더 취약해지게 만든다.[11]

본질적으로 도맷이 언급한 강화는 체계의 회복력을 지적하고는 있지만 다른 지점들은 건드리지 않고 있다. 다시 말해서 사회적 구조의 결함, 의식적이고 자율적인 집단행동의 과정을 개시하지 못하는 우리의 무능력 같은 것들을 말이다.

지난 몇십 년에 걸쳐 전개된 사회 운동은 특정한 방식으로 이뤄진 노동[계급]의 구성, 즉 산업적 포드주의와 연결되어 있으며, 근대적 사회성의 특징인 도시생활의 특정한 형태와 결부되어 있는 노동의 구성이 표현된 것이라고 할 수 있다. 공장은 착취의 공간이지만, 그와 동시에 사회화와 문화적 통합의 장소이기도 했다. 거리와 광장은 사람들이 만나 각종 소식, 생각, 감정을 교환하는 장소였다. 근대의 세대들에게는 연대를 조직하고 확산시키는 것이 쉬웠다. 그러나 오늘날의 불안정한 조건은 도시 속에 존재하는 만남의 장소를 없애버렸고, 노동의 영역에서는 경쟁이 연대를 대체하게 됐다.

본질적으로 펑크 문화는 사회적 연대의 근대적 형태, 노동·정체성·실존적 기투의 영토화가 불안정한 탈영토화로, 인간들의 의사소통 공간에 생명정보 기기를 삽입됨으로써 나타난 고립감과 절망감으로 옮겨가버린 과정에 초점을 맞추고 있다.

리들리 스콧의 『블레이드 러너』(1982)에서부터 래리·앤디 워쇼스키 형제[지금은 라나·앤디 워쇼스키 '남매']의 『매트릭스』 3부작(1999~2003)에 이르기까지 펑크 정신의 궤적은 분명하다.

『블레이드 러너』에서 복제인간인 프리스[반란을 일으킨 복제인간들의 대장인 로이의 여자친구]는 이렇게 말한다. "우리는 멍청해. 우리는 곧 죽을 거야."

비록 복제인간이지만 여기서 프리스는 기계에 압도당하고 있는 인간적인, 너무나 인간적인 느낌을 표현하고 있다.

자신의 수명을 늘리기 위해 자신을 만든 사람에 대항해 싸우는 복제인간 영웅인 로이 배티는 공포와 종속의 상태로서의 불안정성을 소름끼치게 예감하는 말을 내뱉는다. "공포 속에서 산다는 건 꽤 엄청난 경험이지? 안 그래? 바로 그게 노예로 산다는 거야."

그러나 그 뒤 20년 동안 진행된 기술의 진화는 사이버펑크의 예측과 예감을 바꿔버렸다. 사이버펑크는 『블레이드 러너』에서 상상된 세상의 붕괴에서, 집합적 정신을 통제하고 굴복시키는 기술 체계의 창조를 다룬 『매트릭스』의 극단적 완벽함으로 옮겨갔다.

네오: 매트릭스?

모피어스: 매트릭스가 무엇인지 알고 싶나? 매트릭스는 어디에든 있지. 우리 주위 곳곳에 있어. 지금 이 방 안에도 있고, 창밖을 내다 봐도 있고, 텔레비전 안에도 있지. 느낄 수 있을 거야. 출근할 때도, 교회에 갈 때도. 세금은 낼 때도 마찬가지이고. 그것은 진실을 보지 못하도록 자네의 눈을 가리는 세계이지.

네오: 무슨 진실이요?

모피어스: 자네가 노예라는 진실이지, 네오. 자네도 다른 사람처럼 태어나자마자 구속된 거야. 태어나자마자 감옥에 갇혀 냄새를 맡을 수도, 맛을 볼 수도, 만질 수도 없게 된 거라네. 자네 마음의 감옥에서 말이야. 불행하게도 매트릭스가 무엇인지 말해줄 수 있는 사람은 없네. 자네가 자신을 위해 직접 봐야 하지.

TURIN 2006 Winter Olympic Games (Daniel)

Real development opportunity for Tech in TURIN

Polio becomes second disease eradicated after Smallpox

Managing household appliances by cellulars. (Turn off the lights)

Hologram meetings

many NGO's like EL Arriving up growing and having good results.

World economic crisis / opportunity

TABLET PC BECOMES MAJOR SW IN SOUTH AFRIC

Technology instead of assign CG

Right to health information & genetic data legalized

2006

2007

Nameless Street dominates the Media Industry

2008

Est on Tec

RHAPSODIC CONCLUSION

...ling a ...gree ...olitical Science

'entirely virtual' office-free organisations ...les dominate ...conomy

...first degree

'PROJECT SCLABILITY' 'INCORPORATES

7장
랩소디적 결론

| 이탈리아의 현실: 기호자본의 최전선 |

대개의 사람들에게 이 세상에는 두 장소밖에 없소. 자신이 사는 곳, 그리고 텔레비전이 있는 곳이지. 텔레비전에서 일어나는 일이라면 그게 어떤 것이건 매혹적이라고 느낄 권리가 있다는 거야.[1]

수십 년 전부터 화면은 도시 공간, 주택, 일상생활을 침범하기 시작했다. 맨 처음 그것은 텔레비전의 화면이었고, 그 이후에는 컴퓨터의 화면이었다. 이제는 도시 곳곳에서 거대한 광고 화면이 우리의 시각적 인식 공간을 가득 채웠다. 그러고 나서 우리는 서서히, 어쩌면 아주 갑자기 화면 속으로 들어갔고 나오는 길을 잃어버렸다.

마테오 가로네의 영화 『리얼리티』(2012)의 도입 장면은 하늘에서 시작된다. 베수비오 산이 보이고 그 다음에는 나폴리, 그 다음에는 집과 도로, 그 다음에는 자동차, 그 다음에는 황금 마차와 바로크 스타일로 차려입은 마부가 보인다. 그리고 우리는 정원으로 들어간다. 결혼식 파티와 화려한 무도회, 광대로 분장한 사람들, 모든 사람이 사진을 찍고 비디오 카메라로 녹화하는 가운데 파티의 주인공 엔조가 등장한다. 엔조는 리얼리티 쇼『빅 브라더』[2]의 이탈리아판인『일 그란데 프라텔로』에 출연해 연예인 못지않게 유명해진 인물이다.

루치아노(아니엘로 아레나 분)는 엔조처럼 되고 싶은 나폴리의 생선장수이다. 루치아노는 빅 브라더의 하우스에 들어갈 수 있었으면 하고 바라며 엔조에게 접근한다. 이후 루치아노는 오디션을 보기 위해 로마로 간다. 루치아노는 자신이 쇼에 출연할 수 있을 거라고, 참가자로서 화면에 출현할 것이라고, 쇼에서 우승해 자신과 가족을 위한 부와 명성을 거머쥐게 될 것이라고 믿기 시작한다.

계속 평범한 삶을 살고 싶어 하지 않았던 루치아노는 가게를 팔고 집에 있던 싸구려 물건들을 나눠주고 아내와 시시한 언쟁을 벌인다. 루치아노의 아내는 남편을 파괴하고 있는 광기가 점점 커지고 있다는 사실을 알고 있다. 그러나 시간이 흘러도 방송국의 사람들은 루치아노를 부르지 않는다. 조금씩 루치아노는 우울증에 빠지고, 텔레비전 속 행운의 우승자들을 보면서 시간을 보낸다.

영화의 마지막에 정신이 완전히 나간 루치아노는 종교 행사에 참여하기 위해 로마로 간다. 거기서 빅 브라더의 하우스를 발견한 루치아노는 그 안으로 몰래 들어간다. 루치아노는 화면 속 행운아들이 하는 멍청한 활동들을 몰래 지켜보며 거기에 있어서 행복하다는 생각을 한다. 그리고는 그 집의 구석에 드러눕는다.

그러고 나서 카메라는 점점 거리를 두면서 멀리, 아주 멀리, 하늘 높이 멀어져간다. 밑에 있는 루치아노는 점점 더 작아져간다. 결국 루치아노는 사라지고 밤의 어둠 속 작은 불빛만이 남아 있다.

화면에 매료되면 인간의 정신은 포획당한다. 모든 것은 정신의 공간에서 일어나기 때문에 이런 포획은 되돌릴 수 없게 된다. 이 영화 『리얼리티』는 궁극적으로 현대의 권력을 다룬 영화이다. 모든 이탈리아 사람들이 실비오 베를루스코니가 권력을 잃었다는 주장에 설득당했을 때 가로네 감독은 진실을 말한다. 그것은 기만이다. 베를루스코니가 정치적으로 패배했을지 모르지만 골드만삭스 소속의 어떤 컨설턴트는 그의 자리를 차지하고 그와 똑같은 정책을 얼마든지 실행할 수 있다. 중도-좌파 연합은 다음 선거를 이길 수 있을 것이다. 그러나 이탈리아는 절대 화면 밖으로 나올 수 없을 것이다.

이 영화는 신사실주의 형식과 초현실주의적 바로크 형식을 동시에 구사한다. 왜냐하면 바로크야말로 근대 이탈리아 역사의 현실이기 때문이다.[3] 이탈리아가 시대에 뒤떨어진 곳이라고, 이탈리아의 좌파들이 생각하는 것처럼 선한 신자유주의적 탈근대성의 부패한 측면이라고 생각하는 사람들은 완전히 틀렸다. 그들은 기호자본의 현실이 시각적 환상과 기만, 이미지의 비대함과 언어의 인플레이션적 증식, 교환의 약탈적 조작(언어적 교환과 경제적 교환이 서로 섞이고 혼동되는 상태)에 기초하고 있다는 것을 이해하지 못한다.

이탈리아 사람들의 얼빠진 상태, 이탈리아의 마피아 문화와 이탈리아의 정치적 부패는 절대 예외적인 것이 아니다. 이런 것들은 이 세계를 생성 중에 있는 현재의 주변적이거나 역행적인 모습도 아니다. 이와 반대로 바로크는 기호자본주의의 형식이다. 그리고 이탈리아는 전 세계적 금융독재 체제의 최전선에 있다.

막스 베버가 말한 바 있는 저 낡은 부르주아 자본주의에 맞서 베니토 무솔리니가 이탈리아 파시즘의 바로크 양식(장식, 쇼, 시뮬레이션)을 제시한 이래로 이탈리아는 권력의 실험실이었다. 윤리를 중시했던 저 옛날의 프로테스탄트 부르주아지, 즉 산업적 근대성을 세워온 계급은 권력의 현장에서 서서히 퇴출됐다. 고국의 문화적·미적 역사 때문에 뿌리 깊은 파시스트인 이탈리아 사람들은 자신의 임무를 배신하지 않았다. 그들은 기만의 공간, 축적이 금융적 추상으로 나타나는 비물질적 기호 생산의 환등상 같은 공간을 되찾았다.

파시즘에 맞선 저항은 극소수 세계주의적 지식인의 표현이었다. 1968년의 경험은 철저히 비이탈리아적인 것이었다. 오직 '노동자의 자율'4)이 보여준 문화만이 파시스트의 화면에서 단 한 번도 나온 적 없던 세계주의적 문화의 일격을 보여준 경험이었다.

시칠리아와 밀라노 마피아의 경제적 이해관계와 문화를 대변한 베를루스코니는 무솔리니의 바로크 양식을 뒤이었다고 할 수 있다. 텔레비전 화면 속에서 자신의 완벽한 체제를 찾았으니까.

20세기 동안 이탈리아는 기호자본주의(좀 더 직접적으로는 바로크와 파시스트)의 실험실이었다.

| 탈 구 |

지난 세기의 마지막 몇 년부터 미적 감수성의 영역에서는 일종의 부조화와 일시적 불균형 증상이 증가해왔다. 로버트 알트만의 『숏컷』, 폴 토머스 앤더슨의 『매그놀리아』, 샘 멘데스의 『아메리칸 뷰티』 같은 영화들을 생각해보라. 삶의 리듬은 살아 있는 경험과 감각의 지각 자체를 파편화하는 가속화의 감각에 사로잡혀 있다. 그레고리 베이츤은 자신의 책 『정신과 자연』에서 햄릿을 인용해 시간이 경첩을 벗어나 제멋대로 돌아다니고 있다고 썼다.5) 벗어나 있다[탈구]는 것은

곧 따로따로 떨어져 있다는 것을 의미한다. 인지적 기계들과 언어적 기계들 사이의 접속이 갈수록 증가하는 것은 유기체의 두뇌들과 신체들 사이의 결속이 감소되어가는 원인이다.

접속성의 공간으로의 이행, 다시 말해서 인간의 정신이 머무르게 된 새로운 환경으로의 이행은 접속된 정신의 변형된 속도와 신체적 정신 사이의 괴리를 유발하고 있는 중이다.

새로운 세기의 처음 10년 동안에 등장한 예술의 현상학은 명명하기 어렵고 이해하기 어려운 질병에 대한 진단으로 볼 수 있다. 이 질병의 이름은 다름 아니라 바로 불안정성이다.

삶의 벌거벗은 조건이야말로 불안정한 것이므로, 문명은 피난처를 짓고 죽음과의 관계를 즉각적으로 지각하지 않도록 사람들을 보호해왔다. 진실을 보는 것, 죽음을 보는 것으로부터 점점 더 사람들을 보호하는 것. 이것이 진보가 아니고 문명이 아니라면 도대체 무엇이란 말인가? 그러나 근대 후기의 역사 어느 지점부터 문명이라 불렸던 피난처가 붕괴하기 시작했다. 우리는 그 시점이 언제인지조차 알지 못한다. 이 붕괴를 역사적으로 설명하는 것은 미래의 연구자들에게 주어진 연구 대상일 것이다. 물론 연구자들과 역사가들이 그 머지않은 미래에도 존재할 것이라고 가정한다면 말이다.

지금 우리가 말할 수 있는 것은 그저 이것뿐이다. 삶의 불안정성이라는 벌거벗은 현실이 사회적 존재의 뒤편에 돌연히 나타났고, 그 원인은 정보영역의 가속화와 사회 복지의 해체라는 것이다.

저 불안정한 세기의 첫 십 년 동안 예술은 문명이 숨기려고 노력했던 진실, 즉 죽음의 귀환을 알리는 (지칠 줄 모르는 현상학의) 설명이었다. 『상징적 교환과 죽음』에서 장 보드리야르는 번개와 같이 급작스런 예감 속에서 상징이라는 성城이 곧 해체되고, 죽음이라는 날 것 그대로의 진실이 곧 올 것이라고 이야기했다.6)

김기덕 감독의 『시간』(2006), 미란다 줄라이의 『나와 너와 우리가 알고 있는 모든 이』(2005), 지아장커의 『임소요』(2002) 같은 영화들, 혹은 에이야-리사 아틸라의 비디오 설치물 같은 예술작품들은 과잉 접속성과 생명-기술적 변이가 정신과 시간, 영혼과 신체, 언어와 현실의 관계에 끼치는 영향을 보여주는 지도라고 할 수 있다.

인류의 유연한 두뇌는 이 미로에서 빠져나오는 길을 찾을 수 있을까? 우리는 세계와 정신이 새롭게 결속할 수 있는 가능성을 만들어낼 수 있을까? 바로 이것이 미래를 위한 실질적인 질문이다. 이런 작업은 정치적 의지나 합리적인 정치적 계획에 의존하지 않는다. 우리는 오로지 우리의 감수성과 신경-진화를 동기화할 수 있는 우리자신의 능력에만 의존할 뿐이다.

미국의 비주얼 아티스트이자 신경과학자인 워렌 네이디치의 예술작품은 신체의 노화와 쇠퇴가 정신 활동의 영역에 끼치는 충격적 영향을 묘사하기 위한 노력으로 볼 수 있다. 네이디치의 예술작품 중에 비디오 작품이 하나 있는데, 여기에는 몸체가 나무와 금속으로 만들어진 확성기가 등장한다. 전기자극을 받아 그것을 소리로 변형시키는 이 확성기는 곧 부서진다. 전기자극을 기호, 소리, 단어, 의미로 변형시키는 그 물체의 물리적 몸체를 도끼와 망치로 때려 부수고 살해하고 각 부분을 갈기갈기 찢어버리는 것이다. 결국 그 확성기의 몸체는 더 이상 소리를 전달할 수도, 의미 있는 단어를 전달할 수도 없다.7) 신체가 파괴되어 더 이상 전기자극을 의미 있는 단어로 전환하지 못할 때, 의미에는 어떤 일이 생길까?

네이디치의 이 예술작품 속에서는 의미를 이해 가능한 지표로 바꾸는 유한한 번역 작업과 의미의 무한성 사이의 연결이 깨진다. 잘게 잘려나가고, 고문당하고, 산산이 부서진 살아 있는 확성기의 불쌍한 신체가 거기에 있다. 죽은 신체가 거기에 있다. 그 신체는 의미를 생산하는 정신적 과정 속에 함축되어 있다.

네이디치의 예술작품들은 신경가소성^{neuroplasticity}, 즉 정보를 받아들이는 정신의 리듬과 송신기(문명의 격자, 기호적 질서라는 피난처가 더 이상 걸러내지 못하는 기호들을 내보내는 카오스적 세계) 사이의 관계를 재설정하는 두뇌의 능력과 관련된 문제를 암시해주고 있다. 소위 창조경제라는 것도 이처럼 우리의 신체를 공격하고, 정신의 균형에 영향을 끼치고, 결국에는 기호 생산의 의미 있는 결과를 왜곡하는 효과를 낳음으로써 위와 똑같은 문제를 암시해준다.

| 대피소를 짓지 마라 |

커티스의 악몽은 너무나 끔찍하다. 커티스는 노란 비가 내리고 폭풍이 모든 것을, 특히 자신의 가족(아내와 딸), 미국 중서부의 지루하고 단조로운 풍경 속에 흩어져 있는 우울하지만 편안한 집들 중 하나인 자신의 집을 파괴하는 꿈을 꾼다. 이 악몽이 그의 삶이 될까? 그의 삶이 이미 악몽일까? 커티스의 삶은 행복해 보인다. 커티스는 아내인 사만다와 청각장애가 있는 딸 해나를 사랑한다. 다행히도 커티스가 다니는 회사는 그에게 좋은 보험을 들어줬기 때문에 해나의 청각을 고칠 수 있는 수술비용도 댈 수 있을 것이다. 사만다는 살림에 전념하는 주부로 가족의 수입을 보충하고 있다. 주머니 사정은 빠듯하지만 직장 덕분에 커티스는 집 대출금을 갚아나가고 있다.

그러나 밤 동안에 커티스는 재앙이 일어날 것만 같은 예감에 제대로 잠을 자지 못한다. 커티스는 뒷마당에 대피소[피난처]를 짓기로 결심한다. 대피소를 짓기 위해서는 돈이 필요하다. 그러기에는 월급이 충분하지 않다. 그래서 커티스는 은행에 가서 대출을 받으려고 한다. "조심하게, 이 사람아." 친절한 지점장은 이렇게 말한다. "지금은 어려운 시기야. 자네에게는 가족도 있지 않은가. 돈을 빌리는 것은 위험해." 그러나 커티스는 고집을 부린다. 대피소를 지어 상상의 폭풍으로부터 자신의 가족을 지키려면 돈이 필요하다.

의미심장하게도, 제프 니콜스 감독은 리먼브라더스가 파산한 직후인 2008년 말에 이 영화 『테이크 셸터』를 찍었다. 현대의 상상 속에서 금융은 점점 더 재앙적인 사건과 연결되고 있다.

사만다는 걱정이 이만저만이 아니다. 지하 대피소를 위한 구멍을 파기 위해 커티스는 직장에서 굴착기까지 가져왔는데 그의 상사가 그 사실을 알아버린 것이다. 결국 그 일 때문에 커티스는 해고당한다. 이제 커티스는 직장도 잃고, 고녀에 찼으며, 신경쇠약에 걸리기 일보직전이다. 대피소는 완성됐고, 어느 날 밤 토네이도가 올 것이라는 경고를 받은 커티스와 그의 가족은 대피소 속으로 들어간다. 그들은 대피소 안에서 잠을 자지만 폭풍은 마지막 재앙이 아니었다. 다음 날 아침, 하늘을 맑아졌고 이웃들은 잔해를 치우고 있다.

사만다는 치료사에게 가보라고 커티스를 설득한다.

의사는 진짜 치료를 시작하기 전에 해변에 가서 휴가를 좀 즐기다 오라고 커티스에게 권유한다. 휴가에서 돌아오면 커티스는 좀 더 긴장이 풀려 있을 것이고 새로운 삶을 시작할 준비가 되어 있을 것이다. 커티스와 가족은 며칠 간 해변으로 휴가를 떠난다.

커티스는 딸과 함께 해변에 있다. 둘이서 모래성을 짓고 있을 때 듣지 못하고 말하지 못하는 어린 소녀가 지평선을 보더니 폭풍이라는 손짓을 한다. 커티스는 몸을 돌려 하늘을 바라본다. 심상치 않은 구름이 최악의 폭풍이 올 거라는 것을 알려주고 있다. 집 밖으로 나와 뛰기 시작하는 사만다. 커티스의 꿈에 나왔던 굵은 산성비가 떨어지기 시작한다. 사만다가 바다를 바라본다. 바다에는 조수가 뒤로 밀려나고 있고 저 멀리서 쓰나미가 점점 더 커지고 있다.

『테이크 셸터』는 새들이 인간을 공격하는 일련의 장면뿐만 아니라 막연한 위협에 대한 설명할 수 없는 예감이라는 측면에서 알프레드 히치콕의 영화 『새』(1963)를 연상시킨다. 그 예감은 현재의 전지구적 무의식, 금융의 포식에 의해 피폐해진 인류의 내적 상황, 그리고 다가올 환경의 대재앙을 나타내고 있다.

우리는 대피소를 지어야 할까? 은행에서 대출을 받아 우리의 미래를 보호하는 데 투자해야 할까? 우리의 예감을 진지하게 여겨야 할까? 우리는 편집증이 우리가 떨쳐낼 수 없는 위험을 제대로 이해시켜준다는 생각을 받아들여야 할까, 아니면 편집증을 피해야 할까?

니콜스 감독은 우리의 질문에 대답한다. 대피소를 짓는 데 우리의 에너지를 투자하는 것은 덫으로 빠지는 길이자 우울증과 재앙이라는 딜레마에 빠지는 길이라고. 폭풍이 오면 어쨌든 우리는 집에 있지 않을 것이다. 우리는 대피소로부터 아주 멀리 있을 것이다.

2012년 9월 11일. 상상도 할 수 없었던 테러의 폭발이 있은 지 11년 후, 유럽에서는 쓰나미의 조짐이 늘어나고 있다. 바르셀로나에서는 백만 명의 사람들이 1992년의 자그레브를 회상하며 "카탈로니아에게 독립을"이라는 기치 아래 행진을 벌였다.

출구도 없고, 피할 곳도 안 보인다. 남부 유럽인들의 마음 속에는 반독일의 증오가 자라고 있다. 북쪽의 프로테스탄트들이 남쪽의 '게으른' 가톨릭 신자들과 그리스정교회 신자들을 위해 비용을 부담하고 싶지 않아 하면서 유럽인의 희망은 악몽으로 바뀌었다. 골드만삭스는 바람을 심었고, 이제는 폭풍을 수확할 시간이 다가왔다.

아랍의 봄의 희망 역시 악몽으로 변하고 있다. 시리아 내전은 시리아 국경 밖으로 번질 조짐을 보이고 있으며, 이슬람교도들은 반-아사드 반란의 선두에 서 있다. 이집트 혁명은 민주적으로 선출된 이슬람 정부에 의해 완전히 파괴됐다. 이스라엘은 이란을 협박하고, 이란은 이스라엘을 협박하는 상황에서 헤즈볼라는 이스라엘 북부를 점령하는 데 투입될 특수부대를 만들었다고 발표했다.

돈은 우리의 대피소이자 삶에 접근할 수 있는 유일한 길이다. 그러나 당신이 돈을 원한다면 당신은 동시에 삶을 단념해야 한다. 대피소를 짓지 마라. 그것은 틀림없이 무용지물이 될 것이다. 게다가 대피소를 짓는 것은 폭풍을 준비하는 자들이나 하는 일이다.

긴장을 풀고 지내라. 삶에 큰 의미를 부여하지 마라. 무엇보다도 희망을 가지지 마라. 그것은 독이고 중독성 있는 약물이다. 희망이 없는 자만이 행복을 향한 말할 수 없는 길을 알고 있다.

| 기호자본과 연대의 문제 |

지금까지의 설명이 정신없었음에 대해 양해를 구하고 싶다. 그러나 내 사유의 대상 자체가 정신없는 것이니 어쩔 수 없는 측면이 있다. 우리는 우리의 행위를 틀짓는 구조를 제대로 이해하지 못한 채 너무나 많은 일들을 하고 있다. 나는 이 구조를 명확하게 밝힐 수 있다거나 이 구조를 이해할 수 있는 척하지는 않을 것이다. 조만간 어떤 결론에 이를 수 있는 척하지도 않을 것이다. 그보다는 도래할 문제, 도래할 붕괴, 도래할 반란에 대해 무엇인가를 말해보겠다.

기호자본

나는 본질적으로 '부호'의 생산에, 기호의 생산에 초점을 맞추고 있는 사회적 생산 형태를 설명하기 위해 기호자본이라는 개념을 제안했다. 그렇다고 사회적 생산의 모든 형태가 기호적이라는 의미는 아니다. 나는 신발, 자동차, 집 역시 생산되고 있음을 알고 있다. 그러나 모든 것은 점점 더 기호로 바뀌어가고 있다. 경제적 수준에서 모든 것이 점점 더 기호적 형태의 생산으로 대체되고 있는 것이다.

그러므로 나는 기존의 생산이 점점 더 금융적이고(즉, 탈영토적이고) 프랙탈적이며 재조합적인 생산형태로 대체되어가는 영역을 기호자본이라고 정의한다. 나는 폴란드 태생의 수학자 브누아 만델브로가 쓴 의미대로 '프랙탈'이라는 표현을 사용하고 있다. 프랙탈이란 갈라지고 깨져서 파편들로 나뉘어진, 그러나 단순한 파편이 아니라 재조합 가능한 파편들로 나뉘어진 기하학적 대상을 일컫는다. 금융의 게임을 들여다보면 실제의 세계가 산산이 부숴져 무한한 파편들로 나뉘어져 있는 동시에 새로운 형태, 새로운 게슈탈트, 혹은 새로운 형상으로 끊임없이 재조합되는 것을 볼 수 있을 것이다.

바로 이런 이유에서 나는 기호자본의 금융적 생산을 설명하기 위해 '프랙탈'과 '재조합적'이라는 용어를 사용한다. 그렇다면 사회의 형태, 사회적 세력, 그리고 계급이라는 단어를 쓸 수 있다면 사회 계급에 대해서는 어떤가? 부르주아지는 정의하기가 쉽다. 옛날의 부르주아지는 영토화된 계급, 즉 '마을'[성곽 도시]^{bourg}의, 도시의, 공간의 계급이었다. 영토와 공동체에 대한 애착에 의해 정의되는 계급이 곧 부르주아지였다. 부르주아지에게는 각종 재화, 물질적 재화를 [부르주아지 자신들에게서] 사가는 사람들이 필요했으니 이런 애착도 놀라운 일은 아니다. 또한 부르주아지는 (물리적 사물, 건물, 기계, 영토 혹은 사람으로 구성된) 물질적 자산의 계급이었다. 원한다면 우리는 부르주아지를 얼마든지 개인화할 수 있었다. 사장, 재산가, 적 등으로 말이다. 바로 저기에 적이, 사람이 있었다.

탈영토화된 계급

그렇다면 오늘날의 자본주의에 존재하는 사회 계급, 바로 지금 사회를 지배하고, 소유하고, 착취하는 계급은 어떤가? 이 계급은 정의하기가 꽤 어렵다. 자본가들 중에서도 으뜸가는 자본가인 워렌 버핏이 이런 편지를 썼다고 가정해보자. "내게 세금을 좀 더 부과하시오. 왜냐하면 나는 자본가일 뿐만 아니라 인간이기도 하니까 말이오!" 그는 적이 아니다. 적은 더 이상 존재하지 않는다. 왜냐하면 적은 '여기' 있기 때문이다. 예를 들면 적은 바로 나이다.

내 말은 나 역시 프랙탈화되고 재조합된 형태의 금융자본주의에 속한 일부라는 뜻이다. 왜냐하면 예컨대 나는 내 연금을 기다리고 있기 때문이다. 나의 연금은 자본의 작동에 달려 있기 때문에 나는 금융자본주의의 성공에 관심을 가지는 사람들의 일부가 되어버리고만다. 내가 말하고 싶은 것은 금융계급이 약탈적인 형상(이미지)을 띠고는 있지만 본질적으로 이 계급은 탈영토화되어 있다는 점이다. 사회 전체가 이 계급의 목적을 동시에 내면화하고 있는 것이다.

노 동

내가 말하고 싶은 세 번째 요점은 다음과 같다. 그렇다면 노동은 어떤가? 노동은 오늘날 무엇이 됐는가? 우리는 불안정 노동, 불안정성, 불안정화에 대해 이야기한다. 그러나 불안정성이라는 말은 시간의, 삶의 파편이라는 형상이나 관념을 완벽하게 정의해주지 못한다. 시간과 삶의 파편들은 탈영토화된 재조합 과정에 이용될 수 있다. 당신은 누군가로부터 단 하루, 단 한 주, 혹은 단 두 시간 정도만 당신의 시간이 필요하다는 전화를 받을 수 있다. 그렇다면 당신은 늘상 변하는 착취의 과정 속에서 재조합될 것이다.

그러므로 노동 역시 탈영토화되고, 금융자본처럼 프랙탈적이고 재조합적인 성격을 띠게 된다. 그러나 이와 동시에 사회체는 분쇄되어 가루처럼 변해버리고, 신체 그 자체로서의 신체적 실존을 송두리째 박탈당하게 된다. 어떤 의미에서 사회체는 구체성을 잃어버린 신체, 노동의 과정 속에서 분해되는 신체인 것이다.

연 대

그러므로 이제는 연대의 문제이다. 연대의 문제는 계급투쟁, 자기조직화, 해방의 과정, 봉기·혁명·변화의 과정에서 언제나 핵심 문제이다. 연대는 이제 불가능해졌다. 왜? 연대는 노동자들 사이, 사람들 사이의 영토적·물리적 관계에 기반을 두고 있기 때문이다. 연대는 시간의 파편들 사이에서 생겨나지 않는다. 연대를 위해서는 사람이 필요하고 신체가 필요하다. 이미 사라진 것들이 필요한 것이다.

연대는 이타적인 자기부정과 아무런 관계가 없다. 유물론적 연대란 '당신(들)'에 관한 것이 아니다. 그것은 '나'에 관한 것이다. 마치 사랑처럼, 연대는 결코 이타심에 관한 것이 아니다. 연대는 언제나 나에 관한 것이다. 당신(들)의 눈에 비친 내 자신 말이다. 바로 이것이 사랑이고, 연대이다. 연대란 당신(들) 때문에, 당신(들)의 존재 때문에, 당신(들)의 눈 때문에 내 자신을 즐길 수 있는 능력이다.

불안정성이라는 조건 속에서 나는 어떻게 연대를 형성할 수 있을 것인가? 내가 생각하기에는 바로 이것이야말로 우리의 주된 문제, 주체화의 과정에서 가장 핵심적인 문제이다.

지식인

자, 이제 나의 마지막 요점은 지식인에 관한 것이다. 당신도 알다시피 지식인은 오늘날 더 이상 존재하지 않는다. 지식인의 나라로 알려진 프랑스에서 일어나고 있는 일들을 생각해보라. 지식인들은 모조리 죽었거나 지쳐 있다. 이제 우리에게는 [신新철학자들인] 앙드레 글뤽스만과 베르나르-앙리 레비, 그도 아니면 이들과 비슷한 냉소적 멍청이들, 한때 스탈린주의자였다가 신자유주의자로 전향한 사람들, (이처럼 고귀한 단어를 모욕으로 쓰는 것을 허락해준다면) 그렇고 그런 '저널리스트들' 따위만이 있을 뿐이다.

왜 지식인들은 사라지고 있는가? 왜 여전히 우리에게는 지식인들이 필요한가? 우리에게는 지식인들이 필요하다. 왜냐하면 오늘날의 진정한 문제인 인지노동의 신체적 재구성에는 지식인의 역할이 필수적이기 때문이다. 내가 보기에 모든 것의 해결책, 불가능한 연대라는 우리의 문제에 대한 해결책은 일반지성을 하나의 신체로서 자기 조직화하는 데 달려 있다. 일반지성은 자신의 신체를 찾고 있다. 바로 이것이야말로 도래할 반란에서 가장 결정적인 것이다.

당신이 "폭동은 위험하다"라고 말할 때, 당신이 말하는 그 폭동은 연대의 폭동이 아니다.[8] 당신이 말하는 폭동에는 연대가 없다. 그 대신에 서로 투쟁하는 파편들만이 있을 뿐이다.

내가 생각하기에 다음번 봉기, 곧 이어질 3개월 안에, 6개월 안에, 10년 안에 우리가 경험하게 될 반란, 런던의 거리에서 이미 시작된 유럽의 봉기는 연대의 봉기가 아닐 것이다. 그것은 사회적 신체, 성애적 신체, 연대의 신체로서의 우리 자신의 신체를 찾기 위한 봉기가 될 것이다. 그리고 바로 이것이 오늘날 코그니타리아트가 당면한 주요 문제이다. 일반지성은 자신의 신체를 찾고 있다.

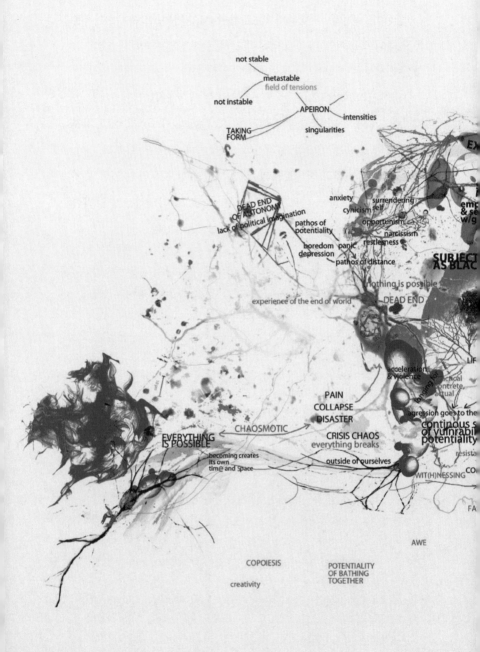

drying up of
the flow
of voice

exhaustion of space

killing
the power
of image

OF POSSIBLE

multiplication of objects & desires

SIMULATION

EXCESS OF SIGNS

INFLATION OF MEANING

ARBITRARY
SIGN

light

DISSASTER of
loosing the STAR

centre of reference

axis of orbid

SEMIOPRODUCTION

centre of
gravity

IMAGE
BAROQUE AESTHETICS

LINGUISTIC   ABILITY
ABILITY   TO THINK   ABILITY TO CREATE
                          NEW MEANINGS

ENTRANCE OF IMMATERIAL
ELEMENTS INTO PRODUCTION

ABILITY   ABILITY TO RELATE
TO BEING   TO THE PRESENCE OF OTHERS
SOMETHING NEW

immaterial labor

IMAGINATION
SENSES
SENSIBILITY

sticked into production

precarisation
as permanent way
of organizing labor force

organization of potentiality of

actions
thoughts

SENSIBILITY

joy

forcing to be
capable of your
own capabilities

inclusion of aesthetics
and sensibility into production

inclusion of potentiality
of sensitivity

ECONOMY AS
PRODUCTION
OF SUBJECTIVITY

SENSITIVITY

AESTHETICS

OIKONOMIA

repetition

self-evidency

automatism

remein   ethics

evil-eye

fascinum

organisation of memory

baroque

ARBITRARY MANAGMENT
ARBITRARY POWER
PURE POWER
AESTHETICS

life
nce

ctual

meanings

actions

uous fear
collapse
sitivity

uim

KING

WONDERING

부 록
1. 프랑코 베라르디 '비포'와의 대화(정유리)
2. 주요 용어 설명

프랑코 베라르디 '비포' 옮긴이와 나눈 이 대담은 2013년 4월 29~5월 18일 이메일을 통해 이뤄졌다.

프랑코 베라르디 '비포'와의 대화

정유리

정유리(이하 유리) 몇몇 이론가들, 예를 들어 움베르토 에코나 레지스 드브레 같은 사람들은 마셜 맥루언을 비판한 적이 있습니다. 맥루언이 '미디어'라는 개념을 모호하게 쓴다는 이유에서였지요. 실제로 맥루언은 '미디어'와 '테크놀로지'를 거의 구별 없이 쓰는 경향이 있었습니다. 그렇지만 전례없는 첨단 기술에 근거한 오늘날의 자본주의를 보건대 얄궂게도 오히려 맥루언의 이런 모호한 용법이 훨씬 더 유용하고 설득력 있게 보입니다. 무엇보다 오늘날 미디어와 테크놀로지는 갈수록 서로 구별 불가능한 것이 되어가고 있으니까요. 제 생각으로는 '텔레마틱스'(원격통신과 정보공학의 합성어)나 지금 널리 쓰이고 있는 이른바 '정보통신 테크놀로지' 같은 용어 등이 나오게 된것도 이런 사정이 있었기 때문이 아닌가 합니다.

당신은 미디어 이론가이자 활동가로 널리 알려져 있습니다. 게다가 당신이 속한 이탈리아 노동자주의의 전통은 테크놀로지의 발전, 그리고 그 발전이 자본주의의 계급구성에 끼친 결과에 깊은 관심을 갖고 있(었)습니다. 당신이 이런 지적 배경, 그리고 미디어와 테크놀로지가 점점 더 구별 불가능해지는 상황 등이 당신이 미디어 이론가 이자 활동가가 되는 데 영향을 끼쳤나요?

프랑코 베라르디 '비포'(이하 비포) 말씀하신 대로 1960년대 이후부터 사회적 갈등과 테크놀로지 사이의 관계는 노동자주의에서 매우 중요한 쟁점이었습니다. 잘 알고 계시겠지만 마리오 트론티나 로마노 알콰티 같은 이론가들은 1920년대의 기술적 변형이, 그러니까 포드주의의 조립라인이 전문노동자들로 구성된 노동자 조직들의 광범위한 영향력을 분쇄하기 위해 도입된 것이라고 분석한 바 있지요.

이런 관점에 국한해 말씀드리면 확실히 저는 노동자주의의 방법론에서 많은 영향을 받았다고 할 수 있습니다. 특히 1970년대에 자유라디오 운동에 개입하면서부터 저는 미디어의 영역이 당대 테크놀로지의 변형을 살펴볼 수 있는 특권화된 영역이라고 생각하기 시작했습니다. 무엇보다 의사소통 테크놀로지, 즉 정보, 오락, 생산 등 사람들 사이를 소통시켜줄 수 있는 테크놀로지가 이런 특권화된 영역을 가장 잘 보여준다고 할 수 있습니다.

그 뒤로 1990년대부터 저는 노동의 새로운 조건 속에서 인지노동자들, 즉 코그니타리아트가 인터넷을 자기조직화의 공간으로 변형시킬 수 있을 것이라고 생각하기 시작했습니다. 다른 식으로 말하면 인터넷이 인지노동자들의 자기조직화를 위한 자유로운 영역이 될 수 있을 것이라고 상상했던 것입니다. 물론 인터넷에 대한 이런 관점은 이탈리아의 미디어 환경에 근거해 형성된 것은 아닙니다. 당시에도 이탈리아의 미디어 환경은 본질적으로 인터넷이 아니라 텔레비전에 기반을 두고 있었으니까요. 오히려 제 관점은 제 자신이 열렬한 애독자이기도 했던 미국의 사이버문화 전문 잡지 『와이어드』의 '캘리포니아적 전망,'[1] 혹은 질 들뢰즈와 펠릭스 가타리가 『천 개의 고원』에서 훌륭하게 제시한 바 있는 '리좀' 개념으로부터 더 많은 영향을 받았다고 할 수 있습니다. 요컨대 "인터넷은 수평적 자기조직화의 가능성 자체인 리좀이다"라는 것이 제 생각의 출발점이었습니다.

저는 1995년부터 공영 텔레비전 방송국의 문화 채널 RAI3에서 방영한 『메디아멘테』라는 프로그램에 참여한 적이 있었습니다. 인터넷의 정치적·문화적 미래에 대해 다양한 방식으로 상상해보는 프로그램이었지요. 제가 현장에서 실제로 본 것 역시 텔레비전 방송의 수직적·권위주의적·중앙집중화된 체계와 인터넷의 수평적·리좀적 체계 사이의 대립이었습니다. 그러나 얼마 안 가 『와이어드』가 선전해온 문화와 신자유주의적 자본주의 사이의 근접성이 명백해졌고 저를 비롯해 저와 비슷한 많은 사람들의 전망 속에서 테크노필리아(기술예찬론)는 근거를 상실했습니다. 1980~90년대 당시 인터넷에 기반을 둔 기술영역을 만드는 공동 과정에 참여했던 사람들 역시 곧 테크놀로지를 매력적으로 생각했던 각자의 과거로부터 점점 멀어졌습니다. 바야흐로 사이버펑크의 순간이 온 셈이었지요.

유리 장 보드리야르에 대한 세간의 평가, 그러니까 너무 염세적이라는 평가와는 달리, 당신은 보드리야르를 높이 평가하고 있습니다. 특히 『상징적 교환과 죽음』(1976)[2]을 쓴 보드리야르에 대해서 말입니다. 초과실재가 오늘날의 지배적인 미디어 형태가 됐고, 그것의 힘이 실재(현실)를 능가했다는 보드리야르의 생각은 탈근대 사회의 작동 방식을 꽤 잘 설명해주는 것은 확실합니다. 그렇지만 보드리야르가 묘사하고 있는 초과실재의 힘은 너무나 막강하고 완벽해서 도저히 극복할 수 없는 것처럼 보입니다. 바로 그렇기 때문에 사람들이 보드리야르의 사유에서는 초과실재가 부과한 난국을 돌파할 전략이 전혀 없다고 말하는 것이 아닌가 합니다. 이런 비판에도 불구하고 당신이 보드리야르의 사유에 관심을 가지는 이유는 무엇입니까?

비포 확실히 보드리야르는 1970년대의 프랑스에 존재했던 투쟁의 현장을 무시하고 과소평가했습니다. 미셸 푸코뿐만 아니라 들뢰즈와 가타리도 보드리야르를 비관론자로 간주하면서 그의 철학적 작업이 운동의 사기를 저하시킨다고 생각했습니다. 보드리야르는 그 나름대로 『푸코를 잊어라』(1977)[3]를 발표해 푸코를 비판했지요.

그러나 1960년대에 보드리야르는 급진적 맑스주의자로 운동에 참여했고 상황주의의 영향을 받았습니다. 보드리야르가 비판적 사유와 운동의 전체적인 패배를 예견하고, 혁명의 가망성뿐만 아니라 자율적 주체화의 가능성 모두를 일축하는 이론을 만들게 된 것은 그 직후의 1970년대, 그러니까 패배한 68년 혁명의 흔적 속에서였지요. 저 역시 이탈리아에서의 운동이 패배하고 서구 사회에 펑크 문화가 확산되기 시작한 1977년 이후부터 변증법적 철학과 가능한 혁명에 대한 기대를 모두 포기했습니다. 그래서 자율성에 대한 당시 저의 생각 역시 '극복 불가능한 자본주의'라는 자각에 기초해 있었지요. "자본주의는 자연적으로 분해될 수 있는 것이 아니다. 미래에 대해 걱정하지 마라. 너에게 미래는 없다." 이 문장들은 1977년 이후 널리 퍼진 펑크적·자율적 문화의 정서를 잘 설명해줍니다. 그 기간에 저는 가타리와 매우 가깝게 지냈지만 동시에 보드리야르의 급진적 비판주의에 매료되기도 했습니다. 그러다 저는 시뮬라시옹을 완전하게 아우르는 힘으로서의 초과실재라는 파국적 전망이 들뢰즈와 가타리뿐만 아니라 안토니오 네그리 등의 주체화 이론보다 작금의 현실을 훨씬 더 잘 설명한다는 것을 이해하게 됐습니다. 이 초과실재의 개념이 제시된 책이 바로 『상징적 교환과 죽음』이었지요.

물론 보드리야르의 사상이 운동의 정치적 의미를 저해한다고 볼 수도 있습니다. 그렇지만 그와 동시에 보드리야의 사상에는 기호자본주의의 형성으로 이어지는 생산형태로서의 시뮬라시옹이 지닌 참신함을 깨닫게 해주는 개념들도 있습니다. 비록 보드리야르의 생각에 동조하기는 했지만 그 외중에도 저는 갖가지 자율적·집단적·전복적 주체화 프로젝트에 여러 번 참여했습니다. 그러나 불안정 노동의 사회적 구성은 자율성, 연대, 전복과 양립 불가능한 것이었기 때문에 그 프로젝트들은 실패하고 말았습니다.

바로 이 때문에 저는 다중의 전복적 힘을 낙관적으로 전망하는 네그리와 마이클 하트의 생각을 거부합니다. 보드리야르는 다중의 어두운 면을 폭로했습니다. 운동이 자율적인 주체화 과정을 새롭게 시작할 때마다 저는 그 과정에 참여할 준비가 되어 있었고 두 개의 다른 두뇌, 즉 가능성이라는 전복적 두뇌와 불가능성이라는 의식적 두뇌로 현실을 사유하려고 애썼습니다. 특히 시애틀에서의 시위 이후 1999년에서 2001년 사이에 전지구적 정의를 위해 일어난 운동, 그 이후에는 금융자본주의에 대항한 점거 운동 등에서 그랬지요. 그러나 2011년에 일어난 봉기의 경험이 지나간 직후, 이 운동이 일으킨 기대가 지나간 직후, 저는 운동의 해체를 목격했습니다.

아랍에서의 반란들은 종교적 근본주의, 여성에 대한 억압, 내전 등에 길을 터주는 비극적 결과로 이어졌습니다. 유럽에서의 운동은 그 나약함 탓에 유럽 전체의 차원에서 움직이지 못하다가 결국 파시스트들의 반발에 제압됐습니다. 월스트리트 점거 운동 역시 2012년 10월 이후에는 은유적으로만 진화했을 뿐입니다. 샌디 점거 운동[4]으로 말이지요. 이 모든 일은 한때나마 저로 하여금 금융독재의 끝을 보는 것은 불가능하리라고, 불안정 노동은 주체화의 자율적 프로젝트를 재구성할 수 없으리라고 생각하게 만들었습니다.

유리 당신이 『프레카리아트를 위한 랩소디』에서 말했듯이 '기호자본주의'라는 당신의 개념은 '인지자본주의,' 그리고 더 나아가 정보자본주의나 디지털자본주의 같은 또 다른 개념 역시 지시하고 있는 것과 동일한 과정을 다른 방식으로 지칭하고 있습니다. 그러니까 자본주의의 축적과 생산이 비물질적이고 디지털적이고 네트워크화된 과정으로 변해가고 있는 과정을 말입니다. 당신은 이 과정을 자본주의의 부富의 '기호화,' 혹은 보드리야르의 용어를 빌리면 부의 '상징화' 과정으로 정의하면서, 이런 기호화의 과정에서는 언어적이거나 인지적인 능력의 작동이 반드시 필요하다고 강조해왔습니다.

한창 자주 언급되는 '창조성' 역시 이런 능력의 하나일 것입니다. 그런데 오늘날의 자본주의적 맥락에서, 즉 기호자본주의의 맥락에서 창조성이라는 개념 자체는 당신의 지적처럼 일종의 억압장치로 기능하고 있는 듯합니다. 예컨대 영국에서는 1990년대 말부터 2010년대 초까지 신노동당이 소위 창조경제 정책을 취하면서 시장 친화적인 창조성 개념을 제시한 바 있습니다. 이처럼 인간의 언어적·인지적 능력을 신자유주의적인 시장 친화적 개념으로 옮겼을 때 발생하는 문제는 무엇입니까? 당신은 왜 창조성이라는 개념이 일종의 억압장치로 기능하고 있다고 말한 것입니까?

비포 자본주의는 항상 사회적 삶과 사회적 지능의 능력을 뽑아내고, 끄집어내고, 착취하는 능력에 기반을 두고 발전해왔습니다. 자본주의의 이런 속성 때문에 창조성을 둘러싼 자본의 수사법은 늘 모호했지요. 실제로 창조성이라는 단어는 매우 모호하게 쓰입니다. 흔히 사람들을 더 적게 받고 더 많이 일하게 만들려는 목적으로 쓰였던 단어인데, 요즘은 시장의 혁신을 뜻하는 단어가 됐지요.

그런데 사실 창조성이라는 개념은 1970년대 이탈리아의 자율주의 운동에서 매우 중요한 요소이기도 했습니다. 최소한 1980~90년대까지도 그랬습니다. 창조성은 창의적인 방식으로 착취를 거부하고, 창의적인 방식으로 상호부조와 자유로운 의사소통의 네트워크를 형성하려던 사회적 주체들이 지닌 자율화의 힘이었습니다.

그렇게 쓰이던 창조성이라는 개념이 기호자본주의가 등장하면서 자본이 요구하는 노동의 새로운 특성이 된 것입니다. 산업 생산이 네트워크화된 정보 생산으로 이행하는 과정에서 이런 일이 생겼지요. 리처드 플로리다가 쓴 『창조계급의 부상』(2002)[5]은 원래 사회적 주체성들이 각자의 역량을 강화하는 토대로 간주했던 창조성이 착취의 새로운 토대로 뒤바뀌게 된 과정을 보여주는 좋은 예라고 할 수 있습니다. 그 이전에도 비슷한 사례가 있었어요. 가령 제가 1970년대에 전개한 자유라디오 운동은 아래로부터의 창조성을 잘 보여주는 예라고 할 수 있습니다. 이 운동은 자기조직화의 가능성으로서의 창조성을 강조했지요. 그것은 틀린 것이 아니었습니다. 그러나 시간이 흐른 뒤 이 운동에 참가했던 친구들 중 상당수가 민간 방송국에서 일하는 전문가가 됐습니다. 운동에서의 창조적 경험이 자본주의적 미디어 환경을 위한 혁신의 원천이 되어버린 것입니다.

1990년대를 휩쓴 닷컴 열풍 역시 창조성의 모호함을 거들었습니다. 하이테크놀로지와 창조적 노동에 대한 집중 투자에 기초해 있던 소규모 닷컴 기업들은 자본주의에 새로운 에너지를 공급했고, 결국 1990년대 말의 경제적 붐을 이끌었지요. 그러나 2000년 봄에 인터넷 거품이 무너지고 닷컴 기업들이 붕괴되면서 자율성, 괜찮은 급여, 자유로운 활동을 기대했던 창조노동자들은 창조적인 프롤레타리아트로 몰락하게 됐습니다. 불안정 노동, 낮은 급여, 경쟁, 실업이라는 엄격한 법칙과 스트레스에 복종할 수밖에 없게 된 것이지요.

우리는 이 시기에 수많은 젊은이들의 창조적 에너지가 착취된 뒤에 위기가 찾아와 모든 것이 파괴되고, 젊은이들은 이내 불안정한 상황에 처이게 된다는 것을 숱하게 목격해왔습니다. 사람들이 닷컴 회사에 열광하고, 닷컴 회사들이 젊은이들의 창조적 에너지를 착취한 수년이 흐른 뒤 인터넷 거품이 터졌고 젊은이들 수백만 명이 모든 것을 잃었죠. 창조성에 대한 최근의 열광 다음에 무슨 일이 생길지는 잘 모르겠습니다. 다만 유럽의 경우에는 2011년에 갑작스럽게 수많은 사회적 폭발을 겪어야 했죠. 그 뒤로 사람들은 낙담했고 이제는 어떤 반란도 볼 수 없습니다. 젊은이들은 절망에 빠졌고, 고립되고 고독해졌습니다. 매일 자살도 늘어가고 있는 중이죠.

유리 당신도 잘 알고 있듯이 최근 한국에서도 박근혜 대통령이 영국의 그것과 비슷하면서도 또 다른 형태의 창조경제 정책을 제시하고 있습니다. 당신은 박근혜 대통령의 이 정책을 새로워 보이지만 낡은 '창조경제 이데올로기'라고 일축하면서, 이것은 "1990년대에 신자유주의적 자본주의가 인지노동자들의 기대감을 마음대로 쥐고 흔들 수 있게 도와준 사이버문화의 유토피아를 놀랍도록 되풀이하고 있다"
고 비판했습니다. 이 비판은 닷컴 열풍이 달아오르기 시작할 때 리처
드 바브룩과 앤디 캐머런이 공동으로 발표한「캘리포니아 이데올로
기」[6]에 대해 당신이 가한 비판과 비슷해 보입니다. 이 논문을 반박
하면서 당신은 "이탈리아에서 올리베티의 실험이 보여준 것은 국가
개입과 통제에 기초해서는 혁신을 발전시킬 수 없다는 점이다"[7]라
고 말했습니다. 여기서 당신이 말한 '올리베티의 실험'에 대해 좀 더
자세히 설명해주시겠습니까? 그리고 이 '올리베티의 실험'이 오늘날
의 상황에 보여주는 함의가 있다면 무엇일까요?

비포 바브룩과 캐머런은 캘리포니아 이데올로기를 비판하려고 그 글
을 썼지만 동시에 거기서 국가의 통제와 재정 지원을 받는 기술 혁신
프로젝트를 제안하고 있기도 합니다. 저는 신자유주의 이데올로기에
대한 그들의 비판에는 동의합니다만 디지털 혁신이 국가의 통제 아
래 일어날 수 있다는 생각에는 동의하지 않았던 것입니다.

아드리아노 올리베티[8]는 민주적 문화를 존중하는 깨어 있는 기
업가였습니다. 올리베티는 1950년대 이탈리아 좌파에서 중요한 역
할을 했을 뿐만 아니라 사회적 문화의 중요한 유산이기도 했지요. 올
리베티가 자신의 이름을 다 만든 기업은 타자기와 그와 유사한 각종
하이테크 제품을 생산했는데, 그는 국가, 노동자들, 자본가들의 협력
이라는 기본 구조 안에서 기술 혁신을 발전시키려고 노력했습니다.
또한 올리베티는 코뮤니타Comunità라고 불리는 공공 주택도 지었는데
이 주택은 사회학, 심리학, 현상학을 촉진시키는 데 중요한 역할을 담
당했습니다. 아무튼 노동조합을 사회민주주의적으로 운영한다는 모
델은 확실히 유토피아안적인 것이었습니다.

기업가로서의 개인적 경험은 성공적이었지만 올리베티의 이런 철학은 올리베티 자신보다 오래 살아남지 못했습니다. 올리베티는 기차 사고로 1960년에 사망했습니다. 아무튼 1960년대의 사회적 장에서는 협력보다 갈등이 더 우세했습니다. 노동자들의 자율성과 자본가들의 이해관계가 갈등 없이 공존할 수 없었던 것이지요.

어떤 면에서 올리베티의 프로젝트는 오늘날의 '문화적 자본주의'와도 유사합니다. 그러나 전자가 좀 더 사회주의적이고 덜 자유주의적이라고 할 수 있지요. 이렇게 본다면, 창조성에 기반을 둔 혁신을 신자유주의적인 맥락에서 강조하는 박근혜 대통령의 정책은 올리베티의 프로젝트와는 정반대로 신자유주의적 권위주의가 한데 뒤섞여 있는 정책이라고 말할 수도 있겠습니다.

유리 딱히 한국뿐만이 아니라 대대로 창조경제를 내세웠던 각국 정부들은 창조성이 경제적 부가가치가 높고 시장 경쟁력까지 갖춘 상품을 만드는 데 핵심적이라고 강조하곤 했습니다. 그래서인지 **창조적이어야 한다**는 것은 선택이 아니라 모든 개인이 반드시 따라야 하는 일종의 정언명령이 되어가고 있습니다. 가령 일찍이 미셸 푸코가 말한 바 있고, 당신도 자주 비판하는 신자유주의적 주체 모델, 즉 '자기 자신의 기업가'가 지녀야 할 새로운 특성으로 창조성이 떠올랐다고나 할까요? 실제로 박근혜 대통령은 지난 4월 22일 청와대를 방문한 빌 게이츠와 대화를 나누면서 정부는 재능 있는 사람들이 위험을 감수하면서도 회사를 세울 수 있는 기회를 확대해줘야 한다고 강조했습니다. 그리고 나서는 자신이 제시한 창조경제의 모델로 게이츠뿐만 아니라 애플컴퓨터의 창업자인 스티브 잡스를 언급했지요.

사실 창조경제의 주무부처인 미래창조과학부는 이에 앞서, 그러니까 4월 16일에 '한국형 닉 댈로이시오'를 육성한다는 미명 아래 청소년들에게 대대적인 코딩 교육을 실시하겠다는 계획을 발표했다가 각계각층으로부터 빈축을 산 적도 있습니다. 아무튼 17세의 나이에 뉴스 요약 앱인 '섬리'를 개발한 뒤 야후에 팔아 일약 갑부가 된 이 영국 청소년 역시 창조경제의 모델로 제시된 것이지요. 이런 이데올로기적 상황이 노동의 조건뿐만 아니라 사회의 불안정화, 정신 환경의 병리적 변이에도 영향을 끼친다고 볼 수 있을까요?

비포 박근혜 대통령이 첨단기술 자본주의의 기업가적 측면을 강조하고 있다는 것은 확실합니다. 이런 기업가적 측면을 강조한다는 것은 일종의 경제 유연화 정책이라고도 할 수 있을 텐데, 유연성은 노동자들에게 상반되는 두 가지의 영향을 끼칩니다. 우선 유연성으로 인해 노동자들은 예전보다 좀 더 많은 자유와 이동성을 가집니다. 그러나 이와 동시에 유연성은 노동자들 사이에서 경쟁이 치열해지도록 만듦으로써 불안정성을 퍼뜨리며 점점 더 많은 신경 착취를 가능하게 만드는 기술적·사회적 조건을 조성합니다.

제가 보기에 현재 한국의 상황에서 핵심적인 것은 과거의 국가·가족 중심 경제 체계가 완전한 유연성이라는 개인 중심의 경제 체계로 이동하고 있다는 사실입니다. 경제적 관점에서 봤을 때, 이런 이행은 경쟁을 조장함으로써 노동의 생산력을 증가시킬 것입니다. 그러나 다른 한편으로 사회적 삶의 관점에서 봤을 때, 이런 이행은 신경 에너지를 압박할 것이고 사회적 삶을 외로움과 심리적 폭력의 공간으로 변형시킬 것입니다. 유럽에서도 닉 댈로이시오 만들기 같은 정책이 진행된 적 있는지는 잘 모르겠지만, 새로운 테크놀로지와 새로운 기업가 정신에 대한 수사학은 이미 1980년대부터 유럽 전역에서 공통적으로 나타난 바 있습니다.

정작 문제는 자율주의에서 말하는 의미로든 자본이 강조하는 의미로든, 창조성의 육성과 밀접한 관련이 있는 공공 부문에 유럽의 국가들이 점점 덜 투자하고 있다는 점입니다. 대표적인 것이 교육 부문입니다. 한국의 사정도 다르지 않은 것으로 알고 있는데, 최근 유럽의 교육 체계에서 벌어지는 '개혁'이라는 것은 재정 지원 중단, 감축, 정리해고, 수익을 낼 수 없는 분과학문들(인문학)의 통폐합으로 특징지어집니다. 이 과정은 자본집약적 연구 분야에 대한 지원 강화와 나란히 일어나고 있지요. 또한 이 과정에서 연구와 교습의 자율, 발견과 혁신 과정의 자율, 도덕적·과학적·기술적 업적의 생산과 전파의 자율 등을 특징으로 지녔던 대학은, 지식을 착취하고 지식의 자율을 무력화하기 위한 재조합적 체계로 변모하고 있습니다.

오늘날 대학의 모든 연구·교습·학습·발명 행위는 "수익을 낼 수 있는가?," "경제성장에 도움이 되는가?," "기업 재정담당자들의 요구를 충족시켜주는가?" 같은 경제적 관심사에 종속되어가고 있습니다. 이것은 자본주의가 신자유주의적 변형을 통해 모든 아이디어와 행동을 경제 용어로 번역하면서 호모 에코노미쿠스를, '자기 자신의 기업가'를 만들어내는 과정과 궤를 같이 합니다. 결국 이 과정은 인지노동의 평균 수준을 낮추고 일반지성을 해체해가고 있는 중입니다. 시장 친화적인 창조성 개념은 이런 상황을 은폐할 뿐이지요.

유리 오늘날의 정신병리를 시간병리chronopathology의 측면에서 설명할 수 있다는 당신의 생각은 매우 인상적입니다. 특히 오늘날의 정신병리가 무한히 팽창하는 사이버공간과 그 팽창 속도를 따라갈 수 없는 사이버시간의 유한한 능력 사이의 격차에서 비롯된다는 당신의 분석은 매우 설득력 있습니다. 그런데 인터넷 이용자들의 행동 패턴을 조사한 통계 자료들에 따르면 사람들은 저 광대한 사이버공간 중에서 자신이 즐겨 찾는 몇몇 한정된 곳만을 들락날락할 뿐입니다. 그러니까 사이버공간이 팽창했다는 '객관적' 사실이 꼭 그에 따라 사람들의 사이버공간 이용·체류 시간이 증가했다는 '주관적' 사실과 호응하지는 않는다는 것이지요. 이에 대해서는 어떻게 생각하십니까?

비포 인터넷 사용자들이 몇몇 사이트를 드나들기만 할 뿐이고 그것이 그들이 겪은 인터넷 경험의 전부라는 당신의 지적은 옳습니다. 인터넷 경험이 협소해지고 있는 것은 사실이지요. 1990년대의 인터넷 경험을 떠올려보면, 저뿐만 아니라 인터넷 사용자들 대부분이 훨씬 더 노마드적이었습니다. 그들은 매일 새로운 사이트들을 발견하며 돌아다녔고 자신을 특정한 사이트와 동일시하지도 않았습니다. 그렇습니다. 장기적 관점에서 보면 인터넷 이용은 사용자들의 관점을 넓히기보다는 좁히는 결과를 가져오는 것이 사실입니다. 일상적 경험 속에서 우리는 점점 더 동일한 경로를 따라가는 경향을 보입니다. 결국 인터넷은 비판적 사고방식이 아니라 광신을 조장하고 정치적 관용과 열린 마음이 아니라 근본주의를 돕게 되는 것입니다.

그러나 자본주의의 역사가 시간의 강도를 높이는 데 기초하고 있다는 것을 잊어서는 안 됩니다. 생산성을 증가시키기 위해서 말이지요. 요컨대 노동자들의 시간에 가해진 강도는 이윤 상승의, 성장 동력의 함수입니다. 오늘날 이 과정은 본질적으로 주의력의 강화와 정보자극에 대한 생산적 혹은 소비적 반응의 가속화를 목표로 삼고 있습니다. 게다가 불안정성과 경쟁의 사회적 조건 속에서 사람들은 더 빨라지라는 독촉을 받곤 합니다. 멀티태스킹의 수행이 이런 경향에 대한 가장 좋은 설명일 텐데 우리는 동시에 더 많은 정보를 처리하고, 문제를 해결하고, 해답을 내는 과정을 해내야 하는 것입니다. 오늘날 빨라지는 것은 어느 누구도 피할 수 없는, 사회 전반에 만연한 문화적 강제이자 유행이며 의무가 되어버렸습니다.

유리 당신이 말한 것 같은 부의 기호화, 생산의 기호화가 노동조건에 막대한 영향을 끼친다고 말한 이론가들은 많습니다. 그러나 제가 알기로 이런 변화가 인간의 심리영역에 끼치는 효과를 강조한 이론가는 생각보다 많지 않습니다. 아마도 이 부분이 당신의 사유에 담긴 독특성 중 하나일 텐데요, 당신과 비슷한 관심사를 가진 다른 이론가가 있습니까? 가령 폴 비릴리오는 어떤가요?

비포 분석적 수준에서는 비릴리오가 끼친 영향도 중요합니다. 하지만 저는 뉴미디어를 비판할 때 드러나는 비릴리오의 반동적 논조를 좋아하지는 않습니다. 차라리 경제과 감응의 관계에 대해 흥미로운 글들을 쓴 크리스티앙 마라치가 저랑 관심사가 비슷하지요.

이탈리아 노동자주의를 논외로 한다면 저는 젊었을 적에 현상학의 영향을 받았습니다. 특히 장-폴 사르트르, 모리스 메를로-퐁티, 그리고 정신의학자이기도 했던 외젠 민코프스키 등이 중요했지요. 정신분석과 관련된 문제에서는 프랑스 탈구조주의자들의 영향도 받았다고 할 수 있습니다. '경험된 시간'temps vecu, 섹슈얼리티, 고통, 욕망의 양면적 힘을 강조한 페미니즘 이론도 1970년대 볼로냐의 운동에 큰 영향을 끼쳤는데, 저 역시 영향을 받았지요.

그렇기 때문에 저는 주체화의 과정이 사회적·정치적 과정일 뿐만 아니라 본질적으로는 사회적 공간 속에 존재하는 신체들 사이의 상호인식 과정이라고 늘 생각해왔습니다. 이런 점에서는 확실히 가타리의 영향을 많이 받았다고 할 수 있습니다.

유리 1977년 9월경 볼로냐에서 열린 국제 회합에 대해 말하면서 당신은 탄압 혹은 억압을 이 회합의 쟁점으로 삼은 것은 좋은 생각이 아니었다고 회고하고 있습니다. 차라리 "다가오는 자본주의적 복구로부터 탈출하는 방식, 자율성을 새롭게 생각하기 시작할 수 있는 가능성에 대한 것이 주된 주제가 되어야 했다"고도 말했지요. 당신이 아쉬워한 이런 주제의 관점에서 볼 때, 21세기의 반자본주의 운동에 대해서는 어떻게 평가할 수 있을까요? 특히 2011년의 각종 점거 운동과 이른바 '아랍의 봄'에 대한 당신의 의견이 듣고 싶습니다. 그곳에서는 분명히 사람들 간의 자율적인 토론, 자율성의 증식이 존재했습니다. 그러나 이런 운동들의 무력함을 지적하는 사람들도 있지요. 당신은 이 운동들에서 무엇을 봤는지 말씀해주십시오.

비포 매우 중요한 질문입니다. 저는 점거 운동이 사회체 내부에서 연대를 재활성화함으로써 자율적인 사회적 행동을 가능케 만들려던 일반적 시도였다고 생각합니다. 점거 운동을 말할 때 저는 2010년의 영국, 2011년의 스페인과 미국에서 확산됐다가 사라져버린 이 운동들의 과정을 늘 동시에 떠올립니다.

확실히 이 운동들은 절망과 무력감의 느낌을 남긴 채 사라져버렸습니다. 아마도 이런 느낌이야말로 2012년의 진정한 특징이라고 할 수 있지 않을까 합니다. 갑작스럽게 폭발한 이 운동들, 서로 간의 조율이나 공통 전략을 전혀 찾아볼 수 없었던 이 운동들은 1970년대의 운동과는 완전히 다른 것이었습니다. 왜냐하면 오늘날 노동의 사회적 구성과 사회적·문화적 배경은 그때와 너무나 다르기 때문입니다. 어쩌면 우리는 1977년에 이탈리아 사회에서 길고 오래 지속됐을 자율화 과정의 창출 기회를 놓쳤는지도 모릅니다. 그러나 지금의 문제는 이런 문제와는 완전히 다른 것입니다. 현재 우리는 넓은 범위에서 오랜 시간 지속되는 자기조직화의 과정을 일으킬 수 없습니다. 왜냐하면 노동이 불안정하게 됐고 사회적 삶이 그런 과정의 전제조건들을 모조리 파괴했기 때문입니다. 제가 틀릴 수도 있겠지만, 그리고 젊은 사람들은 제가 보지 못하는 것을 보거나 이해하지 못하는 것을 이해할 수 있겠지만, 제가 생각하기에 집합적이고 의식적이며 자율적인 주체화는 불안정성의 형태와 양립할 수 없습니다.

2011년 12월 저는 뉴욕에 갔습니다. 저는 사회체의 깊숙한 에너지를 움직였던 그곳의 점거 운동이 긴 시간에 걸쳐 지속될 자율화의 과정을 진행시킬 것이라고 생각했지요. 그 뒤로 이듬해 11월, 폭풍 샌디가 막 지나간 뒤 저는 다시 뉴욕을 찾았습니다. 그런데 운동은 벌써 일관성과 힘을 상실했고, 동원의 새로운 물결은 '샌디 점거'라는 이름을 달고 있었습니다. 너무나 실망스러운 은유였지만 그래도 흥미로운 점이 있긴 했습니다. 우리는 환경적·사회적 재해를 멈출 수 없습니다. 그러니 우리는 샌디처럼 재앙과도 같은 사건을 '점거'해야 합니다. 우리는 이미 여기에 존재하는 재앙의 시간 속에서 생존하기 위해 상호부조의 형태를 발전시켜야 하는 것입니다.

그러나 이런 상호부조는 단순히 어려움에 처한 사람들을 돕는다는 차원에서가 아니라 자율성의 차원에서 이뤄져야 합니다. 우리는 기존의 지배구조로부터 자율적인 삶을 위해서 우리 각자의 삶, 생산물의 배분을 조직해야만 합니다. 또한 우리는 생존, 교육, 보건을 위한 자율적 기관들이 전 세계적으로 소통할 수 있는 인터넷 기반 구조를 만들어야 합니다. 저는 머지않아 운동의 핵심이 지식의 공유, 재화(음식, 주거 등)의 공유가 될 것이라고 생각합니다. 이런 운동은 대안적인 생존, 교육, 의료 등을 위한 구조를 창출하기 위해 조직적으로 활동해야만 합니다. 유럽에서는 이런 식의 실험이 계속 늘어나고 있습니다. 금융의 지배권력으로부터 벗어나 교환을 할 수 있도록 자체적인 통화를 발행하는 곳도 있습니다. 거의 대부분의 곳에서는 먹을거리를 재배하는 데 관심을 쏟곤 하죠.

저는 대안적인 교육기관을 만드는 데 참여하고 있습니다. '사회적 상상력을 위한 유럽학교'9)라는 곳인데, 핵심 목표는 썩어빠진 공공교육의 구조를 대체하는 것입니다. 모든 학교가 사유화되면 젊은이들 대다수가 비싼 등록금을 내지 못하게 될 것이 분명합니다.

유리 '아랍의 봄'이 만개했을 때 사람들은 당시 페이스북이나 트위터 같은 소셜네트워크서비스가 각종 파업과 시위를 확산시키는 도구가 됐다는 점에 주목해 이제는 새로운 미디어가 운동, 더 나아가 혁명의 도구가 됐다고 말하곤 했습니다. 미디어 이론가이자 활동가로서 당신은 이런 주장에 대해서 어떻게 생각하는지 궁금합니다.

비포 네트워크가 정보 교환의 가능성을 크게 향상시키고, 이로써 운동의 힘을 강화해주는 것은 분명합니다. 그러나 디지털 테크놀로지는 의사소통을 구체성에서 분리시킴으로써 고립감이나 무감각함을 낳는 등 사람들이 살아가는 환경을 뒤바꿔 놓기도 합니다. 요컨대 인터넷은 단지 도구인 것만이 아니라 환경이기도 합니다. 이런 환경에서 사람들은 신체적 접촉 없이 정보를 교환하고, 일상의 의사소통은 탈물질화되어 새로운 형태의 소외와 고독이 만들어집니다.

물론 아랍에서의 봉기는 수천 명의 네티즌들이 전개한 광범위한 미디어 활동에 의해 준비됐습니다. 그러나 진정한 이집트 혁명의 날, 무하마드 호스니 무바라크의 장기 독재에 최후의 일격이 가해진 날은 2011년 1월 28일이었습니다. 그날 이집트 정부는 컴퓨터를 통한 반정부 메시지의 유통과 교환을 비난하며 인터넷을 차단하기로 결정했죠. 노트북을 연 사람들은 인터넷에 접속할 수 없었습니다. 그래서 수백만 명의 사람들이 거리고 나왔고, 결국 독재자는 사임할 수밖에 없었지요. 이 에피소드는 매우 중요합니다. 정보를 확산시키는 데는 미디어가 유용합니다. 그러나 최후에는 거리로 나와야 합니다.

유리 어떻게 보면 최근 몇 년 사이에 나타난 이탈리아와 한국의 사회적·정치적 상황은 제법 유사한 점이 많습니다. 예를 들어 한국의 전 대통령인 이명박의 통치방식은 베를루스코니의 통치방식과 흡사했습니다. 이명박을 '한국의 베를루스코니'라고 부르는 사람들도 있었지요. 그리고 이탈리아에서나 한국에서나 좌파 블록의 힘이나 영향력이 상당히 약화되어 있습니다. 이것은 일상생활에서뿐만 아니라 각종 선거의 투표율에서도 드러나는 현상이지요.

더 흥미로운 것은 지난 2012년 대선 당시 한국에서 일어난 '나꼼수 현상'과 최근의 총선에서 이탈리아 정계를 강타한 '베페 그릴로 현상' 역시 매우 흡사하다는 사실입니다. 나꼼수나 그릴로나 모두 네트워크에 기반을 둔 채 활동했다는 점에서뿐만 아니라 양자 공히 기존의 정치를 바꿔낼 새로운 대안으로 여겨졌다는 점에서도 그렇습니다. 비록 나꼼수는 한국의 대선에 기대만큼의 영향력을 행사하지는 못했지만 그릴로가 이끄는 오성운동은 당당히 이탈리아의 제3당이 됐습니다. 좌우간 나꼼수 현상이나 그릴로 현상이나 새로운 정치를 바라는 인민들의 염원을 보여주는 사례였지요.

나꼼수와 그릴로의 또 다른 공통점은 기존 좌파로부터 상당한 비판을 받았다는 점입니다. 그릴로에 관해서 말하면, 가령 유명한 공동 창작 집단인 '우밍'으로부터 격렬한 비판을 받았습니다.10) 그릴로와 오성운동은 원하든 원하지 않든 기존 체제의 유지를 보장할 뿐이라고 비판했지요. 당신은 이런 우밍의 비판을 반비판했습니다.11) 당신이 우밍을 비판한 핵심 이유는 무엇입니까?

비포 지난 총선 이후 저는 기존 정치 엘리트들의 통치 능력을 위기에 빠뜨린 그릴로의 오성운동이 유럽의 금융 협치를 위태롭게 할 수 있을 것이라고 기대했습니다. 그러나 제 기대와는 달리, 결국 유럽 각국의 경제 정책들은 유럽중앙은행 총재 마리오 드라기의 말처럼 재정 협약에 수반된 자동화에 의해 계속 진행됐습니다.

유럽의 상황이 시시각각 변해가고 있고 경기후퇴가 악화되고 있기 때문에 판단을 내리기에는 너무 이른 감이 있습니다만, 유럽 사회의 빈곤화는 이미 진행 중이며 더 이상 어떤 것도 이것을 막을 수 없습니다. 유럽은 이미 빈곤, 경기후퇴, 정치적 분열의 과정을 겪고 있어요. 독일 인구의 57%와 스페인 인구의 75%가 유럽연합에 반대하고 있습니다. 이것은 새롭고도 드라마틱한 일이라고 할 수 있습니다. 우밍에 소속된 작가들은 그릴로의 성공에 대해 각자 다른 입장과 관점을 가지고 있습니다. 그러나 일관적으로 그들은 그릴로의 오성운동이 포퓰리즘적 문화에 기반하고 있다고 말합니다. 그리고 이 지적은 옳다고 할 수 있습니다. 그러나 저는 그릴로와 그의 오성운동이 사용하는 언어가 모호하기는 하지만 그럼에도 불구하고 그들이 유럽의 협치에 정치적 위기를 안길 수 있다고 생각합니다.

그릴로와 오성운동의 성공은 유럽의 정치, 특히 이탈리아의 정치에 대해 사람들이 느꼈던 환멸의 결과이자 광범위한 거부의 결과입니다. 이것은 그저 하나의 증상이지 프로젝트가 아닙니다. 저는 "나는 그 증상의 중요성을 강조하고 싶었기 때문에 그릴로에게 투표했다"라고 말하고, 우밍은 "운동을 약화시키는 위험한 포퓰리스트인 그릴로에게 투표하지 마라"라고 말합니다. 저는 우밍의 주장을 이해는 합니다만 그릴로 때문에 운동이 약화됐다고 생각하지는 않습니다. 제가 생각하기에 운동이 약화된 것은 노동의 불안정화라는 작금의 상황 속에서 연대를 만드는 것이 가능하지 않기 때문입니다.

유리 얼마 전에 출판된 『지식의 공장, 창조성의 산업』[12])에서 게랄트 라우니히는 인지노동 혹은 창조노동의 잠재력이 오늘날 인지자본주의가 강제하는 새로운 지배 체제에 대항할 수 있도록 해준다는 점을 강조했습니다. 라우니히는 덧붙이기를, 이런 잠재력은 마치 창조성처럼 인지자본주의가 자신의 이해관계를 위해 그동안 배양해왔던 바로 그 힘이라고 했지요. 언젠가 맑스도 부르주아지가 자신의 무덤을 팔 존재, 즉 프롤레타리아트를 스스로의 이해관계 때문에 양산했다고 말한 바 있습니다. 라우니히, 그리고 특히 네그리를 위시로 한 포스트-노동자주의 이론가들은 맑스와 마찬가지로 자본이 노동계급에게 강제로 주입한 잠재력이 자본 자체에 맞설 힘으로 전환될 것이라고 생각하는 경향이 있습니다. 그런데 당신은 이에 대해 다른 의견을 가지고 있는 듯합니다. 당신은 기호자본주의의 일부이기도 한 인지노동자들 혹은 코그니타리아트가 어떤 조건 아래에서 이 세계를 변혁할 힘을 발견할 수 있다고 생각하십니까? 일반지성으로서의 우리 코그니타리아트는 어떻게, 어디에서 "사회적 신체, 성애적 신체, 연대의 신체로서의 우리 자신의 신체"를 찾을 수 있을까요?

비포 네그리의 철학적 관점은 현재의 조건들 속에 자율성이 내재적으로 수반되어 있다는 생각에 기초하고 있습니다. 일반지성의 발달, 노동과 집단지성이 지닌 잠재력의 발달이 인류를 자본주의적 노예 상태에서부터 해방시켜주리라고 보는 것이지요. 네그리가 말하는 코뮤니즘은 바로 이런 과정을 통해 쟁취되는 세계입니다.

가능성은 내재적이라는 네그리의 말에 저는 동의합니다. 그러나 네그리가 생각하는 것처럼 이런 내재적 가능성이 필연적 숙명을 의미하는 것은 아닙니다. 가능성은 발전해 현실이 될 수도 있습니다. 그러나 그것은 주체화의 정치적·사회적·문화적 형태가 그런 방향으로 갈 수 있도록 도움을 줄 때에만 실현됩니다. 지난 30년간의 경험, 특히 2011년에 갑작스럽게 찾아온 반란이 미완성으로 끝난 오늘날 우리는 내재된 가능성이 주체성의 무기력함으로 인해 방해받고 중단되며 원상 복귀된다는 것을 볼 수 있었습니다.

저는 2011년 유럽, 미국, 북아프리카 등지에서 일어난 반란들에 놀라움을 감출 수 없었습니다. 그래서 바로 여기에 재구성과 연대의 가능성이 있다고, 드디어 일반지성의 신체가 재구성되고 창발할 수 있겠다고 생각했습니다. 이때 받은 느낌을 가지고 당시에 쓴 『봉기』(2012)라는 책에서도 볼 수 있듯이, 저는 이전의 비관적 관점을 내던

졌습니다. 그러나 그 이듬해인 2012년의 경험은 다시 제 관점을 바꾸게 만들었고 저는 갑작스러운 반란이 지속될 수도, 자기조직화라는 안정된 과정이 될 수도 없다는 것을 인정할 수밖에 없었습니다. 왜냐하면 이런 과정을 위한 조건들은 불안정화에 의해서 소멸될 수밖에 없기 때문입니다. 그러므로 이 책의 결론에서도 강조한 바 있지만, 다시 문제는 이것일 겁니다. "불안정성이라는 조건 속에서 나는 어떻게 연대를 형성할 수 있을 것인가?"

지금까지 저는 기존의 단순한 의사소통 형태를 넘어선 언어, 즉 '시'의 가능성을 탐구해왔습니다. 철학자 루트비히 비트겐슈타인은 이렇게 말했습니다. "내 언어의 한계는 내 세계의 한계이다." 실제로 우리가 살아가는 이 세계는 우리가 지닌 언어 능력의 투사물이고, 우리가 속한 이 사회는 의사소통 교환의 공간입니다.

시는 경제적 교환의 용어를 통해 해독될 수 없는 언어입니다. 언어 속의 감각성이 되돌아온 것이 시입니다. 요컨대 시는 아이러니한 의식입니다. 기호는 모호합니다. 이 모호성이 의식의 풍요로움을 위한 조건이자, 가능성의 실질적 영역이 풍요로워지는 조건입니다. 우리 세계의 한계가 우리 언어의 한계라면, 시는 이 한계를 넘어서는 것, 현재 세계의 한계를 뛰어넘는 가능성의 발견입니다.

저는 이런 시가 타인의 존재, 타인의 신체를 감각할 수 있는 우리의 능력을 되돌려주리라고, 그래서 나와 당신(들)이 연대할 수 있는 새로운 가능성을 보여주리라고 기대하고 있습니다.

주요 용어 해설

감성(sensitivity)과 감수성(sensibility)

감수성이란 언어화되지 않은, 혹은 언어화될 수 없는 심리적 내용을 이해하는 데 필요한 인간의 능력이다. 감수성은 의식적 유기체들 사이에서 공감적 접촉이 이뤄질 수 있도록 만들어주는 일종의 막을 구성한다. 또한 감수성은 서로 아무런 관련도 없고 유사하지도 않은 다른 존재들 간의 공진화共進化 과정에 우리를 연결시키는 능력이기도 하다. 다시 말해 감수성은 리좀과 조화를 이룰 수 있는 능력인 것이다. 말로 표현될 수 없는 것의 의미를 파악할 수 있게 해주는 능력이 감수성이라면, 감성은 타인의 피부를 기분 좋은 방식으로 느낄 수 있는 능력을 일컫는다. 이 두 능력은 부처가 대자비大慈悲라고 부르는 것, 즉 타인의 신체를 자신의 신체의 연장으로 인식하는 능력, 타인의 기쁨을 내 자신의 기쁨으로 느끼고 타인의 아픔을 내 자신의 아픔으로 느낄 수 있는 능력을 가능하게 만들어준다. 그러나 이 두 능력 사이에 격차이 생기면, 타인의 피부[신체]를 지각하지 못하는 장애는 타인이 발산하는 기호들의 의미를 이해하지 못하는 무능력이 된다. 그렇게 되면 전쟁이 인간들을 지배하게 된다.

과잉노동(hyper-labor)

정보 관련 테크놀로지의 발달이 자동화를 촉진시켜 사회적 노동시간의 단축을 가져올 것이라는 예언은 거짓임이 밝혀졌다. 앙드레 고르, 제레미 리프킨 외 수많은 사회학자들과 미래학자들은 노동시간이 점진적으로 축소될 것이라고 예측했다. 그러나 이런 예측과 달리 오늘날 우리는 사회보장도, 법적 제한도, 인간의 삶에 대한 존중도 없는 과잉노동을 향해가고 있다. 1980년대 이후로 평균 노동시간은 계속 증가해왔고, 새로운 세기가 시작된 이후에도 절대적·상대적 착취는 눈에 띌 만큼 증가하고 있다. 1997년의 평균적 노동자는 1973년의 노동자보다 148시간을 더 일했다. 미국 노동통계청에 따르면 일주일에 평균 49시간 이상을 일한 사람의 비율은 1976년의 13%에서 1998년의 19%로 증가했다. 관리직의 경우 그 비율은 40%에서 45%로 증가했다. 20세기에 일어난 노동자 운동의 주된 성과는 법적 노동시간을 40시간으로 단축하고 초과근무를 제한할 수 있는 권리를 획득한 것이었다. 그러나 이런 권리는 지난 10년간 완전히 사라져버렸다. 전지구적 자본주의는 광범위한 수준에서 노예-노동을 이용하고 있는 것이다. 이런 상황에서 전 세계 대부분의 국가들이 가지고 있는 착취에 대한 법적 제한은 더 이상 아무런 의미가 없다.

구성(composition)과 구성주의(compositionism)

개별 인간들의 총체가 의식적인 집합적 주체성이 되는 것은 어떻게 가능할까? 상상(력)의 흐름, 세상의 기대, 관습적 습관, 신화 등이 확산되는 이유는 그것들이 심리영역의 화학적 동인이기 때문이다. 이런 확산이 계속되면 형체 없는 덩어리가 의식적 집합체로, 즉 잠정적으로나마 공통의 지향성을 통해 스스로를 확인하는 존재로 변형되는 것이 가능해진다. 집합적인 총체의 이런 형성 과정은 유기체적 형태의 기계적 축적보다는 일종의 화학적 구성과 훨씬 더 유사해진다. 구성(그리고 재구성)이라는 개념은 정치적 주체성에 대한 내재적 비판을 품고 있는 동시에 경험적 사회학에 대한 비판을 품고 있다. 오늘날 사회적 과정은 이질적인 **생성**으로 이해되고 있다. 이런 생성의 과정 속에서 기술의 단편들, 문화의 침전물들, 정치적 지향, 이데올로기적 표상, 기계적·의사소통적 연속 등은 [기존의] 정치학과 사회학의 자발적·기계적 환원주의를 가로막고 그로부터 벗어난다.

기호자본주의(semio-capitalism)

기호학은 기호를 연구하는 과학이다. 우리는 자본주의를 노동착취에 기초해 있으며 자본의 축적을 목적으로 하는 사회 체계라고 부를 수 있다. 정보 테크놀로지를 통해 언어적 노동이 자본의 가치화 과정에 완전하게 통합될 때 우리는 비로소 기호자본주의에 대해서 말할 수 있다. 언어가 가치화 과정에 통합되면 경제 부문과 언어의 영역에는 명백하게 중요한 결과가 발생한다. 실제로 기계를 작동시키는 데 필요한 노동시간을 계산하는 것은 가능하지만, 기호를 정교화하고 새로운 형태를 창조하는 데 쓰이는 사회적 필요 노동시간을 정확하게 계산하는 것은 불가능하다. 그러므로 언어적 노동은 맑스의 가치 법칙으로 환원될 수 없다. 그에 따라 가치화가 언어에 의존하게 되는 순간부터 경제는 불안정성, 불명확성이라는 새로운 요소를 안게 된다. 거꾸로 언어 역시 경제, 결핍, 과잉생산이라는 경제적 규칙을 품게 된다. 사회적 주의력(수요)의 시간 속에서 소비되거나 정교화될 수 없는 기호의 과잉(공급)은 바로 이런 과정에서 발생한다. 기호의 과잉생산은 경제적일 뿐만 아니라 심리적인 결과를 가져온다. 왜냐하면 언어는 심리영역에 직접적으로 작용하기 때문이다.

미디어영역(media-sphere)

미디어영역은 그 자체의 흐름으로 정보영역을 자극하는 기호적·상상적 송신기의 집합으로 정의될 수 있다.

미디어 행동주의(media activism)

미디어 행동주의는 모호함의 조건 속에서 전개된다. 미디어 행동주의는 탈인간적 변이의 과정에 참여하면서도 그 과정을 바꾸려고 한다. 인간의 삶을 가치 있고 즐거운 것으로 만들어주는 것이 그 과정에서, 즉 의식적이고 감성적인 유기체들 사이의 의사소통 과정에서 사라지는 것을 막기 위해서이다. 미디어 행동주의의 과제는 진행 중인 접속적 변이에 반대하는 것도, 그런 변이를 지배하는 것도 아니다. 이런 변이의 와중에서 그 연속성이 위협받는 [의식적이고 감성적인 유기체들, 즉 인간들의] 인지적·능동적·창조적·미적·윤리적 능력을 생생하게 유지하는 것이 미디어 행동주의의 과제이다.

불안정성(precarity)

불안정한 사람이란 자신의 미래를 전혀 알 수 없기 때문에 현재에만 매달려 살면서 이 세속의 지옥으로부터 구원해주기를 신에게 기도하는 사람이다. '불안정성'이라는 단어의 어원 자체가 '기도'precis를 뜻하는 라틴어이며, '불안정한'이라는 단어의 어원 역시 기도, 간청, 단순한 호의, 혹은 불확실한 무엇인가를 통해 어떤 것을 얻는다는 의미의 라틴어 '프레카리우스'^{precārius}이다.

불안정 노동이란 유연한 탈규제적 착취에 종속되어 있는 노동, 노동시장의 일상적 변동에 지배받는 노동, 불규칙적 소득이라는 협박을 참도록 강요받는 노동이다. 불안정 노동자는 형식상으로는 고용되어 있지 않은 상태이지만 전혀 자유롭지 않을 뿐만 아니라 가끔씩 불연속적으로 임금을 받을 뿐이다. 불안정 노동자의 삶은 끊임없이 의존적일 수밖에 없고 항상 불안으로 가득 차 있다.

포드주의 체제와 산업 생산에 연결되어 있던 보장 임금이 해체되기 시작한 1970~80년대에 불안정 노동의 조건은 국부적이고 일시적인 현상으로서 나타났고, 무엇보다도 노동시장에 이제 막 진입한 젊은 노동자들과 관련된 현상이었다. 그러나 오늘날 노동 불안정성이 더 이상 국부적인 현상이 아니라는 것은 너무나 명백하다. 오히려 그것은 전지구적 자본주의 생산 과정의 검은 심장이 됐다.

불안정화는 생산의 모든 측면이 탈영토화되면서 나타난 결과라고 할 수 있다. 오늘날에는 노동의 경험에서 더 이상 연속성이라는 것이 존재하지 않는다. 즉, 오늘날에는 산업 시대에 그랬던 것처럼 매일 똑같은 공장으로 출근하고, 똑같은 경로로 이동하고, 똑같은 사람들을 만나는 것이 불가능해졌다. 그렇기 때문에 당연히 영구적인 형태의 사회 조직을 만드는 것 역시 불가능해졌다. 세포처럼 단위화되고 복잡하게 뒤얽힌 형태로 변형됨에 따라 노동이 불안정해졌기 때문에, 노동의 자율적 조직화라는 문제 역시 완전히 다르게 생각해봐야 한다. 이런 상황에서 어떤 방식으로 조직화가 이뤄질 수 있을지 우리는 아직 모른다. 이것은 미래의 주된 정치적 문제이다.

사이버시간(cybertime)

우리는 사이버공간으로부터 오는 정보자극을 정교화하는 데 필요한 정신적 시간을 사이버시간이라고 부른다. 사이버공간은 인터넷이라는 무한한 공간에서 자신의 신호를 투사하는 수없이 많은 기호적 행위자들이 만들어낸 가상적 차원이기 때문에 그 정의상 무한히 확장될 수 있는 공간이다. 사이버공간의 무한한 확장은 이곳을 항해하는 사람들의 의식적 두뇌가 정교화할 수 있는 것보다 훨씬 더 많은 정보자극의 무한한 덩어리를 생산해낸다.

사이버공간의 확장은 공급과 수요가 일치해야만 잉여가치가 창출될 수 있고 자본의 투자가 이윤을 얻을 수 있는 시장 경제라는 조건 속에서 이뤄지고 있기 때문에, 정신적 시간은 압박에 노출될 수밖에 없다. 정신적 시간은 사이버공간에서 계속 증가하는 정보-재화를 끊임없이 수신·해독·소비해야만 하는 것이다.

그러나 사이버시간은 무한하지 않다. 오히려 의식적이고 감성적인 유기체가 이용 가능한 정신적 시간은 유기체적 요소들(수면, 질병, 상태의 악화, 주의력 집중의 한계), 문화적 요소들(신념, 세상의 기대), 감정적 요소들(정서성, 신호를 정신적으로 정교화하기 위해 필요한 느림)에 의해 제한을 받는다. 그러므로 사이버공간과 사이버시간의 관계는 지속적으로 기호적 과잉생산을 초래하는 조건을 만들 수밖에 없다. 결국 사이버공간의 흐름에 노출되어 있는 정신에는 정신병리라는 결과가, 경제에는 과잉생산이라는 결과가 빚어진다.

상상(imaginary)

'상상'이라는 단어는 경화되지 않고 상징적으로 질서지워지지 않은 이미지들의 축적물, 정보영역에 노출되는 과정에서 의식적 유기체들이 수신하게 되는 풍부한 이미지들의 유혹을 의미한다.

신경-텔레마틱 리좀(neuro-telematic rhizome)

사이버공간은 존재론적 차원과 지식론적 차원이 상호작용하는 가설적 세계이다. 이 세계는 효율적이고 존재 가능한 정신상태(가상 경험)가 발산하는 투영물의 총체이기도 하다. 그러나 이와 동시에 이 세계는 놀라움, 상상력, 아직 시도해보지 않은 경험의 공간이자 아직 실현되지 않은 경험의 새로운 차원이 창조되는 공간이기도 하다. [사이버공간에서 만들어졌고, 또 그곳에서 존재하는] 투영적 '심리주의'는 인간이 살아가고, 생각하고, 소통하는 분위기를 급격하게 변형시키고 있다. 증폭, 복제, 시뮬라시옹을 가능하게 만드는 기술적 도구의 무제한적 확산이 이런 변형을 가능하게 만들었다. 신경 체계는 복잡하게 뒤얽힌 무한한 접속의 선들과 얽혀 있는 것이다.

심리영역(psycho-sphere)

심리영역은 정보영역의 부드러운 면이자 정보자극의 기록과 심리적 정교화가 일어나는 장이다. 정보침입info-vasion의 결과들, 즉 신경의 과부하, 정신약리의 침투, 노동시간과 존재시간의 프랙탈화 등이 나타나는 곳도 바로 이 심리영역이다. 심리영역은 상호접속된 전지구적 정신 속에서 정보침입의 장치들이 만들어낸 예측 불가능한 결과라고도 할 수 있다. 의식적 유기체에 가해지는 신경자극이 가속화되고 그 강도가 높아지면서 우리가 감수성이라고 부르는 얇은 인지적 막은 더욱 얇아지고 있다. 정보자극의 덩어리들이 증가할수록 신경

자극을 정교화할 수 있는 시간은 줄어들게 된다. 의식적 유기체 역시 자신의 인지적 반응, 몸짓 반응, 운동적 반응을 더욱 가속화한다. 그에 따라 우리의 공감 능력은 점점 감소하고 있다.

영토화(territorialization)와 탈영토화(deterritorialization)

영토화는 윤리적 가치, 공유된 기억, 신화 등에서 드러나는 동일성의 코드를 통해 의식적 유기체가 상상적·의례적 영토를 인정할 때 나타나는 효과이다. 일반적으로 동일성의 코드는 배제의 효과를 낳는다. 즉, 동일한 영토에 속해 있지 않기에 동일한 코드를 소유하지 않은 사람을 향해 공격적인 에너지를 내뿜도록 만드는 것이다.

이와 반대로 탈영토화는 의식적 유기체가 자신이 가지고 있던 동일성의 코드로부터 분리되는 것을 의미한다. 즉, 상상적·정신적·관습적 영토를 인정하지 않을 때 발생하는 효과인 것이다. 자본주의의 역사는 연속적으로 이뤄진 탈영토화 과정의 역사라고 할 수 있다. 그러나 자본주의를 구성하는 문화적·정신적 토대 자체가 동일성의 토대이기 때문에 각각의 탈영토화 뒤에는 재영토화의 움직임이 따르기 마련이다. 흔히 이런 재영토화는 폭력, 인종주의, 전쟁 같은 폭력적인 재동일화의 의식을 통해 나타난다.

자동화(automatism)

자동화란 어떤 존재(언어, 사회, 행동)의 두 가지 상태가 도저히 풀릴 수 없는 하나의 고리처럼, 다시 말해서 어떤 논리적 유형의 당연한 결과로, 마치 논리적으로 이미 결정되어 있는 것처럼, 연속적으로 나타나는 상태를 일컫는다. 동시대 정치의 역사에서, 사람들은 점점 더 자기 자신이 자동화의 고리에 붙들려 있다는 느낌을 받고 있다. 이와 더불어 우리는 정치적 결정이 점점 더 사회적 기계 속에 포함된 자동화의 고리가 확립해 놓은 노선을 충실하게 기록하고 재생산하는 역할밖에 하지 못한다는 인상을 받고 있다. 근대에는 정치적 결정이 새로운 관점을 열고 기존의 사회 조건을 혼란시키고 뒤집으면서 사건의 경로를 수정할 수 있는 것처럼 보였다. 그러나 오늘날 우리는 경험을 통해 정치의 이런 역량이 사라졌음을 알게 됐다.

정부 안에 우파 세력이 존재하든 좌파 세력이 존재하든, 그 정치세력은 입법 활동이나 노동·경제 조직에 의미 있는 차이를 만들어내지 못하고 있다. 경제라는 규칙, 성장이라는 추상적 역동성, 경쟁이라는 절대적 의무는 인간의 의지보다 우월한 법으로 이 사회에 만연해 있다. 경제적 자동화는 좌파 연합이든 우파 연합이든 정치권력을 얻고 싶어 하는 세력이라면 모두 굽실거리는 교리이다. 그러나 오늘날을 지배하고 있는 경제적 교조주의를 순응주의의 결과로만 볼 수는 없다. 정치인들의 순응주의는 경제적 교조주의의 일부이지만 필수요소는 아니다. 경제적 교조주의의 필수요소는 도저히 다른 방식으로 행동할 수 없도록 행위자-인간의 행동을 구조화하고 있는 기술적·금융적·경제적·정신적 자동화 속에 깊이 새겨져 있다.

재조합/재조합적(recombination/recombinant)

재조합이라는 개념은 생물학, 특히 유전공학 부문에서 DNA가 발견됨으로써 출현하게 됐다. 인식론적 수준에서 나타나기 훨씬 이전부터 재조합이라는 개념은 울리포[1]의 실험에서부터 레이몽 루셀[2]의 작품, 초현실주의자들의 카다브르 엑스키,[3] 난니 발레스트리니[4]의

소설에 이르기까지 문학작품 속에서 순환하고 있었다. 재조합은 연구과 활동이 가장 역동적으로 이뤄지고 있는 장을 가로지르는 인지적·조작적 방법을 일컫는다. 아날로그적인 것이 디지털적인 것으로 이행해가면서 말, 이미지, 소리의 흐름은 마치 무엇인가를 자르고 꿰매는 행위처럼, 마치 점점 더 그 크기가 작아지는 단위들까지 분해하고 조립하는 활동처럼 움직이게 됐다.

　포스트-기계 테크놀로지의 핵심이 재조합의 원칙이라는 생각을 받아들인다면, 이 원칙을 학제간 인식론적 패러다임으로 여긴다면, 우리는 이 원칙이 삶의 현상과 언어의 현상으로 가득 찬 공통의 장을 정확하게 묘사한다는 점을 깨닫게 될 것이다. 정보과학·유전공학 테크놀로지는 재조합의 논리, 즉 의미를 지니지 않으며 변증법적이지 않은 논리를 바탕으로 구성되어 있다. 인식 가능한 형태와 의미 있는 총체가 정보들의 배열로부터 나타나는 것이다(컴퓨터 화면 위에 이미지를 띄우는 0과 1, 살아 있는 유기체를 등장시키는 DNA의 네 가지 구성요소 등이 좋은 예이다). 질 들뢰즈과 펠릭스 가타리의 『안티-오이디푸스』는 이렇게 말하는 듯하다. 나는 엄마와 아빠, 오이디푸스, 혹은 최초의 트라우마 같은 것에 전혀 신경 쓰지 않는다. 내가 관심 있는 것은 어떻게 언어가 현실 속에서 해체되고 재배열되는지 아는 것이다. 또한 출구를 찾기 위해, 욕망을 미로에서 풀어주기 위해 기호들, 몸짓들, 신체들을 어떻게 재조합해야 하는지 알고 싶다.

재조합 속의 정보시간(info-time in recombination)

전통적인 기계 체제가 인터넷 체제로 바뀌면서, 추상화의 과정은 인간의 시간이 지닌 본성에 개입해 의식적 유기체의 주관적 지각을 변화시켰다. 자본은 한 인간이 지니고 있는 객관적 시간을 추출하기 위해 그/녀를 고용할 필요가 더 이상 없다. 자본은 분리된 채 파편화되어 있는 노동자의 시간을 손아귀에 넣어, 그 노동자 개인의 삶과 분리된 영역에서 시간의 파편들을 얼마든지 재조합할 수 있게 됐다. 그에 따라, 흘러가는 시간에 대한 주관적[주체의] 지각은 가치의 생산 과정에서 발생하는 시간의 객관적 재조합으로부터 완전히 분리되어 나왔다. 자본가들은 더 이상 노동자의 일생 전체를 살 필요가 없다. 시간의 고립된 파편들, 주의력의 순간들, 작동 가능성의 순간들을 포획하는 것만으로 충분하다. 인터넷을 작동시키는 데 필요한 노동은 어떤 한 개인에게 집중된 노동이 아니다. 오히려 공간적으로 고립되어 있고 시간적으로 조각나 있는 순간들의 배열, 인터넷이라는 유동적 기계 속에서 재조합되는 순간들의 배열이 필요할 뿐이다. 인터넷에 결합되기 위해서 노동시간의 파편들은 서로 호환 가능하고 일반적 상호운용이 가능하도록 단일하게 포맷되어야 한다.

정보노동(info-labor)

맑스는 '추상적 노동'이라는 개념을 구체적이고 특정한 효용으로부터 분리된 노동 활동의 과정으로 정의한다. 이런 분리로 인해 추상적 노동은 특정한 형태의 능력으로부터도 분리된다. 추상화의 과정 속에서 노동의 실행은 점점 더 개별성, 특수성, 구체성이라는 특징을 잃어가게 됐으며 이로 인해 단순히 교환가치를 추상적으로 생산하는 반복 행위가 되어가고 있다. 생산 과정의 정보화는 이런 추상화 과정을 도약시켰다. 산업 노동은 재화의 생산 과정에 물리적 에너지를 투여하는 작동자가 기계적 물질을 변형시키는 과정으로 이뤄진다. 그러나 생산 기술이 정보화되면서부터 이 변형 과정은 점점 더 정보의 정교화 과정으로 대체되고 있다. 정리하자면 정보노동은 정보의 정교화를 통해 물질적·비물질적 재화를 생산하는 활동인 것이다. 디지털 네트워크, 즉 재조합 가능한 단일하고 추상적인 시간의 파편들을 포섭하고 유동화할 수 있는 초유기체로 작동하는 디지털 네트워크는 사회적 정보노동 과정의 신경을 계속 자극한다.

정보영역(info-sphere)

사이버공간이 기호의 송신·수신 도구를 갖춘 무한히 많은 감성적 행위자들의 정신 활동이 상호접속되는 공간이자 생물-정보적 유기체들이 서로 관계를 맺는 영역이라면, 정보영역은 수많은 송신기로부터 나온 기호적 흐름이 수많은 수신기에 닿기 위해 계속 순환하는 장이다. 의식적 유기체들이 상호접속된 수용적 세포의 형태를 띠는 장이 사이버공간이라면, 정보영역은 의미와 의도를 지닌 기호들이 순환하는 장이자 인간-단자를 자극하는 정보의 유혹을 옮겨주는 일종의 도체이다. 요약하자면, 정보영역은 송신기에서 발신된 기호가 순환하는 장이다. 사이버공간은 서로 접속된 감성적 행위자들의 상호작용적 특징을 강조하는 용어라고 할 수 있다.

정보자극(info-stimulus)

정보란 엔트로피적인 우주의 질서를 계획적·의도적으로 위반하는 무엇, 즉 소통 가능한 지식의 내용을 부호의 형태로 기록해 놓은 무엇이라고 할 수 있다. 그렇다면 정보자극은 의식적 유기체로 하여금 정보재화를 소비하도록 만들기 위해 송신기가 보내는 일종의 권유라고 할 수 있다. 정보자극은 극도의 피로상태를 야기할 수 있는 흥분을 촉발시킴으로써 의식적 유기체의 관심에 압력을 가한다. 기호는 이중적 특징을 가진다. 한편으로, 의미를 가진다는 점에서 기호는 비물질적이다. 그러나 다른 한편으로, 신경 체계를 자극한다는 점에서 기호는 물질적이다. 기호는 그래픽적이고 음성적인 물질성을 가지고 있을 뿐만 아니라 인간의 근육, 정서, 신경에 실질적인 효과를 생산하기도 하는 것이다. 요컨대 정보자극이란 정보를 담고 있는 기호가 의식을 갖춘 감성적 유기체에게 끼치는 물질적 효과이다.

코그니타리아트(cognitariat)

산업 시대에 '프롤레타리아트'는 아들[더 정확하게는 고대 로마 시대에서처럼 군에 입대시킬 자식]prole과 자기 자신의 몸 이외에는 아무런 재산도 없는 사회 계급을 가리키는 단어였다. 재산이 없기 때문에 프롤레타리아트는 임금노동의 조건, 즉 평생 일하면서 구조적 착취에 시달려야 하는 조건을 강제로 받아들일 수밖에 없었다.

기호자본의 영역에서도 생산자 계급의 대부분은 재산이 없는 사람들로 이뤄져 있다. 그들은 오로지 각자의 인지적 능력만을 소유하고 있을 뿐이다. 창조성, 언어 등의 형태로 표현되는 신경 에너지 말이다. 노동의 형태로 작동할 때, 인지적 능력의 구체적 역할과 사용가치(아는 것, 표현하는 것, 의사소통하는 것)는 이윤의 증가라는 경제적 목적에 종속된다. 정보 테크놀로지는 [경제와 관련된] 모든 과정을 기호의 교환으로 변형시킨다. 여기서 언어 행위를 통해 재화를 생산하는 사람이 바로 코그니타리아트이다. 코그니타리아트는 본질적으로 가장 인간적인 것, 즉 언어의 수용에 관여한다.

결국 이런 과정을 통해 언어는 일상생활로부터, 신체성으로부터, 감응성으로부터 분리된다. 자본의 포로가 되기 위해서 말이다. 이와 마찬가지로 인지 활동은 사회적 기능과 신체성으로부터 분리되어 있다. 바로 이런 분리가 인지노동자들이 느끼는 특정한 형태의 소외를 만들어내는 것이다. 코그니타리아트는 '인지적 프롤레타리아트,' 즉 이런 분리를 경험하는 사람들로 이뤄진 사회 계급이다.

탈사회화(de-socialization)

시간의 사유화와 일반화된 경쟁은 오늘날과 같은 불안정성의 조건 속에서 탈사회화라는 효과를 가져온다. 그렇지만 이런 탈사회화가 우리로 하여금 고독이라는[고독으로 인한] 자율성을 만끽할 수 있도록 해주는 것은 아니다. 왜냐하면 침략적 사회화가 언제든지 가능하며 곳곳에 매복해 있기 때문이다. 우리는 이런 침략적 사회화에 항상 노출되어 있다. 오늘날 우리는 타인과 경쟁하고 타인에게 적대감을 품는 식으로 사회화되도록 끊임없이 강요당한다. 우리는 과잉사회화된 탈사회화의 조건 속에 살고 있는 것이다.

프랙탈[화된] 노동(fractal work)

브누아 만델브로는 자신의 구조 속에서 각기 다른 비율로 그 구조를 반복하는 기하학적 대상을 정의하기 위해 '프랙탈'이라는 용어를 썼다. 이 단어는 '나뉘어진,' '부숴진,' '균열된,' 더 정확하게는 '조각나 있음'을 의미하는 라틴어 '프락투스'fractus에서 파생됐다. 또한 만델브로는 끊임없이 증가하는 금융자본의 파편 덩어리에 상응하는 것들을 조합하고 재조합하는 복잡한 금융시장의 역동성을 지칭하기 위해서

'프랙탈 금융'[5])이라는 표현을 쓰기도 했다. 인터넷의 역동성 덕분에 노동시간의 파편들을 조합하고 재조합하는 것이 가능해질 수 있었는데, 이런 맥락에서 프랙탈화는 상이한 배열순서에 따라 이뤄지는 노동시간의 파편화, 노동시간의 재조합을 의미하기도 한다.

노동의 프랙탈화와 유연화 때문에 노동자의 물리적·법적 존재감은 지워져버렸다. 왜냐하면 이제 노동자는 재조합될 수 있는 기호적 시간의 파편들만을 공급하는 존재, 그래서 언제든지 교체 가능한 존재로 환원되어버렸기 때문이다. 오늘날 노동자는 다양한 시간 간격에 따라 사용할 수 있고, 고용되어 있었던 일시적·단속적 시간에 대해서만 급여를 받는, 신경 체계를 갖춘 기계가 됐다.

프랙탈화된 노동시간을 일종의 세포라고 정의할 수도 있을 것이다. 왜냐하면 프랙탈화된 노동시간은 재조합 가능한 시간의 프랙탈적 바다(이것이 기존의 노동시장을 대체했다)를 이루는 기본 단위에 상응하기 때문이다. 인지노동은 시간의 파편들로 이뤄진 바다로 간주될 수 있다. 노동시간을 세포화하는 기술들은 (휴대전화를 통해) 이 파편들이 서로 만나 재조합될 수 있도록 해준다. 이런 점에서 우리는 휴대전화를 인지노동의 조립라인이라고 부를 수 있다.

호환화(compatibilization)

생산적이고 운용 가능해질 수 있기 위해서 모든 감성적 행위자는 교환을 규제하고, 체계 안에서 일반화된 상호운용을 가능케 해주는 포맷과 호환될 수 있어야만 한다. 인터넷의 팽창적 역동성은 감정을 지닌 행위자들이 모두 똑같은 포맷, 즉 경제적 경쟁이라는 원칙으로 해석될 수 있는 포맷에 따라 일하기를 요구한다.

정보 교환의 체계에서 포맷은 절대적으로 중요한 선별적 요소이자 대상을 주변화시키는 요소로서 작동한다. 만약 다른 포맷을 사용해 인터넷에 신호를 보내려 한다면 당신의 신호는 판독하기 어렵고 이해 불가능하며 쓸모없는 것이 될 것이다. 이렇듯 인터넷의 힘은 몰개성화하는 체계의 힘, 즉 특이성의 지표를 무효화하는 힘이라는 것이 밝혀졌다. 이 매개 시스템은 사유 없는 지식, 순전히 기능적·조작적인 지식, 스스로 방향을 결정하는 능력이 부족한 지식이 대규모로 재생산될 수 있는 조건을 만들어낸 것이다.

후 주

1장. 미래가 끝났을 때

1) Umberto Eco, "C'é un'altra lingua, l'italo-indiano," *L'Espresso*, no.14 (1977). 이 논문은 제목이 바뀌어 다음의 책에 재수록됐다. "Il laboratorio in piazza," *Sette anni di desiderio* (Milano: Bompiani, 1983).

2) Legge Reale. 당시 이탈리아 법무장관이던 레알레(Oronzo Reale, 1902~1988)의 발의로, 1975년 5월 22일 국회에서 통과된 일종의 치안 유지법. 정식 명칭은 "공공질서 보호에 관한 법규"(Disposizioni a tutela dell'ordine pubblico)이다. 경찰력의 팽창을 골자로 한 이 법안은 체포에 불응해 도망가거나 무기를 소지했다고 추정되는 시민을 향한 총격을 합법화한 것 이외에도 범죄 행위를 저질렀다는 의혹을 받는 시민의 임의적인 체포·구금을 허용해서 많은 논란을 빚었다.

3) Hans-Jürgen Krahl, "Thesen zum allgemeinen Verhältnis von wissenschaftlicher Intelligenz und proletarischem Klassenbewußtsein," *Konstitution und Klassenkampf: Zur historischen Dialektik von bürgerlicher Emanzipation und proletarischer Revolution* (Frankfurt am Main: Verlag Neue Kritik, 1971), pp.330~347. 1969년 11~12월경에 작성된 것으로 알려진 이 테제는 다음의 잡지에 처음으로 수록됐다. *Socialistische Korrespondenz-Info*, no.25 (Frankfurt, 1969).

4) Giovanna Marini(1937~). 이탈리아의 대중음악가. 1962년 이탈리아 민속음악 형식에 정치적 쟁점을 내용으로 담은 새로운 민중음악을 창조하려고 한 예술가 집단 '새로운 이탈리아 노래집'(Nuovo Canzoniere Italiano)의 결성을 주도했으며, 1968년부터는 공장과 파업 현장에서

공연하며 새로운 저항음악을 보급하는 데 힘썼다. 더 자세한 내용으로는 다음의 글을 참조하라. Gianmario Borio, "Music as Plea for Political Action: The Presence of Musicians in Italian Protest Movements around 1968," *Music and Protest in 1968*, ed. Beate Kutschke and Barley Norton (Cambridge: Cambridge University Press, 2013), pp.29~45.

5) Jefferson Airplane. 1965년 미국의 샌프란시스코에서 결성된 포크록 밴드. 1967년 두 번째 앨범『사이키델릭 필로우』(*Surrealistic Pillow*)를 발표하며 대성공을 거둔 뒤 점점 사이키델릭한 음악으로 변모하며 당대 청년세대 반문화의 대변자로 등극했다.

6) 비포가 말하는 '아이러니' 개념에 대한 더 자세한 내용으로는 다음을 참조하라. Franco Berardi 'Bifo,' *The Uprising: On Poetry and Finance* (Los Angeles: Semiotext(e), 2012), pp.164~169. [유충현 옮김,『봉기: 시와 금융에 관하여』, 도서출판 갈무리, 2012, 164~173쪽]; *Ironic Ethics/Ironische Ethik* (Ostfildern: Hatje Cantz, 2012), pp.17~21.

7) 1973년에 신설된 미술·음악·공연학과(Dipartimento di Arte, Musica e Spettacolo)를 말한다.

8) Andrea Pazienza(1956~1988). 이탈리아의 만화가. 1977년『펜토탈의 신기한 모험』(*Le straordinarie avventure di Pentothal*)이라는 작품으로 데뷔한 이래 이탈리아 르네상스 회화와 미국 언더그라운드 만화를 뒤섞은 듯한 화풍으로 약물 중독, 폭력, 섹스 같은 주제를 블랙유머에 담아 표현했다. 32세에 약물 중독으로 사망했다.

9) Filippo Scòzzari(1946~). 이탈리아의 만화가. 1970년대 이탈리아 언더그라운드 예술 운동의 핵심 인물 중 하나로 라디오 알리체와 협업을 하기도 했다. 1976년에는 동료들과 볼로냐의 빈집을 점거해 트라움파브릭(Traumfabrik)[꿈의 공장]이라 이름짓고 대안공동체 운동을 전개하기도 했다. 당대 이탈리아의 언더그라운드 만화에 대해서는 다음을 참조하라. Simone Castaldi, *Drawn and Dangerous: Italian Comics of the 1970s and 1980s* (Jackson: University Press of Mississippi, 2010).

10) Keith Jarrett(1945~). 미국의 재즈 피아니스트. 클래식, 가스펠, 포크 음악이 결합된 특유의 즉흥연주로 유명하며, 1980년대 중반부터는 클래식 음악 작곡가로서도 활동했다.

11) The Ramones. 미국의 펑크록 밴드. 1974년 결성되어 1996년 해체한 최초의 펑크록 밴드. 가죽점퍼와 찢어진 청바지, 아나키즘적 가사 등 펑크록 밴드의 클리셰를 처음 선보이며 많은 밴드에게 지대한 영향을 끼쳤다. 주요 앨범으로『세기말』(End of the Century, 1980)이 있다.

12) détournement. 훗날 상황주의인터내셔널을 창립한 프랑스의 영화감독이자 작가인 드보르(Guy Debord, 1931~1994)와 볼만(Gil J. Wolman, 1929~1995)이 1956년에 고안한 개념. 어떤 사물이나 예술작품의 특정한 요소를 원래의 맥락에서 분리해 다른 맥락에 놓음으로써 (흔히 원래의 의미와 상반되거나 원래의 의미를 비판하는) 새로운 의미를 창출하는 기법을 말한다. "Mode d'emploi du détournement," Les Lèvres nues, no.7-8 (Mai, 1955). 훗날 드보르는 고급/대중문화에서 소비재에 이르기까지 상품화에 의해 물화된 사물의 특정한 가치, 의미, 해석을 교란하기 위해 이 기법을 적극적으로 활용했다.

13) 프랑스 지식인들이 이탈리아의 정치 상황에 대해 성명서를 발표하게 된 경위에 대해서는 다음을 참조하라. "[이탈리아의 내무장관이 테러방지법을 제정해 활동가들을 대거 잡아들이기 시작한 1977년 5월 13일 직후] 비포는 밀라노로 피신했다가 토리노를 거쳐 프랑스 국경을 넘은 뒤, 5월 30일에야 파리에 도착했다. …… 7월 7일, 비포는 파리에 있는 친구의 집에 갔다. 이탈리아 경찰들이 문 앞에서 비포를 기다리고 있었다. 비포는 체포되어 상테 감옥에 수감됐다가 곧 프렌느 감옥에 감금됐다. 가타리와 몇몇 친구들은 재빨리 비포의 석방을 지원할 네트워크를 조직했고 '새로운 자유의 공간의 창안을 위한 센터'를 출범했다. …… 재판은 비포가 체포된 지 겨우 몇 일만에 열렸다. 이탈리아 사법당국의 요청이 있었기 때문에 비포의 본국 송환 여부가 이 재판에 달려 있었다. 애초 비포는 자유라디오 방송국[라디오 알리체]의 진행자였다는 이유로 기소됐다. 그러나 정작 본국 송환 요청 당시 이탈리아 사법당국은 비포를 볼로냐에서 납치 사건을 일으킨 범죄단의 두목으로 규정하고 있었다. 프랑스의 변호사들로 구성된 변호단은 기소 뒤에 감춰진 공식적 이유들의 부조리함을 손쉽게 드러내보였다. 7월 11일, 본국 송환 대상자가 아니라고 판정된 비포는 정치적 망명자로서 프랑스에 받아들여졌다. '내가 감옥에서 풀려난 날 오후, 우리는 이탈리아에서 발생하고 있는 억압

에 반대하는 탄원문을 작성해 프랑스 지식인들에게 서명해줄 것을 호소했다'(비포). 감옥에서 나오자마자 비포는 콩데 거리에 있는 가타리의 집으로 들어갔다. …… 이 두 친구는 이탈리아에서 벌어지는 운동에 대한 탄압을 규탄하는 호소문을 썼으며, 기독교민주당과 이탈리아공산당의 역사적 타협 정책을 공공연히 비난했다. 이 성명서는 이탈리아 전역에서 애국심으로 들뜬 격분을 유발했다. 이탈리아의 지식인들과 정치인들은 아무것도 모르면서 간섭한다며 프랑스인들을 비난했다. 프랑스인들에게는 이탈리아인들을 훈계할 권리가 없다는 것이었다." François Dosse, *Gilles Deleuze et Félix Guattari: Biographie croisée* (Paris: La Découverte, 2007), pp.344~346. [이재원·최영화 옮김, 『질 들뢰즈와 펠릭스 가타리: 두 삶과 사유의 만남』, 도서출판 난장, 근간.]

2장. 정보노동과 불안정화

1) Angela Mitropoulos, "Precari-us?," *Minimute: Precarious Reader. Texts on the Politics of Precarious Labour*, vol.2, no.0 (London: Mute, 2005), pp.12~19. [www.metamute.org/editorial/articles/precari-us]

2) 더 자세한 내용으로는 다음을 참조하라. 프랑코 베라르디 '비포,' 강서진 옮김, 「언어와 독」, 『미래 이후』, 도서출판 난장, 2013, 161~167쪽.

3) Gilles Deleuze, *Le Pli: Leibniz et le baroque* (Paris: Minuit, 1988), pp.5~6. [이찬웅 옮김, 『주름, 라이프니츠와 바로크』, 문학과지성사, 2004, 11쪽.]

4) *Gli autonomi: Le storie, le lotte, le teorie*, vol.2, cura di Sergio Bianchi e Lanfranco Caminiti (Roma: DeriveApprodi, 2007), p.44.

5) Paul Virilio, *Vitesse et Politique: Essai de dromologie* (Paris: Galilée, 1977). [이재원 옮김, 『속도와 정치: 공간의 정치학에서 시간의 정치학으로』, 도서출판 그린비, 2004.]

6) 특히 다음의 글을 참조하라. Christian Marazzi, "Dislessia ed economia," *Forme di vita*, no.2-3: L'azione innovativa. Quando cambia una forma di vita (Roma: DeriveApprodi, 2004), pp.104~120.

7) "누구나 어느 정도는 '관심 결핍 증상'을 앓고 있다. 이를 어떻게 감당해야 할지 모를 뿐 오늘날 누구나 겪는 현상이다. …… 하나의 예로 각자의 관심에 비해 정보의 양이 지나치게 많기 때문에 발생하는 불균형

으로 인한 심리적 압박을 들 수 있다. 이런 '정보-스트레스'는 드문 현상 같지만 실제로는 그렇지 않다. 하루에 2백 개의 메시지가 오가는 환경을 연구한 한 미래연구소의 보고서에 따르면, 사무직 노동자의 71%는 매일 접하는 정보의 양으로 인해 스트레스를 받고 있다고 했으며, 60%는 정보의 양이 너무 많다고 했다." Thomas H. Davenport and John C. Beck, *The Attention Economy: Understanding the New Currency of Business* (Boston: Harvard Business Review Press, 2001), p.6. [김병조·권기환·이동현 옮김, 『관심의 경제학: 정보 비만과 관심 결핍의 시대를 사는 새로운 관점』, 21세기북스, 2006, 23쪽.]

8) Eugène Minkowski, *Le Temps vécu: Étude phénoménologique et psy-chopathologique* (Paris: Collection de l'évolution psychiatrique, 1933).

9) New economy. 제조업('굴뚝 산업') 기반 경제에서 정보·기술 기반 경제로의 이행을 지칭하는 용어. 1983년 미국의 시사주간지 『타임』이 처음 사용했다. 그러나 이 용어가 널리 쓰이게 된 것은 새로운 디지털 테크놀로지(컴퓨터, 소프트웨어, 위성, 인터넷 등)가 비약적으로 발전한 1990년대부터였다. 닷컴 열풍(가령 벤처기업 창업붐), 나스닥의 비약적 성장 등이 바로 이 '신경제'라는 이데올로기 아래에서 진행됐다.

10) 영어와 유럽의 주요 언어에서 경제 현상으로서의 '불황'과 정신병으로서의 '우울증'이 모두 동일한 단어(depression, dépression, depressione, depresión)로 표현된다는 점을 감안하라.

11) Bill Gates, *Business @ the Speed of Thought: Using a Digital Nervous System* (New York: Warner Books, 1999). [안진환 옮김, 『빌게이츠@생각의 속도: 디지털 신경망 비즈니스』, 청림출판, 2006.]

12) meme. 모방 같은 비유전적 방법을 통해 한 개체의 기억에서 다른 개체의 기억으로 복제될 수 있는 문화적 정보의 요소 또는 전달 단위를 말한다. 즉, 문화의 전달에도 유전자처럼 복제 역할을 하는 중간 매개물이 필요한데 이 역할을 하는 정보의 단위·양식·유형·요소가 바로 밈이다. 영국의 생물학자인 도킨스(Richard Dawkins, 1941~)가 『이기적 유전자』(*The Selfish Gene*, 1976)라는 저서에서 소개한 용어이다.

13) Gates, *Business @ the Speed of Thought*, p.4. [『빌게이츠@생각의 속도』, 30쪽.]

14) Romano Alquati, "Composizione organica del capitale e forza-lavoro alla Olivetti," *Quaderni Rossi*, no.2-3 (Giugno 1962-1963); *Sulla FIAT e Altri Scritti* (Milano: Feltrinelli Editore, 1975). 재수록.

15) Bernardo Provenzano(1933~). 시칠리아 마피아(원래 명칭은 '코사 노스트라'[Cosa Nostra])의 대부. 1963년 살인 혐의 등으로 종신형을 선고받았지만 2006년 체포될 때까지 43년간 사법 당국의 추적을 피해 도피하면서도 조직을 이끈 얼굴 없는 '보스'로 유명하다.

16) Salvatore Riina(1930~). 시칠리아 마피아의 대부. 다른 마피아 가문들뿐만 아니라 조직원들까지 '짐승'(La Belva)이라는 별칭으로 불렀을 만큼 포악한 성격으로 1980년대~1990년대 초까지 경쟁 파벌들과 전면전을 벌이다가 1993년 체포되어 종신형을 선고받았다.

17) Marco Tronchetti Provera(1948~). 이탈리아의 기업가. 1992년 세계적인 자동차 타이어 제조업체인 피렐리의 회장이 된 뒤, '신경제'의 상징인 미국 실리콘 밸리의 기업들을 벤치마킹해 피렐리를 첨단기술(특히 광통신 기술) 기업으로 탈바꿈시켰다. 2001년부터 이탈리아 최대의 통신사업자인 텔레콤 이탈리아의 수장을 겸하기 시작했던 프로베라는 2006년 텔레콤 이탈리아의 부채를 탕감한다는 명분 아래 이동통신 사업 부문인 '텔레콤 이탈리아 모빌레'(TIM)를 분사시킨 뒤 매각하는 방침을 세웠다. 그러나 이 방침은 프로디 총리가 이끌던 당시의 중도 좌파 정권과 마찰을 빚었고 결국 프로베라는 사임했다. 원래 텔레콤 이탈리아 자체가 국영 기업이었다가 1997년 민영화된 바 있기 때문에, 프로디 정부는 외국인이 소유하지 않은 이탈리아 유일의 이동통신사인 TIM의 해외 매각에 반대해 TIM의 국영화를 꾀한 것으로 알려져 있다.

18) Roberto Saviano, *Gomorra: Viaggio nell'impero economico e nel sogno della camorra* (Milano: Mondadori, 2006), p.63. [박중서 옮김, 『고모라』, 문학동네, 2009, 80쪽.]

19) Saviano, *Gomorra*, p.78. [『고모라』, 99쪽.]

20) Saviano, *Gomorra*, p.48. [『고모라』, 62쪽.]

21) 『고모라』의 제1부 2장(「안젤리나 졸리」)의 내용을 말한다. 여기서 저자는 카모라 수하의 영세 의류 공장에서 이탈리아 회사들뿐만 아니라 독일과 프랑스 등지의 회사들에 납품할 각종 의류·패션 잡화가 짧은 제작

기간과 싼 인건비로 영세한 장인들의 손에서 탄생하는 과정을 상세히 보여준다. 전 세계의 의류·패션 회사들에서 일하는 디자이너들이 디자인을 보내면 이곳의 노동자들이 완제품을 만들어내는 식이다.

22) Saviano, *Gomorra*, p.81. [『고모라』, 102쪽.]

23) Padre Pio(1887~1968). 이탈리아의 성인. 본명은 프란체스코 포르지오네(Francesco Forgione)이다. 생전에 성흔을 지녔던 것으로 유명했던 피오 신부의 고향이 카모라의 활동 무대인 캄파니아 주의 마을 피에트렐치나이다. 이런 사연 때문에 카모라 두목들의 빌라에는 피오 신부의 실물 크기 입상이 즐겨 장식되어 있다.

24) Saviano, *Gomorra*, p.135. [『고모라』, 176~177쪽.]

25) Saviano, *Gomorra*, p.210. [『고모라』, 268쪽.]

26) Saviano, *Gomorra*, p.222. [『고모라』, 282쪽.]

27) Saviano, *Gomorra*, p.310. [『고모라』, 392쪽.]

28) Saviano, *Gomorra*, p.310. [『고모라』, 393쪽.]

29) Saviano, *Gomorra*, p.325. [『고모라』, 409쪽.] 비포가 말하는 "보코니대학교를 졸업한 젊은이들"이란 이탈리아에서 제일 유명한 비즈니스스쿨인 보코니대학교를 졸업한 뒤 환경재생 분야의 전문가가 되어 '스테이크홀더,' 즉 "불법 유독성 쓰레기 처리라는 범죄의 천재"가 되는 젊은이들을 말한다. 이들의 주요 기술은 "유럽연합의 쓰레기 배출 요람을 완전히 꿰고서, 어떻게 하면 그 안에서 이리저리 잘 움직일 수 있는지를 궁리해 규제를 피하는 것"이다(『고모라』, 400~401쪽).

30) Saviano, *Gomorra*, p.329. [『고모라』, 414쪽.]

31) Saviano, *Gomorra*, p.330. [『고모라』, 415쪽.]

3장. 상인, 전사, 현자

1) Robert Jungk, *Heller als tausend Sonnen: Das Schicksal der Atomforscher* (Stuttgart: Scherz & Goverts Verlag, 1956), pp.81~82.

2) Karl Marx, "Thesen über Feuerbach"(1845), *Marx-Engels Gesamtausgabe*, Abteilung IV. Bd.3 (Berlin: Akademie Verlag, 1998), p.21. [최인호 옮김, 「포이에르바하에 관한 테제들」, 『칼 맑스/프리드리히 엥겔스 저작 선집 1』, 박종철출판사, 1997, 189쪽.]

3) Vladimir Ilyich Lenin, "What Is To Be Done?: Burning Questions of Our Movement"(1902), *Collected Works*, vol.5, trans. Joe Fineberg and George Hanna (Moscow: Foreign Languages Publishing House, 1961). [최호정 옮김, 『무엇을 할 것인가?』, 박종철출판사, 1999.]

4) 정확히 말하면 이 표현을 쓴 것은 맑스가 아니라 엥겔스이다. Friedrich Engels, "Ludwig Feuerbach und der Ausgang der klassischen deutschen Philosophie"(1886), *Marx-Engels Gesamtausgabe*, Abteilung I. Bd.30 (Berlin: Dietz, 2011), p.787. [김태호 옮김, 「루드비히 포이에르바하, 그리고 독일 고전 철학의 종말」, 『칼 맑스/프리드리히 엥겔스 저작 선집 6』, 박종철출판사, 1997, 289쪽.]

5) Karl Marx, "Grundrisse der Kritik der Politischen Ökonomie"(1857), *Marx-Engels Gesamtausgabe*, Abteilung II. Bd.1.1 (Berlin: Akademie Verlag, 2006), pp.581, 583. [김호균 옮김, 『정치경제학 비판 요강 II』, 도서출판 그린비, 2000, 380, 382쪽.]

6) Hans-Jürgen Krahl, "Thesen zum allgemeinen Verhältnis von wissenschaftlicher Intelligenz und proletarischem Klassenbewußtsein," *Konstitution und Klassenkampf: Zur historischen Dialektik von bürgerlicher Emanzipation und proletarischer Revolution* (Frankfurt am Main: Verlag Neue Kritik, 1971), pp.333~335.

7) operaio massa. 1848년경부터 시작된 '대공업'(제2차 산업혁명) 시기의 두 번째 국면(제1차 세계대전부터 1968년 혁명까지)을 특징짓는 노동자의 형상. 한편 1848년부터 1914년까지(대공업의 첫 번째 국면)는 '전문노동자'(operaio professionale)가, 1968년 혁명 이후(제3차 산업혁명)는 '사회적 노동자'(operaio sociale)가 각각의 시기를 대표하는 노동자의 형상이다. 특히 '사회적 노동자'라는 개념은 '사회적 공장'(fabbrica sociale)이라는 개념과 더불어 이탈리아 노동자주의가 자율주의로 넘어가게 되는 계기를 보여준다고 알려져 있다. Antonio Negri, *Dall'operaio massa all'operaio sociale: Intervista sull'operaismo* (Milano: Multhipla, 1979). 더 자세한 내용으로는 다음을 참조하라. 안토니오 네그리, 윤수종 옮김, 「맑스에 관한 20가지 테제: 오늘날 계급상황에 대한 해석」, 『지배와 사보타지』, 새길, 1996. 특히 테제 4번을 참조할 것(133~136쪽).

8) techne. 흔히 '손재주,' '솜씨,' '기술' 등으로 번역되는 그리스어. 철학적 맥락에서 어떤 추상적 원리(가령 정치나 윤리 같은 것)에 대한 포괄적 앎을 뜻하는 '에피스테메'(epistēmē)와 대비해 쓰일 때는 '구체적인 실용적 앎'(가령 제작기술) 등을 뜻한다.

9) 특히 다음을 참조하라. 프랑코 베라르디 '비포,' 강서진 옮김, 「특이성의 봉기」, 『미래 이후』, 도서출판 난장, 2013, 229~235쪽.

10) Novum Organum (Scientiarum). 영국의 철학자 베이컨(Francis Bacon, 1561~1626)이 1620년에 발표한 책의 제목. '오르가눔'이란 흔히 '기관'(器官) 또는 '방법'을 의미하는 라틴어이다(베이컨이 말한 '새로운 오르가눔,' 즉 학문의 새로운 기관/방법은 '귀납법'이었다). 본문에서 비포는 '오르가눔'이라는 표현을 통해, 오늘날 특정 프로그램(가령 파워포인트)의 매뉴얼 같은 것, 혹은 그에 대한 단순한 지식이 마치 새로운 학문의 도구나 방법처럼 통용되고 있다고 비판하는 것이다.

4장. 오늘날 자율성의 의미는 무엇인가?

1) 다음의 논문을 말하는 듯하다. Mario Tronti, "Classepartitoclasse," *Classe Operaia*, anno 3, no.3 (Marzo, 1967).

2) Geert Lovink, *Dark Fiber: Tracking Critical Internet Culture* (Cambridge, MA.: MIT Press, 2002).

5장. 흔들리는 심리영역

1) Abu Ghraib. 이라크의 바그다드에서 서쪽으로 32km 떨어져 있는 도시, 혹은 1950년대경 그 도시에 세워진 정치범 수용소. 2003년의 이라크 전쟁이 일단락된 뒤 이라크를 점령한 미군이 이 수용소를 사용했는데, 이듬해 1월 14일 이곳의 미군 헌병들이 수감 중인 이라크인들을 각종 잔혹한 방식으로 고문하고 성적으로 학대했음이 폭로됐다. 미군의 추행이 세계 전역에 알려지자 이라크를 비롯한 중동 국가들이 곧바로 미국을 비난한 것은 물론이고, 세계 각국에서도 미국 영국 연합군의 인권 유린을 비난하는 성명과 시위가 잇따랐다.

2) Ulric Neisser, *Cognition and Reality: Principles and Implications of Cognitive Psychology* (San Francisco: W. H. Freeman and Company, 1976).

3) Umberto Eco, "Il fascismo eterno," *Cinque scritti morali* (Milano: Bompiani, 1997), p.38. [김운찬 옮김, 「영원한 파시즘」, 『신문이 살아남는 방법』, 열린책들, 2009, 98쪽.]

4) hive mind. 수많은 개체의 정신이 (가령 텔레파시 등을 통해) 서로 연결되어 형성하는 단일한 집단적 정신. 이 정신을 구성하는 각 개체는 원래의 개성, 독자성, 개인적 특질을 모조리 혹은 거의 잃은 채 사회적 곤충(가령 개미나 벌)처럼 각자에게 주어진 다른 기능을 전문적으로 수행한다. 1930년 영국의 작가 스테이플던(William Olaf Stapledon, 1886~1950)이 발표한 과학소설 『최후와 최초의 인간』(*Last and First Men: A Story of the Near and Far Future*)에 나오는 '초정신'(spermind)이 이 개념의 원형으로 알려져 있다. '초정신'의 연장선상에서 '하이브 마인드'라는 표현을 처음 쓴 것은 미국의 과학소설가 제임스 H. 슈미츠(James Henry Schmitz, 1911~1981)이다. James Henry Schmitz, "The Second Night of Summer," *Galaxy Science Fiction*, vol.22, no.2 (December 1950); *Agent of Vega* (Hicksville, N.Y.: Gnome Press, 1960). 재수록.

5) 정확한 출처를 확인하지 못했다. 『뉴스위크』 영어판에는 없는 것으로 봐서 아마도 이탈리아어판에서 인용한 듯하다.

6) "Moins de la moitié des individus de 26 pays seraient satisfaits de leur vie sexuelle," *Le Monde* (27 avril 2007).

7) Florence Deguen, "《On ne s'accorde plus assez d'attentions》"(Entretien avec Lucy Vincent), *Le Parisien* (27 juin 2007).

8) Sigmund Freud, "Zwangshandlungen und Religionsübungen"(1907), *Gesammelte Werke*, Bd.7 (Frankfurt am Main: S. Fischer, 1941). [이윤기 옮김, 「강박 행동과 종교 행위」, 『종교의 기원』, 열린책들, 2004.]

9) Sigmund Freud, "Das Unbehagen in der Kultur"(1930), *Gesammelte Werke*, Bd.14 (Frankfurt am Main: S. Fischer, 1955), p.457. [김석희 옮김, 『문명 속의 불만』, 열린책들, 2004, 273~274쪽.]

10) Jean-Paul Sartre, *Critique de la raison dialectique*, t.1. Théorie des ensembles pratiques (Paris: Gallimard, 1960). [박정자 외 옮김, 『변증법적 이성 비판』(전3권), 나남, 2009.]

11) Freud, "Das Unbehagen in der Kultur," p.472. [『문명 속의 불만』, 291쪽.]

12) "Just Do It." 1988년 나이키가 채택해 유명해진 광고 슬로건. "그냥 해 봐"(하면 돼) 혹은 "어서 해봐"라는 뜻으로, 진취적인 도전정신을 표현 해 젊은이들 사이에서 큰 인기를 끌었다.

13) Herbert Marcuse, *Eros and Civilization: A Philosophical Inquiry into Freud* (Boston: Beacon Press, 1955). [김인환 옮김, 『에로스와 문명: 프로 이트 이론의 철학적 연구』, 나남, 2004.]

14) Michel Foucault, *Naissance de la biopolitique: Cours au collège de France, 1978-1979* (Paris: Gallimard, 2004). [오트르망 옮김, 『생명관리정치의 탄생: 콜레주드프랑스 강의 1978~79년』, 도서출판 난장, 2012.]

15) Gilles Deleuze et Félix Guattari, *L'Anti-Œdipe: Capitalisme et schizophré- nie* (Paris: Minuit, 1972).

16) Jean Baudrillard, *Le Pacte de lucidité ou l'intelligence du mal* (Paris: Galilée, 2004), p.21.

17) Gilles Deleuze, "Post-scriptum sur les sociétés de contrôle," *Pourparlers 1972-1990* (Paris: Minuit, 1990). [김종호 옮김, 「통제 사회에 대하여」, 『대 담 1972~1990』, 도서출판 솔, 1993.]

18) Domenico Cosenza, Massimo Recalcati, e Angelo Villa (a cura di), *Civiltà e disagio: Forme contemporanee della psicopatologia* (Milano: Bruno Mondadori, 2006), p.2.

19) Cosenza, Recalcati, e Villa, *Civiltà e disagio*, p.4.

20) Cosenza, Recalcati, e Villa, *Civiltà e disagio*, p.22.

21) Gilles Deleuze et Félix Guattari, *Qu'est-ce que la philosophie?* (Paris: Minuit, 1991), pp.111~112. [이정임·윤정임 옮김, 『철학이란 무엇인가?』, 현대미학사, 1995, 289쪽.]

22) Gregory Bateson, "Toward a Theory of Schizophrenia," *Steps to an Eco- logy of Mind: Collected Essay in Anthropology, Psychiatry, Evolution, and Epistemology* (Chicago: University of Chicago Press, 1972), p.247. [박대식 옮김, 「정신분열증의 이론을 위하여」, 『마음의 생태학』, 책세상, 2006, 336쪽.]

23) Bateson, "Toward a Theory of Schizophrenia," p.248. [「정신분열증의 이 론을 위하여」, 337쪽.]

24) Jean Baudrillard, *L'échange symbolique et la mort* (Paris: Gallimard, 1976), p.8.

25) Richard Robin, "Commentary: Learner Based Listening and Technological Authenticity," *Language Learning and Technology*, vol.11, no.1 (February, 2007), p.110. 또한 다음의 논문도 참조하라. Richard Robin, "Authentic Russian Video: Where Are We Going? Where Do We Go?" *Slavic and East European Journal*, vol.35, no.3 (Autumn 1991).

6장. 떼

1) Maastricht Treaty. 1992년 2월 7일, 유럽공동체(유럽연합의 전신)가 시장 통합을 넘어 정치적·경제적 통합체로 결합하기 위해 네덜란드의 마스트리히트에서 체결한 조약. 일명 '유럽통합조약'이라고도 불린다. 이 조약은 크게 '경제통화동맹'과 '정치통합' 추진 방안으로 구성되어 있었다. 전자는 유럽중앙은행의 창설과 단일 통화의 사용 등을 명시했고, 후자는 공동 외교와 안보, 유럽의회의 권한 확대, 내무·사법 협력, 역내 낙후국에 대한 재정지원 확대 등을 내용으로 했다.

2) Kevin Kelly, *Out of Control: The New Biology of Machines, Social Systems, and the Economic World* (New York: Basic Books, 1995), p.2.

3) Edgar Morin, "Le Défi de la complexité," *Lettre internationale*, no.12 (printemps 1987), p.4.

4) Niccolò Machiavelli, *Il Principe*[1513], a cura di Giorgio Inglese (Torino: Einaudi, 2006), cap.XXV. [강정인·김경희 옮김, 『군주론』(제3판 개역본), 까치, 2008. 제25장, 특히 167쪽을 참조하라.]

5) 정확하게는 이렇게 말했다. "디지털 혁명은 편리함에 관한 문제이죠. 일을 쉽게 만들어주는 도구를 창조하는 것 말입니다." John Seabrook, "E-mail from Bill," *The New Yorker*, LXIX, 45 (January 10, 1994), p.52; Arthur Kroker and Michael A. Weinstein, *Data Trash: The Theory of the Virtual Class* (New York: St. Martin's Press, 1994), p.13. 재인용.

6) "지금까지 우리는 곤충들의 군체 혹은 사회를 초유기체로, 따라서 그 자체의 유동하는 평형[균형]상태와 통합성을 보존하려고 하는 살아 있는 전체로 간주할 수 있음을 살펴봤다." William Morton Wheeler, *The*

Social Insects: Their Origin and Evoltion (London: Kegan Paul, Trench, Trubner & Co., 1928), p.230.

7) Kelly, Out of Control, p.12.

8) Kelly, Out of Control, p.260.

9) Eugene Thacker, "Networks, Swarms, Multitudes"(Part Two), CTheory, a142b (May 18, 2004). [www.ctheory.net/articles.aspx?id=423]

10) Thacker, "Networks, Swarms, Multitudes"(Part Two), ibid.

11) Ross Douthat, "The Great Consolidation," The New York Times, A23 (May 17, 2010).

7장. 랩소디적 결론

1) Don DeLillo, White Noise (London: Picador, 1985), p.66. [강미숙 옮김, 『화이트 노이즈』, 창작과비평사, 2005, 119쪽.]

2) Big Brother. 1999년 9월 16일, 네덜란드의 상업방송 채널 베로니카를 통해 처음 방영된 리얼리티 텔레비전 쇼. 15명 가량의 남녀 참가자가 일정 기간 외부 세상과 단절된 채 텔레비전 카메라의 감시를 받는 큰 집에서 24시간 함께 생활하는 프로그램으로서, 참가자들은 PD가 지정한 업무를 해결해야 한다(바로 이 PD를 '빅 브라더'라 일컫는다). 참가자들 (그리고 시청자들)은 다양한 방식으로 서로를 탈락시키는데, 최후까지 남은 1인이 상금을 받는다. 네덜란드에서 큰 성공을 거둔 이 프로그램은 이듬해부터 전 세계 50여개 국에 그 포맷을 판매했다.

3) 비포가 말하는 근대·현대 이탈리아의 (신)바로크적 성격에 대해서는 다음을 참조하라. 프랑코 베라르디 '비포,' 강서진 옮김,「바로크와 기호 자본」(3장),『미래 이후』, 도서출판 난장, 2013, 150~185쪽.

4) Autonomia operaia. 1973년 '노동자의 힘'(Potere operaio)에서 갈라져 나온 비의회좌파 단체. 국내에 흔히 '자율주의'로 알려진 사상 조류는 이 단체의 이론가들(특히 네그리)과 밀접한 관계에 있다. '노동자의 힘' 과 '노동자의 자율' 사이의 쟁점과 논쟁, 그리고 당시 이탈리아의 상황에 대해서는 다음을 참조하라. Steve Wright, "The Collapse of Workerism," Storming Heaven: Class Composition and Struggle in Italian Autonomist Marxism (London: Pluto, 2002), pp.197~223.

5) Gregory Bateson, "Time Is Out of Joint," *Mind and Nature: A Necessary Unity* (New York: E. P. Dutton, 1979), pp.215~223. [박지동 옮김,「혼돈의 시대」,『정신과 자연』, 까치, 1990, 255~265쪽.]

6) Jean Baudrillard, *L'échange symbolique et la mort* (Paris: Gallimard, 1976). 특히 5장(「정치경제학과 죽음」)[L'économie politique et la mort]의 내용을 참조하라(191~282쪽).

7) 비포가 본문에서 묘사하고 있는 네이디치의 비디오 작품은 2012년에 발표된『SABA Box 30』을 말한다(SABA는 독일의 유명한 전기용품 업체이다). 이 비디오 작품은 네이디치의 홈페이지(www.warrenneidich.com/selected-works-2012-private/)에서 볼 수 있다.

8) 비포가 본문에서 언급하고 있는 '폭동'(riots)은 2011년 8월 6일 토튼햄에서 시작되어 곧 영국 전역을 휩쓴 이른바 '블랙베리 폭동'(BlackBerry riots)을 말한다. 8월 4일 토튼햄에 살던 더간(Mark Duggan, 1983~2011)이라는 흑인 청년이 경찰이 쏜 총에 맞아 사망한 것이 직접적 원인이었다. 8월 6일부터 10일 사이, 수천 명의 사람들이 몇몇 런던 자치구의 도로와 영국의 다른 도시 및 마을에서 가두시위를 벌였다. 약탈과 방화가 일어났고 그로 인해 대규모 경찰병력이 배치됐다. 이 사건이 '블랙베리 폭동'이라고도 불리는 이유는 당시 시위자들이 각종 모바일 기기와 소셜미디어를 통해 사람들을 조직했기 때문이다('블랙베리'는 2002년 캐나다의 리서치인모션이 개발한 스마트폰으로서 당시 영국 젊은이들 사이에서 가장 많이 애용되던 기종이었다).

부록 1. 프랑코 베라르디 '비포'와의 대화

1) Californian vision. 1990년대의 신경제를 찬양했던 소위 '캘리포니아 이데올로기'(The Californian Ideology)를 말한다. 신경제를 가능케 했던 각종 디지털 테크놀로지의 본산인 미국의 실리콘밸리가 캘리포니아 주(샌프란시스코 만 연안)에 있어서 이런 명칭이 붙었다. 디지털 테크놀로지가 '보다 풍요롭고 자유로운 미래'를 약속해준다는 내용을 골자로 하는 이 이데올로기는 1970년대 히피의 본고장인 샌프란시스코 특유의 자유분방한 반문화와 1980년대의 여피족(도시에 거주하는 전문 직업인) 문화가 기술낙관론과 뒤섞여 생긴 이데올로기라고 볼 수 있다.

2) Jean Baudrillard, *L'échange symbolique et la mort* (Paris:Gallimard,1976).

3) Jean Baudrillard, *Oublier Foucault* (Paris: Galilée, 1977).

4) Occupy Sandy. 2012년 10월 29일 미국 뉴저지 주 남부 해안에 상륙해 10월 31일에 소멸될 때까지 총 630억 달러의 재산피해를 입힌 '허리케인 샌디'의 피해자들을 돕기 위해 조직된 운동. 2011년 9월 17일부터 이후로 거의 반 년간 월스트리트를 점거했던 시위대들의 상당수가 이 운동에 동참했기 때문에 이런 이름이 붙었다.

5) Richard Florida, *The Rise of the Creative Class: And How It's Transform -ing Work, Leisure and Everyday Life* (New York: Basic Books, 2002). [이길태 옮김, 『신창조계급』(개정판), 북콘서트, 2011.]

6) Richard Barbrook and Andy Cameron, "The Californian Ideology," *Science as Culture*, vol.6, no.1 (Spring, 1996). [안정옥 옮김, 「캘리포니아 이데올로기」, 『문화과학』(통권10호/가을), 문화과학사, 1996.] 이 논문의 공저자인 바브룩의 홈페이지(www.imaginaryfutures.net/2007/04/17/the-californian-ideology-2)에서 전문을 볼 수 있다.

7) Franco Berardi 'Bifo,' "Response to the Californian Ideology," Online 1996. [안정옥 옮김, 「캘리포니아 이데올로기에 대한 답변」, 『문화과학』(통권10호/가을), 문화과학사, 1996, 70쪽.] 역시 바브룩의 홈페이지(www.imaginaryfutures.net/2007/04/21/author-of-neuromagma-responds-to-the-californian-ideology)에서 전문을 볼 수 있다. 바브룩과 캐머런은 자신들의 논문에서 "디지털 미래는 국가 개입, 자본주의 기업 제도, 스스로 문제를 해결하는 문화의 혼성 교배일 것이다"라고 주장하며 국가의 적극적인 역할을 주문했다. Barbrook and Cameron, "The Californian Ideology," ibid. [「캘리포니아 이데올로기」, 65~65쪽.] 비포는 이런 이들의 주장을 "디지털 혁신이 국가의 통제 아래 일어날 수 있다는 생각"이라고 일축하며 그 논지를 반박하고 있는 것이다.

8) Adriano Olivetti(1901~1960). 이탈리아의 기업가. 1908년 선친이 세운 타자기 제조업체 올리베티를 첨단 사무기기 업체로 발전시켰다. 유토피아적 공동체 모델을 회사에 적용한 것으로도 유명하다. 더 자세한 내용으로는 다음을 참조하라. Davide Cadeddu, *Reimagining Democracy on the Political Project of Adriano Olivetti* (New York: Springer, 2012).

9) Scuola Europea per Immaginazione Sociale. 2011년 5월 21일, 이탈리아의 산마리노에서 결성된 사회 연구·정치교육 센터(www.scepsi.eu). "유럽의 미래를 위한 새로운 지평을 상상한다"를 모토로 삼고 있다.

10) Wu Ming, "The Five Star Movement Is Not Radical: Beppe Grillo Is One of Them, Not Us," *The Guardian* (February 25, 2013).

11) Amador Fernández-Savater, "Bifo: 'La derrota de la anti-Europa comienza en Italia'," *Interferencias* (27 Febrero, 2012). 다음의 웹페이지에서 한글 번역문을 볼 수 있다. alittlepetalfallenlater.tistory.com/88

12) Gerald Raunig, *Factories of Knowledge, Industries of Creativity*, trans. Aileen Derieg (Los Angeles: Semiotext(e), 2013).

부록 2. 주요 용어 해설

1) OULIPO. 1960년 일군의 파리 문인들이 결성한 집단으로, '잠재적 문학의 작업장'(Ouvroir de littérature potentielle)이라는 말의 축약어이다. 이들은 수학적 규칙에 근거해 새로운 문장을 만들려고 했다.

2) Raymond Roussel(1877~1933). 프랑스의 작가. 동음이의어를 이용한 독특한 문장으로 초현실주의자들과 울리포에게 많은 영향을 끼쳤다. 주요 작품으로 『고독의 장소』(*Locus Solus*, 1914) 등이 있다.

3) cadavre exquis. 1918년 초현실주의자들이 개발한 새로운 공동 창작 기법. 전체적인 작업의 형태를 참가자들 각자가 모르게 한 채 공동으로 하나의 문장이나 데생을 만들어가는 것을 말한다.

4) Nanni Balestrini(1935~). 이탈리아의 작가. 1956년경 결성되어 새로운 문학을 실험한 '새로운 전위'(Neoavanguardia)의 일원으로서 '노동자의 힘'의 결성에도 참여했으며, '노동자의 자율'의 지지자이기도 했다.

5) 대표적으로 다음의 책을 참조하라. Benoît B. Mandelbrot and Richard L. Hudson, *The (Mis)Behaviour of Markets: A Fractal View of Risk, Ruin and Reward* (London: Profile Books, 2010). [이진원 옮김, 『프랙털 이론과 금융 시장』, 열린책들, 2010.]

옮긴이 후기

불안정한 시대에 불안정한 삶을 살고 있는 사람들의 랩소디는 어떤 것일까? 불안정성이 하나의 키워드가 된 지금, 우리는 무엇을 할 수 있고, 해야 하는가? 번역 작업을 하는 내내 머릿속을 떠나지 않았던 질문이다. 물론 프랑코 베라르디 '비포'는 이 질문에 대해 직접적으로 답하지 않는다. 오히려 이 책에서 비포는 1960년대부터 현재에 이르는 시간 동안의 경제적·사회적·심리적·기술적·문화적 공간을 횡단하면서 전 세계에 광범위하게 퍼져 있는 불안정성의 지도를 그리고 있다. 그러면서 독자로 하여금 그 과정에 함께 하도록 초대하고 있다. 그 과정을 통해 불안정성이라는 꼬일 대로 꼬인 미로를 빠져나갈 방법을 함께 강구해보기를 촉구하고 있는 것이다.

물론 불안정성 혹은 불안정한 삶·노동이라는 것은 비포의 독창적인 개념은 아니다. 아니, 어쩌면 그것은 하나의 추상적인 개념이 아니라고도 할 수 있다. 그것은 굳이 책을 읽지 않아도, 우리가 매일 직·간접적으로 경험하고 있는 일상의 다른 이름이라고 할 수 있기 때문이다. 많은 이론가들이 다양한 이름으로 현대의 불안정한 삶의 지형을 그리면서 그 원인을 파악하고 나름의 대책을 강구하려고 노력해왔다. 그런데도 비포의 논의가 특히 우리의 눈을 끄는 것은 그가 불안정한 삶과 노동의 최전선에 서 있는 이들, 즉 지식노동자에게 '코그니타리아트'라는 이름을 부여하면서 그들을 단순히 가상의 공간 속에 파편화되어 있는 계급으로 치부하지 않고 그들에게 일종의 실질적 계급성과 신체성을 부여하기 때문이다. 또한 점점 더 가속화되고 기술-언어 장치들과 인간의 신체가 떼려야 뗄 수 없는 관계에 놓이며 노동자들의 신경 에너지를 착취하는 것으로부터 이윤을 축적하는 현재의 체제가 코그니타리아트의 신체, 더 넓게는 매순간 처리해야 할 정보의 포화현상 속에 살고 있는 우리의 신체와 사회에 어떤 영향을 미치는지를 자세하게 분석하고 있기 때문이다.

이 책을 읽는 독자들은 코그니타리아트라는 개념을 낯설게 느낄 수도 있고 나와는 관련 없는 개념이라고 생각할 수도 있을 것이다. 나 역시도 처음에는 그렇게 느꼈으니까. 솔직히 아직까지 우리나라에서는 지식노동자들이라고 하면 고학력에 높은 연봉을 받는 인텔리 계급을 연상하는 것이 일반적이다.

하지만 그렇게 생각하는 것은 코그니타리아트라는 개념을 매우 협소하게 해석하는 것이다. 코그니타리아트는 단순히 과학자나 연구자, 교수 등 소위 '배운 사람'을 지칭하는 용어가 아니다. 그 개념을 확장해서 생각해보면 코그니타리아트는 기술이 일상생활을 지배하는 이 시기에 기술 발전의 빠른 리듬에 맞춰 살아가도록 강요받는 모든 이들을 포괄하기 때문이다. 스마트폰 없이는 한순간도 견딜 수 없는 사람들, 지금 당장은 필요 없지만 스펙을 쌓기 위해 이것저것을 배우러 다니는 사람들, 기술이 주는 삶의 편리를 결코 포기하지 못하는 사람들. 이 모든 이들이 바로 코그니타리아트이다.

하지만 코그니타리아트라는 개념은 또 다른 난제를 우리에게 던 져준다. 과연 단순히 코그니타리아트라는 이름으로 이렇게 다양한 사람들에게 계급성을 심어줄 수 있을 것인가? 이들은 어떤 공통의 목표 아래 세상을 변화시키기 위해 함께 행동할 수 있을 것인가? 나 역시도 이 질문에 대한 답을 찾는 데 어려움을 겪었다. 과연 그런 것 이 가능할까 하는 의구심이 들었기 때문이다.

그러나 번역을 여러 번 살펴보고 수정하는 과정에서 애당초 비포 가 생각하고 있는 것은 코그니타리아트라는 이름으로 진행되는 거 대한 싸움이 아닌, 각자의 공간에서 다양한 실험과 실천을 통해 자율 성을 확보해가는 것이 아닐까 하는 생각이 들었다. 물론 이것은 결코 쉬운 일이 아니다. 새로운 테크놀로지는 노동의 파편화, 신경 에너지 의 파편화를 통해 이런 자율성의 확보를 위한 조건들을 거의 불가능 하게 만들었기 때문이다. 비포 역시 허무맹랑한 희망을 가지라고 말 하지 않는다. 오히려 비포는 희망은 독이고 중독성이 있기 때문에 버 려야 하는 것이라고 말한다. 그러나 희망을 버린 자만이 행복을 향한 말할 수 없는 길을 알고 있다는 비포의 메시지는 단순히 모든 희망을 포기한 사람의 메시지라고 치부할 수 없지만은 않을까?

비포가 이 책에서 집중적으로 다루고 있는 또 다른 문제는 바로 전자-기술 세대에 만연한 정신병리이다. 여기에는 우울증, 공황, 주 의력 결핍 장애 등이 포함된다. 이런 문제는 우리 사회에서도 결코 낯선 문제가 아니다. 신문에서는 자살 소식이 거의 매일 보도되고 있 다. 굳이 우리나라의 자살률까지 나열할 필요는 없겠지만, 최근 몇 년 사이 청소년들과 노인들의 자살률이 급증한 것은 정말로 심각한 사회적 신호라고 할 수 있다. 절망 범죄 같은 각종 폭력 사건들에 관한 소식도 끊이지 않는다. 절망 범죄는 '묻지마 범죄'의 다른 표현으로, 일각에서는 이런 범죄가 생존 욕구와 사회적으로 존중받고자 하는 욕구가 좌절된 사람들의 분노의 표출이라는 점에서 절망 범죄라고 부르는 것이 더 옳다고 주장하고 있다.

게다가 학교 폭력과 왕따 문제는 이제 학교라는 울타리를 넘어 심각한 사회 문제가 됐다. 그러나 어느 누구도 이 '무서운' 아이들을 어떻게 해야 할지, 이 문제를 어디서부터 어떻게 손대야 할지 모르고 있다. 특히 학교 폭력 문제에 대한 정책들(학교생활기록부에 학교 폭력을 기록하는 것 등)을 보면 과연 이 사람들이 문제의 본질을 이해하고나 있는 것인지 의문을 품지 않을 수 없다.

비포는 이런 문제들, 특히 정신병리가 인간이 처리해야 할 정보의 양과 그것을 처리할 수 있는 인간의 한계 사이의 간극에서 기인한다고 본다. 기술이 일상생활 속에 통합되면서 처리해야 할 정보는 급증하는데 반해 물리적·심리적 한계를 지닌 인간이 처리할 수 있는 정보의 양은 제한되어 있기 때문에 이런 결과가 생겨날 수밖에 없다는 것이다. 또한 인간 사이의 소통이나 교환이 점점 더 전자기기를 매개로 일어나는 것도 간과할 수 없는 원인 중 하나로 나타난다.

비포의 이런 분석은 내가 항상 궁금하게 생각했던 문제들에 대해 약간의 실마리를 제공하는 듯하다. 왜 사람들은 스마트폰이나 컴퓨터 메신저로 하루 종일 거의 끊임없이 서로 접촉하는데도 불구하고 항상 타인의 애정과 관심을 갈구하고, 계속 결핍감에 시달리는 것일까? 왜 사람들은 그렇게 오랜 시간 타인과 소통함에도 불구하고 타인을 자신과 똑같은 인간으로 인식하지 못하는 걸까? 결국 그런 접촉은 인간의 기본적인 욕구를 충족시켜주기보다는 인간의 정신을 일종의 포화상태로 몰아가는 역할밖에 하지 못하는 것이다. 그런 접촉 속에서 타인은 하나의 신체를 가진 나와 같은 인간이 아니라 가상세상 속의 아바타로밖에 보이지 않는 것이다.

비포의 분석이 일리가 있음을 부인할 수 없다. 그렇지만 과연 이런 사태를 해결하기 위한 방법이 무엇인지는 명확하지 않을 것 같다. 왜냐하면 문명의 혜택에 너무나 익숙해진 우리가 과거로 돌아간다는 것은 거의 불가능한 일이기 때문이다. 또한 이런 첨단 기술의 환경이 인간의 정신에 부정적 영향을 미쳤다는 것은 반박할 수 없는 사실일지라도 운동의 측면에서 기술의 발전이 가져온 긍정적 효과 역시 쉽게 간과할 수는 없다. 이런 딜레마 속에서 우리는 어떤 방식으로 현대의 정신병리적 요소들을 제거(혹은 완화)할 수 있을 것인가? 이것이 앞으로 우리에게 주어진 질문이 아닐까 싶다.

결국 비포는 우리에게 애써 이 상태를 벗어나려고 노력하기보다는 우리가 처해 있는 상황을 냉정히 돌아보며 침착하게 상황을 파악할 것을 촉구하고 있는 것은 아닐까, 라는 생각이 든다. 불안정한 상태를 벗어나려고 애써 발버둥치기보다는(애초에 그것은 불가능한 일이기 때문이다) 불안정한 상태에서도 살아갈 수 있는 조건들을 모색하는 것이 중요하다는 것이다. 이것은 일종의 중요한 전략적 전환이라고 할 수 있을 것이다. 왜냐하면 지금까지 많은 사람들은 현재의 상황을 탈출하는 것을 운동의 목표라고 여겼기 때문이다. 그러나 신자유주의의 논리가 우리의 일상 곳곳에까지 깊숙이 침투해 있는 오늘날, 우리는 과연 무엇을 **바꿀** 것이고, 무엇을 **바꿀 수 있을** 것인가? 아니 애당초 그런 변화는 가능하기나 한 것인가? 이에 대해 다시 한 번 진지하게 생각해볼 필요가 있다고 생각한다.

물론 이것조차 말처럼 간단한 일은 아니다. 많은 시행착오가 있을 것이고, 그 과정에서 많이 상처받고 절망할 것이다. 그러나 무엇을 두려워하랴? 우리는 어차피 불안정한 삶 속에 있지 않았던가?

그리 오랜 삶을 산 것은 아니지만, 살면 살수록 삶은 예측하지 못한 만남 속으로 나의 의지와는 무관하게 휘말려가는 경험의 연속이라는 것을 더욱 절실하게 깨닫게 된다. 나와 직접적으로 만나 관계를 맺는 사람들 혹은 사건들과의 만남도 그렇지만 공부를 하면서 만나게 되는 사상가들 그리고 그 과정에서 겪게 되는 경험들은 이 '우연한 휘말림'이라는 표현에 더욱 적절하다는 생각이 든다.

비포와의 만남 역시 그런 예상치 못한 휘말림 중의 하나였던 것 같다. 작년 말쯤이었던 것으로 기억한다. 수유너머 노마디스트 N에서 회원으로 이런저런 공부를 하던 와중에, 올 6월에 열리게 될 국제 워크숍에 초청될 사람이 미디어 이론가이자 활동가인 비포라는 이야기를 들었다. 그것이 내가 비포의 이름을 처음으로 들었던 순간이다. 비포와의 예상치 못한 만남은 그의 책을 번역하는 인연으로 이어졌고, 비포를 좀 더 잘 이해하기 위해 연구실에서 세미나를 열며 그 인연은 또 다시 이탈리아 자율주의와의 만남으로 연결됐다. 책을 읽고 세미나를 하면서 비포와 이탈리아 자율주의에 대해 좀 더 잘 알게 됐을 뿐만 아니라 다양한 분야에서 활동하는 좋은 친구들도 만날 수 있었다. 이 책을 읽는 여러분도 비포와의 만남이 예기치 못한 다른 만남들로 끝없이 분기되어나갈 수 있기를 바란다.

이 책을 옮기는 것은 나 혼자 한 일이지만 그것이 가능하도록 도움을 주신 많은 분들이 계셨다. 우선 게으른 역자를 적절한 채찍과 당근으로 잘 관리해주시고, 번역 과정에서 실질적인 도움을 많이 주신

도서출판 난장의 이재원 편집장님께 깊은 감사의 마음을 전한다. 그리고 나와 함께 세미나에 참여했던 친구들에게도 고맙다는 말을 전하고 싶다. 그 친구들 덕분에 너무나 즐겁게 세미나를 할 수 있었고 번역 과정에서 애매한 것들을 함께 논의할 수 있었다. 그리고 번역하는 내내 격려와 지지를 아끼지 않으셨던 이진경 선생님께 진심으로 감사하다는 말씀을 드리고 싶다. 바쁘신 와중에도 내가 질문하는 것들에 항상 성심성의껏 대답해주셨고, 비포에게 보내는 질문지를 작성하는 데도 큰 도움을 주셨다. 선생님의 도움과 배려가 없었더라면 이번 번역을 제대로 끝낼 수 있었을지 모르겠다. 다시 한 번 더 감사드린다. 더불어 능력도 부족하고 아는 것도 별로 없는 나에게 번역을 맡길 만큼 나를 믿어준, 그리고 번역하느라 힘들 때마다 때로는 큰 웃음으로, 때로는 따뜻한 위로로 나에게 힘을 불어넣어 준 수유너머 노마디스트 N의 친구들과 선배들에게도 감사하다는 말을 전한다. 마지막으로 나의 사랑하는 가족에게 이 책을 바치고 싶다.

2013년 6월
정유리

찾아보기

현존하는 최고의 미디어 이론가이자 활동가인 프랑코 베라르디 '비포'

미래 이후의 새로운 희망을 모색한다

미래 이후 강서진 옮김 | 신국판 변형(140×210) | 320쪽 | 값 17,000원

"우리는 지식과 발명의 무한한 연결망에 대해서, 우리를 육체적 고난으로부터 해방시켜줄 비물질적 기술에 대해서 노래한다. 우리는 각자의 몸과 접촉해 반론을 일으킨 코그니타리아트에 대해서 노래한다. 우리는 현재의 무한함을 노래하고 미래라는 환영을 버린다."

프레카리아트를 위한 랩소디
기호자본주의의 불안정성과 정보노동의 정신병리

초판 1쇄 인쇄 | 2013년 6월 10일
초판 1쇄 발행 | 2013년 6월 17일

지은이 | 프랑코 베라르디 '비포'
옮긴이 | 정유리
펴낸곳 | 도서출판 난장·등록번호 제307-2007-34호
펴낸이 | 이재원
주　소 | (121-841) 서울시 마포구 서교동 458-15 하이뷰오피스텔 501호
연락처 | (전화) 02-334-7485　(팩스) 02-334-7486
블로그 | blog.naver.com/virilio73
이메일 | nanjang07@naver.com

책값은 뒤표지에 있습니다.
잘못 만들어진 책은 구입한 서점에서 바꿔드립니다.
ISBN 978-89-94769-12-7　03300

이 도서의 국립중앙도서관 출판시도서목록(CIP)은
서지정보유통지원시스템 홈페이지(http://seoji.nl.go.kr)와
국가자료공동목록시스템(http://www.nl.go.kr/kolisnet)에서 이용하실 수 있습니다.
(CIP제어번호: CIP2013004657)